Début d'une série de documents
en couleur

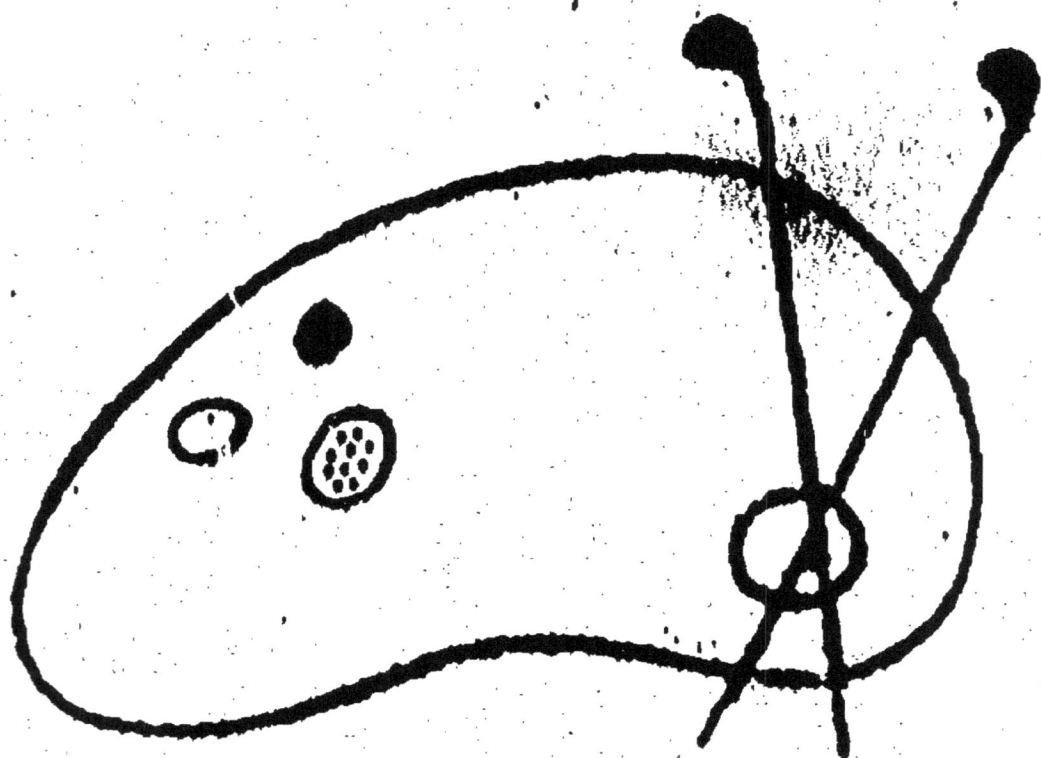

Fin d'une série de documents
en couleur

ÉTUDE

SUR

L'HISTOIRE DES ALLEUX

EN FRANCE

DU MÊME AUTEUR

Notice historique sur Châteaumeillant (Cher), dans les *Mémoires des Antiquaires du Centre*, Bourges, Pigelet, in-8°, VII° vol., 1878

Notes archéologiques sur Châteaumeillant et ses environs, séries 1, 2, 3, 4, 5, *ibid.*, VIII°, IX°, X°, XI°, et XV° vol.

Étude sur les controverses entre les Proculéiens et les Sabiniens, Paris, Larose et Forcel, 1881, in-8°. — Mémoire couronné par l'Académie de Législation de Toulouse (prix de l'Académie).

Le Tribunal des Centumvirs, Paris, Larose et Forcel, 1881, in-8°. — Thèse cour. par la Faculté de Droit de Paris (médaille d'or).

Les Démembrements de la propriété foncière en France avant et après la Révolution, Paris, Larose et Forcel, 1881, in-8°. — Thèse cour. par la Faculté de Droit de Paris (médaille d'or).

Origines, conditions et effets de la Cassation, Paris, Larose et Forcel, 1882, in-8°. — Ouvrage cour. par la Faculté de Droit de Paris (1″ méd. d'or), et par l'Académie de Législation de Toulouse (prix du Ministre de l'instruction publique). *Épuisé.*

Les Bretons en Bas-Berry, Rennes, Catel, 1884, broch. in-8° (extrait des *Mém. de la Soc. archéol. d'Ille-et-Vilaine*).

Un Monastère breton à Châteauroux (Saint-Gildas-en-Berry), Rennes, Catel, 1885, broch. in-8° (extrait des *Mém. de la Soc. archéol. d'Ille-et-Vilaine*).

ÉTUDE

SUR

L'HISTOIRE DES ALLEUX

EN FRANCE

AVEC UNE CARTE DES PAYS ALLODIAUX

PAR

Émile CHÉNON

PROFESSEUR AGRÉGÉ A LA FACULTÉ DE DROIT DE RENNES,
ANCIEN ÉLÈVE DE L'ÉCOLE POLYTECHNIQUE

PARIS
L. LAROSE ET FORCEL
LIBRAIRES-ÉDITEURS
22, RUE SOUFFLOT, 22

1888

A LA MÉMOIRE

DE MON PÈRE

———⬥———

PRÉFACE

Le régime de la propriété foncière en France avant la Révolution était un régime extraordinairement compliqué, tant les modes de tenure y étaient nombreux et variés. On y trouvait en effet, d'abord des fiefs et des censives, qui se partageaient la majeure partie du sol de la France, soumis ainsi au double domaine *direct* et *utile;* — puis d'innombrables locations perpétuelles, qui venaient encore multiplier les charges réelles pesant sur la terre. Les plus importantes étaient: — l'emphytéose, les baux à vie ou à longues années, le contrat de superficie, les baux à rente ou à champart, que l'on rencontrait un peu partout; — les baux héréditaires et la colonge, plus particuliers à l'Alsace; — l'albergement dans l'est de la France; — la locatairie perpétuelle en Provence et en Languedoc; — le casement dans le sud-ouest; — le colonage perpétuel dans la Marche et le Limousin; — le bail à complant dans la Saintonge, l'Aunis, le Poitou, la Bretagne Nantaise, l'Anjou, et le Maine; — le domaine congéable et la quevaise en Basse-Bretagne; — le bordelage dans le Bourbonnais, le Nivernais, et les parties avoisinantes du Berry, etc (1). Tels étaient les principales formes de la propriété ou les principaux modes de tenure usités jadis. On comprend qu'au milieu d'une semblable confusion et à travers un réseau de tenures aussi complet, ce devait être, comme nous l'avons dit ailleurs (2), « une merveilleuse rareté que de trouver sur la terre de France une propriété libre et franche, telle que la concevait le droit romain, telle que nous la concevons aujourd'hui ».

Cette propriété cependant existait. Sous le nom d'*alleux*, clairsemés dans le Nord, mais plus fréquents dans le Midi, quelques immeubles échappaient à toute dépendance. La propriété allodiale était une propriété libre, libre comme la propriété moderne, plus libre même en un certain sens; car elle était plus indépendante de l'État dont la souveraineté était moins lourde et moins puissamment établie qu'aujourd'hui. On peut la considérer comme le trait d'union qui, à travers le moyen âge, unit la propriété quiritaire des Romains à la propriété du Code civil. Raconter l'histoire des alleux, c'est donc en réalité écrire un chapitre de l'histoire de la propriété libre.

---

(1) Sur tous ces points, cfr. notre étude : *Les démembrements de la propriété foncière en France avant et après la Révolution*, Paris, Larose et Forcel, 1881, in-8, not. n° 7 à 29.

(2) *Op. cit.*, p. 24.

Une pareille entreprise semble à première vue fort simple; mais c'est là une apparence trompeuse. Il y a en effet dans l'histoire de la propriété allodiale bien des obscurités, bien des problèmes restés sans solution.

En outre des divergences souvent considérables divisent entre eux et les auteurs anciens, et les auteurs modernes. Pour les premiers, on est obligé de reconnaître qu'ils n'ont pas toujours apporté à l'étude des questions soulevées par l'existence des alleux, ce sang-froid et cette impartialité, sans lesquels il n'y a point de science. A partir du xvi° siècle, quelques-uns, dans l'intérêt du fisc royal, quelques autres, dans l'intérêt des privilèges de leurs provinces, se sont laissé entraîner à soutenir des théories inexactes (1). Quant aux auteurs modernes, plus désintéressés, la cause de leurs dissentiments doit être cherchée ailleurs. Le mot *alleu* avant de signifier « propriété franche » a plusieurs fois changé de sens et désigné des choses différentes; de là la nécessité de faire dans la question des origines d'importantes distinctions. En outre, aux diverses époques, le régime des *alleux*, en tant que propriétés libres, n'a pas toujours été le même, de là encore la nécessité de distinguer plusieurs périodes dans leur histoire. C'est faute d'avoir fait toutes ces distinctions que plusieurs auteurs contemporains n'ont pas

(1) Cfr. *infra*, n° 43.

réussi à présenter de l'institution dont ils s'occupaient un tableau conforme à la réalité.

Ainsi encombrée de systèmes et d'erreurs, on conçoit que l'histoire de la propriété allodiale offre de grandes difficultés. M. Serrigny va jusqu'à dire que c'est un véritable *labyrinthe* (1). Pour en sortir, il est absolument nécessaire, croyons-nous, de suivre scrupuleusement l'ordre chronologique, en s'attachant pour chaque époque aux textes contemporains, et en se défiant de tous les anciens auteurs, postérieurs au xvi° siècle, c'est-à-dire à la date où commencent à se produire ces systèmes *a priori* qui ont tant contribué à obscurcir le sujet. — Conformément à ce plan, nous commencerons par rechercher, dans une *Introduction*, l'étymologie et les sens successifs du mot *alleu*. — Nous étudierons ensuite, dans une série de chapitres, le régime appliqué aux alleux aux diverses époques de notre histoire : d'abord à l'époque *franque* (*Chap. I*) ; — puis à l'époque *féodale*, du x° au xv° siècle (*Chap. II*). Nous aurons soin d'indiquer quelles modifications ont été apportées successivement à la condition des alleux sous l'influence de la féodalité. — Nous nous arrêterons ensuite pour tracer, d'après les *Coutumes* rédigées officiellement au xvi° siècle, un tableau général du régime allodial en France (*Chap. III*). — Nous dirons enfin quelques

(1) Serrigny, *Des aleux* (dans la *Revue critique de législ. et de jurispr.* nouv. série, t. III, Paris, Cotillon, 1873-1874, in-8, p. 472 à 486), § 1 et 2.

mots: d'abord de la lutte entreprise par la *royauté ab-solue* contre les alleux (*Chap. IV*); — puis de l'influence qu'ont eue à leur égard les lois abolitives de la féodalité sous la *Révolution* (*Chap. V*).

En procédant ainsi, nous aurons occasion de passer en revue, à mesure qu'ils se présentent dans l'ordre des temps, les principaux problèmes historiques et juridiques soulevés par l'existence des alleux; et nous nous convaincrons que leur histoire n'est pas aussi simple qu'elle semblerait devoir l'être, et que les terres libres ont rarement joui en paix de leur liberté.

Rennes, 4 novembre 1887.

ÉTUDE

SUR

L'HISTOIRE DES ALLEUX
EN FRANCE

INTRODUCTION

HISTOIRE DU MOT ALLEU

—

1. DE L'ÉTYMOLOGIE DU MOT ALODIS. — La première difficulté dans l'étude que nous entreprenons est de déterminer l'étymologie du mot *alleu.* Sans doute ce mot et ses nombreuses variantes (1) proviennent du mot *alodis* que l'on rencontre pour la première fois dans la loi salique. Mais d'où vient le mot *alodis* lui-même? Depuis le XVI° siècle, on en a donné bien des étymologies. La plupart sont bizarres (2); quelques-unes seulement sont plausibles. Elles n'offrent d'ailleurs aucune lumière; car bien loin de partir d'une étymologie certaine pour arriver à fixer le sens exact du mot, c'est au contraire en partant d'un sens, déterminé ou non à l'aide des textes, que l'on a cherché à trouver l'étymologie. Or trois sens ont été constatés ou imaginés; de là trois groupes distincts d'étymologies.

(1) Aleu, alleu, aleud, alleud, alou, allou, aloud, alaud, alod, alode, alodie, alo, alloet, alloos, aluez, alluez, alues, aluex, aleues, alu, aluet, alleut, aluel, aluef, aleuf, alleuf, alœuf, allœuf, allueuf, aluveux, aloy, alloy. — Cfr. La Curne de Sainte-Palaye, *Diciionn. histor. de l'ancien langage français,* Niort, Favre, in-4, tome I (1875), v. *Alleud,* p. 346.

(2) Par exemple, celles qui font venir *alodis* de l'hébreu, du grec ou du gaulois. On nous dispensera de les citer.

Il y a d'abord le sens que le mot *alodis* ou *alleu* a pris en dernier lieu et qu'il a gardé jusqu'à la fin, celui de *terre libre*, de terre dont le propriétaire ne dépend de personne. Aussi Cujas traduit-il *alodis* par *sine lode ;* c'est pour lui la terre « dont le possesseur n'est le *leude* de personne (1) ». Budée et Alciat croient le mot *alodis* composé de *a* privatif et de *laudatio :* le propriétaire alleutier n'est pas tenu de reconnaître quelqu'un pour seigneur (*laudare auctorem*) (2). Papon, sur l'article 93 de la Coutume de Bourbonnais, donne une explication semblable, que Gousset, sur l'article 57 de la Coutume de Chaumont, se contente de reproduire (3). Wendelinus fait dériver *alodis* de l'allemand *ael*, libre, et *lod*, charge (4) ; Amerbachius (5), Grimm (6), Eichhorn (7), de *al*, entier, et *od*, propriété (*pleine propriété*). Cette dernière étymologie a été adoptée en France par Augustin Thierry, Benjamin Guérard, Pardessus (8), et M. Paul Viollet (9).

(1) Cujas, *Comm. in lib. V feudorum*, lib. II. tit. 17 : « Sic dici alodium sive alodem ut amentem quasi sine mente, istum alodem quasi sine lode, quod ejus possessor nemini sit leodes. » (Dans ses *Opera*, Paris, Durand (d'après Fabrot), 1874, in-4, t. VIII, col. 645.)

(2) Budée, *Rem. sur les Pandectes*, sous la loi *Herennius, De evictionibus* (Dig., XXI, 2, loi 63, § 1) : « Quin et *alaudii* appellatio, ab eodem verbo profecta esse videtur, quod qui prædia eo jure habeant laudare auctorem suum nemini tenerentur, ut qui nullum soli dominum agnoscant, nec patronum, id est, qui nullius in fide sunt. » — Alciat, *Parerg.* I. 45 : « Equidem unico L scribendum putem, ut verbum compositum ex A, privativa particula, et Laudium sive Laudatione, ut sit prædium cujus nullus author est, nisi Deus. »

(3) Cité par La Thaumassière, *Le franc-alleu de la province de Berry*, Bourges, 1700, in-f°, p. 5.

(4) Cité par Du Cange, *Glossarium mediæ et infimæ latinitatis*, édit. Henschel, Paris, Didot, 1840, in-4, t. I, v. *Alodis*, p. 201, col. 2.

(5) Cité par Merlin, *Répert. de jurisprud.*, 4ᵉ édit., Paris, Garnery, 1812, in-4, t. I, v. *Aleu*, p. 187.

(6) Grimm, *Deutsche Rechtsalterthümer*, Göttingen, 1828, pp. 492, 493.

(7) Eichhorn, *Deutsche Staats-und Rechtsgeschichte*, 4ᵉ édit., Göttingen, 1834, t. I, p. 358.

(8) Aug. Thierry, *Lettres sur l'hist. de France*, lettre X, 12ᵉ édit., Paris, 1868, p. 134 ; — B. Guérard, *Le Polyptyque d'Irminon*, Paris, 1843, t. I, p. 476 ; — Pardessus, *Loi Salique*, Paris, Impr. royale, 1843, in-4, p. 538.

(9) Paul Viollet, *Précis de l'hist. du droit français*, Paris, Larose et Forcel, 1886, in-8, p. 597.

Le second groupe d'étymologies peut se rattacher au premier. Certains auteurs, remarquant que les terres conquises en Gaule par les Barbares, et partagées entre eux par la voie du sort, étaient des terres essentiellement libres entre leurs mains, ont cru voir dans ces *sortes barbaricæ* l'origine première ou même l'origine unique des alleux (1); de là diverses étymologies se rattachant à l'idée de *sort*. C'est ainsi que pour Gaupp et Philipps (2), *alodis* vient de *a-hloth* ou *a-lod*, sort; pour Championnière (3) et Guizot de *loos*, qui a la même signification (4). Pardessus a fort bien réfuté cette étymologie (5), admise au contraire par Zœpfl (6) et divers autres auteurs (7).

----

(1) Cfr. Guizot, *Essais sur l'hist. de France*, 14ᵉ édit., Paris, Didier, in-12, 1878, p. 77; — Laferrière, *Hist. du droit français*, Paris, Cotillon, in-8, t. III (1852-1853), p. 187.

(2) Philipps, *Deutsche Geschichte*, t. I, p. 409.

(3) Championnière, *De la propriété des eaux courantes*, Paris, Hingray, 1846, in-8, p. 282.

(4) Guizot, *loc. cit.* — Nous devons faire observer ici que contrairement à la plupart des autres auteurs, Guizot semble être parti de cette étymologie préconçue pour déterminer le sens du mot *alleu;* voici en effet comment il s'exprime : « Les premiers alleux furent les terres prises, occupées ou reçues en partage par les Francs, au moment de la conquête ou dans leurs conquêtes successives. Le mot *alod* ne permet guère d'en douter. Il vient du mot *loos*, sort, d'où sont venus une foule de mots dans les langues d'origine germanique, et en français, les mots *lot*, *loterie*, etc... » — *Adde* Ginoulhiac, *Cours élém. d'hist. gén. du droit français*, Paris, Rousseau, 1884, in-8, p. 187.

(5) Pardessus, *op. cit.*, pp. 538 et 601. — Toutefois nous ne pouvons nous empêcher de relever ici, de la part de Pardessus, une véritable contradiction. Tout en réfutant l'étymologie donnée par Guizot, « qu'il éprouve plus de plaisir à citer qu'à combattre », il ne se détache pas complètement de son système, et admet que « les Francs donnèrent aux biens qu'ils acquirent par le partage... le nom d'*alodes* », et qu'*alod* par conséquent désigne les terres indépendantes (p. 538-539). Or ailleurs (p. 692 et suiv.) Pardessus déclare très nettement et à diverses reprises, qu'*alodis* dans les lois barbares et les formules franques signifie hérédité, succession. C'est un sens tout différent et c'est le seul véritable. Cfr *infrà*, nᵒ 3.

(6) Zœpfl, *Deutsche Rechtsgeschichte*, Brunswick, 1872, t. III, p. 140.

(7) En sens inverse, Caseneuve (*Le franc-alleu de Languedoc établi et défendu*, Toulouse, 1645, in-fᵒ, liv. I, ch. IX) prétend que les alleux sont les terres non tirées au sort (*a* privatif, et *los*, sort).

— Pour Rhenanus et Vadianus (1), *alodis* dériverait du mot germanique *anlodt*, de *aen* et *lodt*, signifiant *adsortium*, partage. Mais ce n'est pas aux *sortes barbaricæ* que ces auteurs entendent faire allusion, c'est à un partage de famille (*judicium familiæ erciscundæ*). L'alleu est dans cette hypothèse une *hérédité* qu'il s'agit de partager.

C'est à ce dernier sens que se rapportent les autres étymologies proposées, qui bien que tendant au même but sont fort divergentes. Wendelinus (2) indique comme radical d'*alodis* le mot *alder*, ancêtre (3) ; les Bénédictins qui ont complété Du Cange, les mots *al*, le, la, et *laud* ou *lod*, qui en breton signifie part, portion, hérédité (4); enfin Loccenius (5) et plusieurs autres font dériver *alodis* de l'allemand *all*, tout, *od*, bien, *universa bona*, c'est-à-dire le patrimoine pris dans son ensemble.

Parmi ces étymologies, beaucoup sont insoutenables philologiquement ; et à ce point de vue, sans entrer dans des détails qui nous entraîneraient trop loin, les seules qui nous paraissent vraisemblables sont celles de Grimm (*al, od*, pleine propriété), de Gaupp (*a-lod*, sort), et Loccenius (*all, od*, tout bien), se rapportant chacune à l'un des sens indiqués. Mais entre ces trois étymologies, il faut faire un choix. Nous ne dirons certes pas avec Laferrière, que « comme le mot *alleu* a pris divers sens dans les Coutumes franques, il est possible d'adopter ces différentes étymologies selon le sens dans lequel le mot est appliqué (6) »! Il est bien évident que la seule étymologie admissible est celle qui conduit à donner au mot *alodis* son sens primitif. Or, ce sens primitif, nous allons le voir en parcourant les plus anciens textes où le mot se rencontre, est celui d'hérédité, et d'hérédité portant sur l'ensemble du patrimoine.

(1) Cités par Du Cange, *loc. cit.*

(2) Cité par Du Cange, *loc. cit.*

(3) Cfr. Jean Aventin, Bignon et Vossius, cités par Merlin, *loc. cit.*, p. 186.

(4) Dans le glossaire de Du Cange, *ibid*, col. 3.

(5) Loccenius, *Explicatio peregrinarum aliquot dictionum juris feudalis*, cité par Merlin, *loc. cit.*, p. 187.

(6) Laferrière, *loc. cit.*, note 20.

L'étymologie de Loccenius nous paraît donc la seule qui puisse être acceptée.

2. Sens primitifs du mot alodis : hérédité, biens héréditaires. — C'est dans les lois barbares et les formules franques qu'il faut rechercher les premières apparitions du mot *alodis* (1), et principalement dans la plus ancienne rédaction de la loi Salique, la *Lex Salica antiqua*, écrite, semble-t-il, entre les années 486 et 496. Le titre LIX a pour rubrique : *De alodis*, et se compose de cinq articles, où il n'est question que de vocation successorale et de dévolution héréditaire (2). On est donc naturellement conduit à traduire la rubrique par ces mots : *De l'hérédité*. La loi Ripuaire contient de même un titre *De alodibus* (titre LVI), qui fait partie des fragments de cette loi dont on place aujourd'hui la rédaction dans la seconde moitié du vi° siècle. Dans les quatre articles qui composent ce titre, le mot *alodis* n'est pas répété ; mais on y trouve plusieurs fois, comme dans la loi Salique, le mot *hereditas*, qui paraît bien dans les deux lois être synonyme d'*alodis* (3). Nous disons *hereditas* (en général), et non pas *hereditas aviatica*, comme l'enseignent divers auteurs ; car le texte des articles, dont le dernier seul contient le mot *aviatica* (4), ne comporte certainement pas cette restriction. Nous admettons bien, par des raisons d'analogie, que la *terra salica* mentionnée dans la loi Salique (tit. LXII, art. 6), et l'*hereditas aviatica* de la loi Ripuaire (tit. LVI, art. 4) sont identiques ; mais nous n'admettrons pas plus de synonymie entre *alodis* et *terra salica*

(1) On l'y trouve sous diverses formes. Nous avons relevé les suivantes : *alodis, allodis, alodus, alotis, allotis, alotus*.

(2) Cfr. le 1er texte de l'édition Pardessus, *op. cit.*, p. 33. — Le 2e texte a la même rubrique; le 3e texte porte : *De alodes* (*Ibid.*, p. 64, 110-111). Dans la *Lex emendata*, le titre *De alodis* est numéroté LXII et comprend six art. (*Ibid.*, p. 318).

(3) Cfr. Pardessus, *op. cit.*, p. 407, note 736 : « Le mot *alode* me paraît désigner la succession, l'ensemble des biens de toute nature laissés par un défunt, et répondre à ce que le titre LXII de la loi (Salique) appelle *hereditas*. » *Adde* p. 694.

(4) *Loi Ripuaire*, tit. LVI, art. 4 : « Sed dum virilis sexus extiterit, femina in hereditatem aviaticam non succedat. »

qu'entre *alodis* et *hereditas aviatica*. Le mot *alodis* est plus large; il s'applique (au moins aux v° et vi° siècles) au patrimoine successoral dans son entier, et non pas seulement à cette portion qu'on appellera plus tard les *propres* (1). C'est un fait qui devient manifeste, quand on rapproche des textes précités le chapitre xiii des *Capita extravagantia* ajoutés à diverses époques à la loi Salique. Ce chapitre xiii, attribué à Childebert I⁰ʳ et Clotaire I⁰ʳ, antérieur par suite à l'année 558, parle trois fois des choses trouvées *in alode patris* (2). « Il est évident, dit avec raison Pardessus, qu'*alodis* répété trois fois dans ce texte signifie l'ensemble de la fortune délaissée par le père, autrement sa succession (3). »

Après les premières rédactions des lois Salique et Ripuaire, viennent dans l'ordre des temps les *formules* franques, qui s'échelonnent du vi° au x° siècle. Les plus anciennes sont les *Formulæ arvernenses*, que Baluze a publiées (4), et qui paraissent remonter aux premières années du vi° siècle. — Dans ces formules d'Auvergne, *alodis* signifie hérédité ou succession comme dans la loi Salique, dont elles sont presque contemporaines. Voici par exemple un passage d'une formule de donation, qui met nettement ce sens en évidence : « Nous te livrons et transférons notre manse, au pays d'Auvergne, en tel vicus et telle villa, lequel manse nous possédons *de alode vel de adtracto*, (c'est-à-dire évidemment : par succession ou par acquisition), avec les maisons, toits, édifices, annexes, champs, prés, vignes, forêts, eaux et cours d'eau, etc... (5). » Dans une autre formule, une femme donne mandat à son mari d'administrer tout

---

(1) Cfr. Pardessus, *op. cit.*, p. 692 : « Le mot *alodis* exprime l'ensemble de la fortune du défunt ; » — Garsonnet, *Hist. des locat. perpétuelles*, Paris, Larose, 1879, in-8, p. 209, note 1.

(2) Voici le texte : « (De rebus in alode patris.) Si quis super alterum de rebus in *alode* patris inventas et intertiaverit, debet ille super quem intertiavit tres testimonia mittere quod in *alode* patris hoc invenisset... in *alodis* patris... » (Dans Pardessus, *op. cit.*, p. 334.)

(3) Pardessus, *op. cit.*, p. 692. — Cfr. Ginoulhiac, *loc. cit.*

(4) De là le nom de *Formulæ Balusianæ minores*, qui leur est souvent donné.

(5) *Formulæ Balusianæ minores*, n° 8, dans Eug. de Rozière, *Recueil général des formules usitées dans l'emp. des Franks*, Paris, Durand, in-8,

ce qui lui appartient par succession de ses parents ou par acquisition, *de alode parentorum aut de atracto* (1).

Mais on voit déjà apparaître ici à côté du mot *alodis* un mot destiné à en limiter la portée, le mot *parentum.* Dans les formules *andegavenses,* du VIe et du VIIe siècle, et dans les formules de Marculf, rédigées vers 650 (2), son emploi est devenu presque habituel et toujours l'*alodis parentum,* l'hérédité paternelle, est opposée aux autres modes d'acquisition en général. « *Ex aloto parentum meorum vel de qualibet contractum mihi legibus obvenit,* » dit une formule d'Anjou (3). « *Tam de alode parentum vel de qualibet adtractu,* » — « *tam de alode parentum quam de reliquo adtractu visus sum tenuisse,* » disent de même les formules de Marculf (4). Ces formules font souvent suivre ces expressions de longues énumérations comprenant les meubles et les immeubles les plus divers, en un mot « tout ce qui se peut dire ou nommer (5) ». Certaines formules comprennent formellement tous ces meubles et immeubles dans le seul *alodis parentum* (6). Quelques-unes indiquent avec plus de détails les autres modes d'acquisition que l'on oppose à l'hérédité pater-

---

t. I (1859), no 103. — Même sens dans la form. no 5 (De Rozière, *ibid.* no 64), qui emploie des expressions analogues : «... Quem de *alode* visi sumus habere...»

(1) *Form. Balus. minores,* no 3 (De Rozière, *ibid.,* no 384). — Cfr. la form. no 6.

(2) Cfr. Ad. Tardif, *Étude sur la date du formulaire de Marculf,* dans la *Nouv. Revue histor. de droit français et étranger,* année 1884, p. 557 et suiv.

(3) Dans De Rozière, *ibid,* no 247. — Dans la même form. on lit encore : «... ex *allois* parentum meorum... tris partis de *aloie* meæ... » — *Adde Append. aux form. andegav.,* no 1 : « Hæc omnia in ista loca superius comprehensa, tantas partis, tam de *alodæ* (sic) genetorum meorum quam et de adtracto vel de quocumque modo ad me noscitur pervenisse, etc... » (De Rozière, *ibid.,* no 221.)

(4) *Form. Marculf,* II, 6, et II, 11 (De Rozière, *ibid.,* nos 213 et 167). — Cfr. *Form. Marculf.,* I, 12; et *Append. form. Marculf.,* no 52 (*Ibid.,* no 130.) — V. Caseneuve, *op. cit.,* p. 92.

(5) « Quicquid dici vel nominari potest. » — Cfr. *Form. Marculf.,* II, 4 et 5 ; — et *Append.,* II, 47 et 49 (*Ibid.,* nos 345, 137, 135) ; etc... — Cfr. *ibid.,* no 248, *infra cit.*

(6) *Form. Marculf.,* II, 10 (*Ibid.,* no 132).

nelle (1). Enfin il en est qui, au lieu du mot *parentum*, emploient
des termes équivalents (2), ou bien l'épithète *paterna* (3), ou
bien encore, quand c'est le futur *de cujus* qui parle, le pronom
possessif (4). Dans toutes ces formules, *alodis* a toujours le sens
de succession, d'hérédité (5), et l'on trouve telle formule symé-
trique où le mot *hereditas* remplit la même fonction qu'*alodis* (6).

(1) *Form. Marculf.*, I, 33 : « Quam pro quod regio munere perciperat,
quam et quod per vindicionis, donationis, cessionis, commutationis titulum, vel de *alode* parentum..., per nostra auctoritate omnes res
suas, tam quod regio munere, (quam) quod per vindicionis, cessionis,
donationis commutationisque titulum, vel *reliquâ alode*, quod ad pre-
sens... » (De Rozière, *ibid.*, n° 413.) Remarquez le mot *reliquâ*, dont
l'emploi, assez singulier ici, doit être le fait d'un copiste ; car il n'existe
pas dans une variante de la précédente formule. (De Rozière, *ibid.*,
n° 413 *bis*.)

(2) *Form. Marculf.*, II, 9 et 14 ; — *Append.*, n° 39. (De Rozière, *ibid.*),
n°s 337, 124 et 124 *bis*, 123 ; *adde* n° 336.)

(3) On la trouve notamment dans cette admirable formule par laquelle un père appelle à l'intégralité de sa succession sa fille exclue
par une coutume *impie* (la loi Salique) de la *terra paterna* (*Form. Marculf.*, II, 12) : « Dulcissima filia mea, contra germanos tuos filios meos illos
in omni hereditate mea æqualem et legitimam esse constituo heredem,
ut tam de *alode* paterna quam de comparatum, vel mancipia aut præ-
sidium nostrum, vel quodcumque morientes relinqueremus, ecolance
cum filiis meis germanis tuis dividere vel exequare debeas. » (De Rozière, *ibid.*, n° 136). *Adde* De Rozière, *ibid.*, n°s 135, 136 *bis* et 137. De
ces divers textes combinés résulte l'identité de l'*alodis parentum* ou
paterna (mais non de l'*alodis* en général) avec la *terra salica* ou *paterna*. Cfr. Pardessus, *op. cit.*, p. 714 ; — et Laferrière, *loc. cit.*, p. 196-197.
Sur la *form. Marculf.*, II, 12, voici le commentaire de Pardessus (*op. cit.*,
p. 693) : « Aujourd'hui nous ne rédigerions pas un acte de partage
d'une autre manière, sauf que les mots *hérédité, succession*, exprime-
raient ce que dans cette formule on appelle *alodis*. »

(4) *Form. Marculf.*, II, 10 : « In omni *alode* meâ... » (De Rozière, *ibid.*,
n° 132 ; *adde* n° 248.)

(5) Cfr. encore De Rozière, *ibid.*, n° 134.

(6) *Form. Marculf.*, II, 7 (donat. mutuelle entre mari et femme) :
« Proinde dono tibi, dulcissima conjux mea..., tam de *alode* aut de
comparatum, vel de qualibet adtractu... et quantumcumque de *alode
nostra* post meum discessum pro commune mercede ad loca sancto-
rum... Dono tibi... tam de *hereditate* parentum quam de comparatum
vel quod pariter laboravimus..., et quid de ipsa *alode mea*, etc... » (De
Rozière, *ibid.*, n° 248.) — Cfr. *ibid.*, n°s 330, 356, 359, etc.

Dans les formules tourangelles, qu'a publiées le P. Sirmond, et qui sont postérieures à celles de Marculf, le même sens d'hérédité se retrouve, par exemple dans la formule 22, par laquelle un grand-père appelle à toute sa succession (*in alode suo*), en concours avec leurs oncles, ses petits-fils *ex filia* (1). Mais *alodis* y paraît plutôt employé (2) dans le sens un peu différent de biens héréditaires par opposition aux biens qui proviennent d'achat ou de tout autre mode d'acquisition; on dira plus tard *propres* par opposition à acquêts. Ainsi dans une formule de concession de bénéfice par rétrocession, il est dit que le concessionnaire reçoit, à titre de bénéfice « *res suas, tam de alode quam et de comparatu seu de qualibet adtracto, denominatas* », ce qu'il paraît naturel de traduire ainsi : « ses choses, tant propres qu'acquêts, ci-dessus dénommées (3) ».

Bien d'autres formules franques contiennent le mot *alodis*, mais elles sont malheureusement d'époque trop incertaine pour pouvoir servir à une détermination chronologique des sens successifs de ce terme. Il ne semble pas d'ailleurs qu'elles soient de nature à modifier les résultats fournis par les formules de dates mieux connues; car dans toutes *alodis* signifie, soit succession (4), soit biens héréditaires (5). Il n'y avait entre

---

(1) *Form. Sirmond.*, n° 22 : « ... in *alode* meo... in omni *alode* meo... » (De Rozière, *ibid.*, n° 131.) Cfr. *Form. Marculf.*, II, 10, *supra cit.*

(2) Probablement dans les formules les plus récentes.

(3) *Form. Sirmond.*, n° 38. (De Rozière, *ibid.*, n° 327.) — Cfr. *Form. Sirmond.*, n° 14. « ... tam de *alode* quam et de comparato seu de qualibet adtracto, totum et integrum, etc... » (De Rozière, *ibid.*, n° 220. — Cfr. *ibid.*, n° 219.)

(4) C'est son sens habituel dans les formules dites de Bignon. Cfr. *Form. Bignon.*, n° 20 et 21 : « ... nec (ad) heredes meos in *alote* derelinquere... » ; n° 3 : « ... quem de parte parentum meorum tam de *alote* quam et de comparato, vel de qualibet atracto ad me legibus obvenit... » (De Rozière, *ibid.*, n° 342, §§ 2 et 3, et 274.) — Cfr. *ibid.*, n° 331.

(5) Cfr. *Form. Bignon*, n° 18, où des frères font un partage *de alote eorum*; — *Form. Lindenbrog.*, n° 17 et 18 : « ... tam de *alode* quam et de comparato seu de quolibet adtracto... » ; — et n° 183 : « ... quicquid dici aut nominari potest, tam de *alodo*, aut de comparado, vel de qualibet adtractu... » — *Form. de Munich*, n° 17 et n° 15 : « ... omnem rem proprietatis meæ, tam de *alode* quam et de comparato vel de quolibet ad tracto... » ; etc. — (De Rozière, *ibid.*, n° 126, 203, 200, 391, 202, 250.)

ces deux acceptions qu'une nuance; mais dans cette nuance se trouvait le germe d'un changement important.

8. Changement de sens du mot alodis; conclusion. — Telle fut en définitive, et cela jusqu'à la fin du VIIe siècle *au moins*, la signification du mot barbare *alodis*. On voit par là combien est inexact le système de Guizot, qui veut que le nom d'*alod* ou *alodis* ait été originairement donné à ces terres conquises et tirées au sort (*sortis titulo adquisitæ*), dont le caractère fondamental fut « la plénitude et l'entière liberté de la propriété », « conséquence naturelle du mode d'acquisition (1) ». Sans doute une distinction entre des terres libres et non libres existait déjà à cette époque; mais ce n'était pas le mot *alodis* qui servait à la caractériser. Divers textes du VIe et du VIIe siècle nous indiquent quelles étaient les expressions employées, et il est utile de les connaître, avant de voir, en nous adressant aux documents postérieurs, comment le mot *alodis* a fini par se substituer à elles, ou tout au moins par devenir leur synonyme.

On lit dans Grégoire de Tours que le connétable Sumnegesilus et le référendaire Gallomagnus ayant trempé dans un complot dirigé contre la reine Brunehaut, le roi Childebert II, son fils, leur retira tout ce qu'ils avaient reçu du fisc, et les condamna à l'exil. A la prière du roi Gontran, cette dernière condamnation ne fut pas exécutée; mais, dit Grégoire de Tours, « on ne laissa aux coupables rien autre chose que ce qu'ils paraissaient posséder en propre (2) ». Dans ce passage apparaît une distinction entre les biens reçus du fisc, les *bona fiscalia*, les bénéfices en un mot, et des terres possédées *en propre*. Cette opposition faite déjà au VIe siècle se retrouve dans les formules de Marculf, et avec des expressions semblables : « *Aut super proprietate suâ aut super fisco...,* » dit l'une d'elles (3). Quelle

---

(1) Guizot, *loc. cit.*, p. 79.

(2) Grég. de Tours, IX, 38 : « Sumnegesilus et Gallomagnus, privati a rebus quas a fisco meruerant, in exilium retruduntur... quibus nihil aliud est relictum nisi quod habere *proprium* videbantur. »

(3) *Form. Marculf.*, I, 12 : « Aut super *proprietate* sua, aut super fisco noscitur ædificasse. » — Cfr., sur cette forme, le commentaire de Jérôme

conclusion tirer de là, sinon qu'à côté de la distinction qui s'était établie entre les biens héréditaires et les acquêts, il en existait une autre entre les terres possédées en toute propriété et celles qui étaient tenues à titre de bénéfice. La première se caractérisait par l'antithèse établie entre les mots *alodis* ou *hereditas*, et les mots *comparatum, conquisitum* ou *adtractum*, etc.; la seconde par l'antithèse établie entre les mots *proprium* ou *proprietas*, et les mots *fiscus* ou *beneficium*. De même qu'il n'y a pas identité entre ces deux distinctions (1), de même il n'y a pas synonymie entre leurs termes correspondants. *Alodis* et *proprium*, jusqu'à la fin du vii° siècle *au moins*, désignent des choses différentes. La terre « possédée en toute liberté, sans aucun lien de subordination envers un propriétaire supérieur », pour employer les expressions de Guizot (2), s'appelait, non pas *alodis*, mais *res propriæ* (3), *proprium*, *terra propria* (4), ou *proprietas*. « Le mot *proprium* ou *proprius*, dit Pardessus, servait à exprimer ce dont on était propriétaire, sans distinguer à quel titre (5). » En d'autres termes, *proprium* n'est pas comme *alodis* synonyme d'*hereditas;* il signifie la propriété, et non pas les propres (6).

Cette différence d'acceptions ne devait pas persister, et il est facile de comprendre pourquoi ; c'est parce que les deux distinctions que nous venons de préciser tendaient avec le

Bignon, plus satisfaisant au fond et dans l'ensemble qu'en la forme et dans les détails. (Dans Canciani, *Leges barbarorum*, t. II, p. 185.)

(1) Cujas a le tort de les confondre. Cfr. ses *Opera*, op. cit., t. I, col. 155, et t. VII, col. 843. (*Observ.*, lib. VIII, ch. xiv ; et *Recil. sol. ad lib. IV Codicis*, t. LXVI, loi 1.)

(2) Guizot, op. cit., p. 79.

(3) Cfr. *Form. Balus. minores*, n° 8 : «... De rebus propriis... » (Ces form. semblent être du début du vi° siècle.)

(4) Grég. de Tours, V, 29 : « Chilpericus descriptiones novas et graves in omni regno suo fieri jussit... Statuit (*en* 578) ut possessor de *propria terra* unam amphoram vini per aripennem redderet. » Cfr. *Loi Salique*, tit. XLIII, art. 7.

(5) Pardessus, op. cit., p. 712.

(6) On trouve cependant le mot *proprium* comme désignant des biens acquis *ex hereditate* dans la charte concédée en 497 au monastère de Réomé; mais les auteurs s'accordent à le regarder comme interpolé. Cfr. Pardessus, *loc. cit.*

temps à se confondre l'une avec l'autre. A l'époque où nous sommes parvenus en effet, au viiie siècle, on sait combien sont devenues fréquentes les concessions de bénéfices et de précaires, concessions directes ou concessions indirectes par suite de la recommandation des terres (1). Le nombre des terres possédées en propre, des *terræ propriæ*, diminua considérablement. Au lieu d'être comme auparavant l'objet d'aliénations proprement dites, c'est-à-dire emportant transfert de propriété, elles furent le plus souvent concédées en bénéfice ou précaire. Ces concessions, faites à titre temporaire, ou viager, ou même héréditaire, avaient pour effet de soumettre les concessionnaires à des obligations de nature diverse envers le concédant, et à imprimer à la terre concédée elle-même un certain caractère de subordination. Il en résulta naturellement qu'à un moment donné la grande majorité des acquêts furent des bénéfices, et que la grande majorité des terres libres qui subsistaient encore furent au contraire des terres transmises par succession, des biens héréditaires, en un mot des *alodes*. Seulement, comme il y eut de tout temps des bénéfices héréditaires, et que leur nombre alla toujours croissant (2), ce ne fut bientôt plus le caractère de bien successoral qui différencia les *alodes* des bénéfices, mais principalement le caractère de terre possédée en toute propriété. Dès lors il ne faut pas s'étonner si, sous l'influence des événements, le mot *alodis*, et en même temps que lui, par une sorte d'entraînement, le mot *hereditas*, vont perdre peu à peu leur sens primitif pour arriver à signifier en dernière analyse la terre libre, par opposition aux bénéfices d'abord, aux fiefs plus tard.

Alodis, toutefois, ne se substitua pas tout d'un coup au mot *proprium*. Il semble qu'on ait commencé par accoler les deux mots ensemble, puis par se servir indifféremment de l'un et de l'autre, pendant un temps assez long, avant d'adopter définitivement *alodis* avec le sens exclusif de pleine propriété, de propriété franche. Telle est du moins la marche qui nous paraît

(1) Cfr. sur ce point : Garsonnet, *op. cit.*, p. 231-234, — et Guizot, *op. cit.*, p. 147-148.

(2) Cfr. sur ce point : Guizot, *op. cit.*, p. 120-121, — et Garsonnet, *op. cit.*, p. 237-240.

révélée par les textes contemporains de la grande diffusion des
bénéfices. — Dans la loi des Bavarois, par exemple, le mot
alodis n'a plus un sens bien défini. Tantôt il signifie le patrimoine ou toutes les choses que possède le Bavarois (1) ; tantôt,
au contraire, il semble qu'il y ait des choses en dehors de l'*alodis* (2) ; tantôt encore, associé à *propria, alodis* paraît désigner
d'une façon plus spéciale les choses possédées en toute propriété (3) ; enfin il est des passages où ce même mot doit se
traduire tantôt par *hereditas* et tantôt par *proprium* (4). Dans
une charte de Pépin le Bref, de 763, et dans divers autres
textes, se rencontre la même diversité d'acceptions (5). Cette
sorte d'incertitude dans l'emploi du mot *alodis* n'est-elle pas
l'indice d'un changement? Il n'y a pas de langue plus mal
faite que celle des périodes de transition où se forme un droit
nouveau. On peut dire que du vii° siècle au ix° siècle, *alodis*
acquiert de nouveaux sens, sans dépouiller complètement son
acception primitive.

Mais au ix° siècle, l'évolution est accomplie. Le mot *alodis*,
seul ou renforcé par le mot *proprius* (6), désigne toujours une
terre possédée en pleine propriété. Désormais donc les *alleux*

(1) *Lex Bajuvariorum*, tit. II, ch. i, § 3 : « Ut nullus Bajuvarius *alodem*
aut vitam sine capitali crimine perdat, id est... tunc in ducis sit potestate vita ipsius et *omnes res ejus et patrimonium.* » (Dans Canciani, *op.
cit.*, t. II, p. 363.)

(2) *Lex Bajuv.*, tit. I, ch. i, rubr. : « Ut si quis liber Bajuvarius vel
quiscumque *alodem* suam ad ecclesiam vel *quamcumque rem* donare
voluerit, liberam habeat potestatem. » (*Ibid.*, p. 358.)

(3) *Lex Bajuv.*, tit. XVII, ch. ii, pr. — V. note suiv.

(4) *Lex Bajuv.*, tit. XI, ch. v : «... Et iste dicit : Hucusque antecessores
mei tenuerunt et in *alodem* mihi reliquerunt ; » — tit. XVII, ch. ii : « (De
his qui *propriam alodem* vendiderunt.) De his qui *propriam alodem* vel
quascumque res... Iste vero dicit : Non ita, sed mei antecessores tenuerunt et mihi in *alodem* reliquerunt... » (Dans Canciani, *op. cit.* t. II,
p. 380 et suiv.)

(5) *Charte* de Pépin, *anno* 763 : « Similiter donamus in pago Riboa-
riensi illam portionem in Reimbach, quam... genitor meus Carolus in
alodem dereliquit ; et illam alliam portionem in ipsa villa, quam Heri-
bertus uxori nostræ Bertradæ in *alodem* dimisit. » (Citée par Du Cange,
op. cit., p. 199, col. 3) ; — etc.

(6) Cfr. Caseneuve, *ibid.*, p. 85.

existent, constitués sous leur forme définitive. Ils se sont en quelque sorte « individualisés », enfermés dans une dénomination à eux propre. L'histoire du mot est par conséquent terminée (1). Commençons l'histoire de la chose.

(1) Cfr. Hervé, *Théorie des matières féodales*, Paris, Knapen, in-12, tome VI (1787), p. 1 à 10 ; — et tome I (1785), p. 10 à 23.

CHAPITRE I

LES ALLEUX A L'ÉPOQUE FRANQUE

L'histoire des alleux et de leurs vicissitudes peut se résumer en quelques mots : ce fut une lutte constante soutenue par la propriété libre, avec plus ou moins de succès suivant les lieux et les époques, d'abord contre la féodalité, qui parvint à l'absorber en grande partie dans son réseau de tenures dépendantes, et ensuite contre la royauté absolue, qui chercha à son tour à imposer aux dernières terres libres cette même dépendance à laquelle jusque-là elles avaient échappé. Cette lutte se poursuivit pendant toute la durée de la monarchie française ; et ses péripéties diverses finirent par amener une grande variété dans le régime des alleux. Ainsi, même pour la propriété libre, dont l'organisation juridique pouvait être si simple, l'ancien droit, suivant son habitude, a réussi à être confus. — Raconter ces péripéties, et rechercher les causes de cette confusion, tel est le but que nous nous proposons. Il importe pour cela de remonter aux origines.

4. Les terres libres sous les Mérovingiens ; les bénéfices et les précaires. — Sous les princes mérovingiens, la propriété privée, dit M. Garsonnet, « a lieu dans trois situations différentes : elle existe, pour les Romains, sur les terres qui leur appartenaient avant l'invasion et dont la conquête ne les a pas dépouillés ; pour les Germains, sur les lots qui leur ont été assignés par le partage, après leur établissement dans l'Empire ; pour les uns comme pour les autres, sur les terres restées vacantes et que le droit germanique leur reconnaît le droit d'occuper et de mettre en culture. C'est, dans tous les cas, un *alleu* (1), » c'est-à-dire, pour éviter toute amphibologie, une *terre libre*. — Avant d'aller plus loin, il est nécessaire de présenter quelques observations sur le sens de ces mots *terre libre* que nous venons d'employer. Ils signifient simplement que les alleux sont exempts de toutes redevances ou charges réelles ayant un caractère *privé*, mais non pas nécessairement de celles qui, comme les impôts, ont un caractère *public*. La soumission à ces impôts, dus d'une façon générale par toutes terres, ne pouvait en bonne logique avoir pour effet, pas plus autrefois qu'aujourd'hui, d'enlever aux alleux leur caractère distinctif de propriété indépendante. C'est seulement la soumission aux redevances ou charges seigneuriales qui fera d'une terre libre une terre sujette ; et peu importera pour cela, que ces redevances ou charges soient dues à des seigneurs particuliers, ou qu'elles soient dues au roi considéré lui-même comme seigneur, et non comme chef de l'État (2). C'est donc avec raison que M. Garsonnet fait observer que « la soumission des Romains à l'impôt foncier dont les Francs sont exempts n'empêche pas, dans la monarchie franque, les propriétés romaines d'être *allodiales* (3), car l'État n'y a point de domaine éminent, et l'impôt foncier n'entraîne, à cette époque, aucune idée de dépendance pour les terres qui en sont grevées (4) ». Ce n'était pas, il est vrai, la théorie romaine, laquelle justifiait l'impôt établi sur les fonds provinciaux par l'idée d'un domaine éminent que le peuple romain se serait réservé sur ces fonds, tout en en permettant l'appropriation individuelle. Mais avec la chute de l'empire d'Occident, cette idée subtile, que l'administration de l'enregistrement n'a pas

(1) Garsonnet, *op. cit.*, p. 208.

(2) Furgole l'avait déjà remarqué : « ... Que ces provinces fussent sujettes aux tributs ou qu'elles en fussent exemptes, on ne peut en tirer aucun argument, ni pour, ni contre le franc-alleu..., parce que ces tributs n'ont jamais eu rien de commun avec les fiefs, ni avec la distinction du domaine utile avec le direct, qui est une suite des fiefs, et l'opposé du franc-alleu ; etc... » (Furgole, *Traité de la seigneurie féodale univ. et du franc-alleu naturel*, Paris, 1767, in-8, pp. 95-96). — Même doctrine dans Hervé, *ibid.*, t. VI, p. 60-61.

(3) C'est-à-dire libres (suivant le sens ultérieur du mot).

(4) Garsonnet, *op. cit.*, p. 209 et p. 187, texte et note 2.

craint de ressusciter de nos jours (1), avait disparu en Gaule (2). Pour percevoir ou remettre l'impôt foncier, les princes francs n'invoquaient certainement pas un prétendu droit de *propriété* sur le territoire soumis à leur autorité (3).

Les Germains d'ailleurs, en matière d'impôts, ne comprenaient que les tributs établis sur les peuples vaincus, ou les dons volontaires de la part des hommes libres. La pensée qu'il était du devoir de tout citoyen de contribuer aux charges publiques de son pays, leur était étrangère. Aussi, dans les premiers temps de la conquête, les terres possédées par les Francs durent jouir en fait d'une indépendance absolue. Mais cette indépendance ne subsista pas longtemps. Dès le VIᵉ siècle en effet, nous voyons de temps à autre certaines charges venir peser sur la propriété libre, sur la *terra propria* (4). En 578, par exemple, le roi Chilpéric ordonna que chaque possesseur d'une *terra propria* payerait une amphore de vin par arpent. Cette exaction suscita dans le Limousin une révolte qui fut cruellement réprimée (5). Il ne semble pas, d'après le texte de Grégoire de Tours qui rapporte le fait, que Chilpéric ait distingué entre les terres appartenant en propre aux Francs, et les terres appartenant en propre aux Gallo-Romains. Ces dernières étaient de plus restées soumises aux impôts fonciers établis sous l'empire (6). Mais, nous le répétons, cela ne portait pas atteinte à leur caractère de propriété « libre » qui restait plein et entier.

C'est dans ces conditions que la pratique des concessions en bénéfice commença à se généraliser. — Ces concessions que l'on voit apparaître presque aussitôt après l'établissement des

---

(1) Cfr. *infra* nᵒ 50.

(2) Cfr. d'Espinay, *La féodalité et le droit civil français*, Saumur, Godet, 1862, in-8, p. 40.

(3) Cfr. Garsonnet, *op. cit.*, p. 209, note 6. — *Adde :* Vuitry, *Études sur le rég. financier de la France*, Paris, Guillaumin, 1ᵉʳ vol., 1878, in-8, p. 88-89.

(4) Cfr. Guizot, *op. cit.*, p. 89-90.

(5) Grég. de Tours, V. 29 : « Chilpericus... statuit ut possessor de *propria terra* unam amphoram vini per aripennem redderet; etc... » *Adde* Grég. de Tours, III, 36, et VII, 15; etc.

(6) Cfr. Vuitry, *ibid.*, p. 87.

Francs en Gaule, n'étaient pas, comme le précaire romain, révocables à volonté (1). Elles étaient soit temporaires, soit viagères (c'était le cas le plus fréquent) (2), soit même héréditaires (3). Mais toujours elles se distinguaient des donations en pleine propriété par des obligations imposées au bénéficier à raison de la terre dont il allait être détenteur, c'est-à-dire par des obligations ayant le caractère particulier, presque inconnu au droit romain, mais si fréquent au moyen âge, d'obligations *propter rem*. En cas de manquement à ces obligations, la concession devait être révoquée (4).

La tenure en bénéfice pouvait se créer de deux manières : — d'abord par des concessions directes de terres, faites par le roi ou par des propriétaires puissants aux hommes qu'ils voulaient récompenser, ou qui imploraient leur protection (5) ; — ensuite par la *recommandation* des alleux, qui eut pour effet immédiat de transformer beaucoup de terres libres en bénéfices, et de faire de la condition bénéficiaire l'état légal de la plupart des propriétés. Cette pratique est attestée dès le VIIᵉ siècle par un grand nombre de documents, et notamment par plusieurs formules de Marculf. Dans ces formules, on voit des hommes, des propriétaires de terres libres, venir au palais du roi ou du grand personnage dont ils voulaient s'assurer la protection ; et là, en présence de témoins, lui céder leurs terres en toute propriété avec les formes symboliques alors en usage, puis les recevoir aussitôt après à titre de bénéfices, pour en jouir leur vie durant, et parfois en disposer à leur mort comme il leur conviendrait (6). La terre ainsi recommandée et rétrocé-

---

(1) Plusieurs historiens, Montesquieu entre autres, ont cependant soutenu que c'était là la condition originaire des bénéfices. Mais les textes sont contraires à cette assertion, aujourd'hui abandonnée. Cfr. Guizot, *ibid.*, p. 109 et suiv.; — Garsonnet, *op. cit.*, p. 236-237; — etc.

(2) Cfr. Guizot, *ibid.*, p. 118. — V. des exemples de concessions à vie en 585, 690, 694, dans Grég. de Tours, VIII, 22; — et Mabillon, *De re diplom.*, lib. VI, tit. 1, p. 471, 476.

(3) Cfr. Guizot, *ibid.*, p. 120; — Garsonnet, *op. cit.*, p. 237-238; — etc.

(4) Cfr. Garsonnet, *op. cit.*, p. 240-241.

(5) Sur ce premier mode, cfr. *ibid.*, p. 210-230; — etc.

(6) *Form. Marculf*, I, 13 : « Ideo veniens ille fidelis noster ibi, in palatio nostro, in nostra vel procerum nostrorum præsentia, villas noncu-

dée cessait d'être libre, et devenait un bénéfice viager ou héréditaire. Son propriétaire était protégé plus ou moins bien, quelquefois très mal. En tout cas, s'il avait acquis la sécurité, c'était au prix de l'indépendance (1).

Lorsque les concessions étaient faites par l'Église, représentée par un évêque, ou par un monastère représenté par son abbé, elles prenaient ordinairement le nom de *précaires*. Au point de vue des formes, les concessions en précaire ressemblaient aux concessions en bénéfice; au point de vue du fond, elles en différaient peu (2). La terre donnée en précaire comme la terre donnée en bénéfice était une terre *dépendante;* c'est, dans une histoire des alleux, le seul caractère qu'il importe de signaler. Ces concessions de précaires étaient extrêmement fréquentes (3); les lois barbares et les formules franques nous en fournissent de nombreux exemples du vıᵉ au vıııᵉ siècle (4). Elles avaient même fini par passer du droit ecclésiastique dans la pratique civile (5).

Enfin, à ces causes, déjà si efficaces, il faut encore joindre les usurpations faites par la force. Les faits et les lois, tout atteste, dit Guizot (6), que sous les Mérovingiens, les propriétaires de terres libres « furent peu à peu dépouillés, ou

pantes illas, sitas in pago illo, sua spontanea voluntate nobis per fistuca visus est werpisse vel condonasse : in ea ratione, si ita convenit, ut dum vixerit eas (ex nostro permisso), sub uso beneficio debeat possidere, et post suum discessum, sicut ejus adfuit petitio, nos ipsas villas fidele nostro illo plena gratia visi fuimus concessisse. Quapropter per præsentem decernimus, etc... ; » — I, 21; — I, 24. (Dans De Rozière, *ibid.*, nᵒˢ 216, 392, 9.)

(1) Cfr. Guizot, *op. cit.*, p. 148; — et Garsonnet, *op. cit.*, p. 281.

(2) Cfr. Garsonnet, *op. cit.*, p. 286-287.

(3) Cfr. Guizot, *op. cit.*, p. 97-98.

(4) Cfr. *Lex Wisigoth.*, lib. X, tit. 1, ch. xıı (dans Walter, *Corpus juris germanici*, t. I, p. 618); — et *Form. Marculf.*, II, 4-5; II, 39-40; II, 41; — *App. ad Marculf.*, 26-28, 40-42; — *Form. Bignon.*, 19-21; — *Form. Sirmond.*, 7, 34, 38; — *Form. Lindenbrog.*, 19, 20, 25, 26; — etc... (Dans De Rozière, *op. cit.*, t. I, nᵒˢ 345, 328, 325; — 340, 339; — 342; — 319, 344, 327; — 331, 345, 341, 320.)

(5) Cfr. *Form. Marculf.*, II, 9; — II, 41, etc... (De Rozière, *ibid.*, nᵒˢ 337, 325.)

(6) Guizot, *op. cit.*, p. 93-94.

réduits à la condition de tributaires, par les envahissements des grands propriétaires ». Marculf nous a même conservé la formule d'une lettre que les rois écrivaient aux comtes des *pagi* pour leur ordonner de faire justice aux *fidèles* qui venaient se plaindre d'empiétements de cette nature (1).

La puissance de toutes ces causes favorables à l'accroissement du nombre des bénéfices n'était sans doute (car il ne faut rien exagérer) ni absolue ni universelle ; mais il n'en est pas moins vrai qu'à l'avènement des Carlovingiens, un courant énergique tendait à transformer le régime foncier et à augmenter le nombre des terres dépendantes au détriment des *terres libres*. C'est le moment, nous l'avons vu (*suprà* n° 3), où ces dernières prennent pour le garder jusqu'en 1789 ce nom d'*alodes* ou *alleux*, qui, jadis employé pour désigner les biens héréditaires par opposition aux acquêts, devient désormais l'antithèse de bénéfice, fief, et autres mots équivalents (2).

5. LES ALLEUX SOUS CHARLEMAGNE. — Dans les premières années du ix⁰ siècle, il se produisit une certaine réaction ; et il s'établit comme un contre-courant, qui eût pu mettre obstacle à la disparition progressive des terres libres, si la cause qui lui donna naissance eût été d'une nature plus durable. — Depuis quelque temps, les bénéficiers trouvant à la propriété pleine et perpétuelle une grande supériorité sur une jouissance viagère et grevée de charges, cherchaient à rendre héréditaires leurs bénéfices viagers, et à se soustraire aux obligations qui découlaient de leur possession. Ils avaient déjà réussi en maints endroits, lorsque Charlemagne monta sur le trône. Le grand empereur avait la main ferme et l'œil à tout, Il veilla de près sur les bénéficiers, et s'opposa de tout son pouvoir à leurs empiétements, c'est-à-dire en somme à la dilapidation des domaines royaux. En 794, il publia un premier capitulaire dans ce but (3).

---

(1) *Form. Marculf.*, I, 28 ; dans De Rozière, *op. cit.*, t. II, n° 435. — Cfr. Caseneuve, *op. cit.*, liv. I, ch. XII, n° 1, 2, 3.

(2) Cfr. Viollet, *op. cit.*, p. 597.

(3) *Cap. Car. Magni*, ann. 794, § 2 : « Et qui nostrum habet beneficium diligentissime prævideat, quantum potest Deo donante, ut nullus ex mancipiis ad illum pertinentes beneficium fame moriatur, et quod

L'année suivante, en renvoyant en Aquitaine son fils Louis, il lui reprocha de ne pas chercher à s'attacher ses sujets par des présents, par des concessions de terres. Louis répondit qu'il n'avait plus rien à donner, parce que les leudes refusaient de rendre les bénéfices qu'ils avaient une fois reçus, et les transmettaient à leurs héritiers. Charlemagne, nous dit l'auteur anonyme de la *Vie de Louis le Débonnaire*, « voulut remédier à ce mal ; mais craignant que son fils ne perdît quelque chose de l'affection des grands s'il leur retirait par sagesse ce que par imprévoyance il leur avait laissé usurper, il envoya en Aquitaine deux *missi*, Willbert, depuis archevêque de Rouen, et le comte Richard, inspecteur des domaines royaux, et leur ordonna de faire rentrer dans les mains du roi les domaines qui jusque-là lui avaient appartenus. Ce qui fut fait (1). »

Cette attitude du prince eut pour résultat de faire apprécier encore plus la propriété des terres libres. Aussi les bénéficiers cherchèrent par tous les moyens à augmenter celles qu'ils possédaient, et en même temps ils délaissèrent les bénéfices. Les uns détournèrent les esclaves et les meubles attachés aux terres impériales à eux concédées, et les transportèrent dans leurs alleux. D'autres vendirent leur bénéfice en toute propriété, et avec le prix reçu rachetèrent ce bénéfice à titre d'alleu (*in alodum*) (2). Ils parvenaient ainsi, ce qui était formellement défendu, à changer le titre de leur tenure sans la permission du concédant. Charlemagne s'appliqua à déjouer ces tentatives malhonnêtes. Mais il dut éprouver de la résistance ; car pendant quelques années les capitulaires se succèdent nombreux pour le même objet. En 802 et en 803, deux capitulaires défendent à ceux qui possèdent un bénéfice de l'empereur ou de l'Église, d'en rien détourner, au grand profit de leurs propriétés (*propria hereditas*), mais au grand détriment

---

superest ultra illius familiæ necessitatem, hoc libere vendat jure prescripto. » (Dans Walter, *op. cit.*, t. II, p. 115). — Cfr. *Cap. Car. Magni*, ann. 813, § 4 : « Ut il qui nostrum beneficium habent bene illud immeliorare studeant. » (*Ibid.*, p. 261.)

(1) *Vita Lud. Pii imp.*, ch. vi ; dans le *Recueil des hist. des Gaules*, tome VI, p. 90.

(2) Cfr. *Cap. de 806, infra cit.*

des bénéfices (1). En 806, un capitulaire plus développé interdit les mutations de titre, « qui portent atteinte à la foi promise (2). » En 807, un troisième capitulaire donne comme instruction aux *missi dominici* de se faire rendre compte, dans chaque *pagus*, de l'état des terres possédées en bénéfice par les hommes de l'empereur ou des grands seigneurs, et en même temps de voir si leurs *alleux* sont mieux entretenus que leurs bénéfices, « parce que, ajoute Charlemagne, nous avons entendu dire que quelques hommes laissaient leurs bénéfices en friche et amélioraient leurs alleux (3). » L'active surveillance de Charlemagne prévint sans doute quelques-unes de ces transformations de bénéfices en alleux ; mais les soins même qu'il prend prouvent qu'elles devaient être assez fréquentes ; et il est permis de croire qu'à ce moment, par une évolution en sens inverse, un certain nombre de bénéfices redevinrent des alleux (4). Ce fut bien pis quand Charlemagne fut mort. Dès 819, Louis le Débonnaire ne trouvait plus d'autre moyen, quand un bénéficier délaissait son bénéfice pour ses biens propres, que de lui faire faire une sommation par le comte ou le *missus dominicus* d'avoir à réparer sa négligence dans

(1) *Cap. Car. Magni*, ann. 802, § 6 : « Ut beneficium D. imperatoris nemo desertare audeat, propriam suam exinde construere ; » — et ann. 803, § 3 : « Qui beneficium D. imperatoris et ecclesiarum Dei habet nihil exinde ducat in suam hereditatem ut ipsum beneficium destruatur. » (Dans Walter, *op. cit.*, p. 189, 189.)

(2) *Cap. Car. Magni*, ann. 808 (*Cap. Noviomagense*) : « VIII. Audivimus quod alibi reddant beneficium nostrum ad alios homines in proprietatem, et in ipso placito dato pretio comparant ipsas res iterum sibi in *alodum* ; quod omnino cavendum est ; quia qui hoc faciunt, non bene custodiunt fidem quam nobis promissam habent. » (Dans Walter, *op. cit.*, t. II, p. 228.)

(3) *Cap. Car. Magni*, ann. 807, § 7 : « Volumus itaque atque præcipimus ut missi nostri per singulos pagos prævidere studeant omnia beneficia quæ nostri et aliorum homines habere videntur, quomodo restaurata sint post annuntiationem nostram, sive destructa... Similiter et illorum *alodes* prævideant utrum melius sint constructi ipsi *alodi* aut illud beneficium quia auditum habemus quod aliqui homines illorum beneficia habeant deserta et *alodes* illorum restauratos. » (Dans Walter, *op. cit.*, t. II, p. 230.)

(4) En ce sens Guizot, *op. cit.*, p. 100 ; — Garsonnet, *op. cit.*, p. 230.

l'année; sinon, passé ce délai, le bénéfice était confisqué (1).

Tel fut le contre-courant qui, sous le règne de Charle-magne et de ses successeurs immédiats, s'opposa dans une certaine mesure à la diminution croissante du nombre des terres libres. Mais, il faut le reconnaître, ce courant inverse, provoqué en partie par les mesures de Charlemagne, et d'ail-leurs réprimé autant que possible, n'avait pas l'énergie du courant direct. Dans les textes que nous venons de parcou-rir, il ne s'agit guère en effet que des grands propriétaires, assez riches et assez puissants pour se suffire à eux-mêmes, qui déjà cherchent à se rendre indépendants. Mais pour les petits propriétaires d'alleux, la « recommandation » était tou-jours utile et partant toujours pratiquée par eux, bien heu-reux encore quand elle ne leur était pas imposée! C'est qu'en effet, l'instinct qui poussait les grands bénéficiers à s'agrandir aux dépens des domaines impériaux, les portait aussi à s'agrandir aux dépens de leurs voisins ; et Charlemagne eut à la fois à empêcher la conversion de ses propres bénéfices en alleux, et la conversion des alleux de ses sujets en bénéfices. Des capitulaires de 805 et 811 sont relatifs aux vexations que subissent « les hommes libres pauvres, que de plus puissants qu'eux oppriment contre toute justice, pour les forcer à leur livrer leurs biens malgré eux (2) ». Des plaintes nouvelles provoquèrent en 816 un capitulaire analogue de Louis le Débonnaire (3).

Mais malgré ces injonctions impériales, trop répétées pour qu'on puisse croire à leur efficacité (4), les petits alleux dispa-

---

(1) *Cap. Lud. Pii*, ann. 819, § 3 : « Quicumque suum beneficium occa-sione proprii desertum habuerit et intra annum, postquam ei a comite vel a misso nostro notum factum fuerit, illud emendatum non habue-rit, ipsum beneficium amittat. » (Dans Walter, *op. cit.*, t. II, p. 340.)

(2) *Cap. Car. Magni*, ann. 805, § 16 : « De oppressione pauperum libe-rorum hominum, ut non fiant a potentioribus per aliquod malum in-genium contra justitiam oppressi, ita ut coacti res eorum vendant; » — et ann. 811, §§ 2-3. (Dans Walter, *op. cit.*, t. II, p. 206 et 245.)

(3) Cfr. Guizot, *ibid.*, p. 94-97.

(4) Dans des circonstances semblables, les empereurs romains avaient multiplié en vain les interdictions des *patrocinia vicorum*.

raissaient de jour en jour; et la tenure en bénéfice, qu'on appellera bientôt la tenure en *fief*, tendait à devenir le régime ordinaire de la propriété foncière.

6. LES ALLEUX SOUS CHARLES LE CHAUVE; TRANSITION A LA FÉODALITÉ. — La féodalité en effet s'annonçait déjà dès la mort de Louis le Débonnaire, dont la faiblesse avait été impuissante à conserver aussi bien l'autorité recouvrée que le territoire conquis par Charlemagne. Les grands seigneurs, ne sentant plus la main de ce dernier, se montraient fort indociles, et l'usurpation des domaines royaux, qu'il avait un instant réprimée, devint universelle. En 846, les évêques conseillèrent à Charles le Chauve d'agir comme son aïeul l'avait fait autrefois en Aquitaine, et de se faire restituer les domaines qui lui appartenaient, et qui lui avaient été enlevés par force ou par fraude, par des usurpateurs qui les retenaient à titre de bénéfice ou à titre d'alleu (1). Le conseil était bon, mais difficile à suivre; car le mal était plus grand qu'en 795, et de plus les temps et les hommes avaient changé.

Loin de reprendre leurs domaines usurpés, les princes francs en étaient arrivés à faire, non plus seulement des concessions en bénéfice, mais de véritables donations en toute propriété, des donations en *alleu*. Les textes en effet, et notamment un capitulaire de l'année 860, nous parlent à plusieurs reprises, et cela dans les mêmes phrases, d'alleux héréditaires, d'alleux achetés, et d'alleux donnés (*donati*) par Louis le Débonnaire ou par Charles le Chauve (2). Guizot, il est vrai, s'étonnant de voir le mot *alodis* devenir

---

(1) *Cap. Car. Calvi*, ann. 846, tit. VII, § 20 : « ... Partim necessitate, partim etiam subreptione... aut præreptione in beneficiario jure aut in *alode* adsumptum habetur, etc... » (Dans Walter, *op. cit.*, t. III, p. 23-24.)

(2) *Cap. Car. Calvi*, ann. 860, § 4 : « Ut missi nostri eis qui firmitatem fecerint, *alodes* illorum quos *hereditate*, et de tali *conquisitu* qui de nostra *donatione* non venit, habuerunt, et quos senior noster domnus imperator eis *dedit*, si præcepta illius ostenderint quantum in ipsis præceptis inde continetur, illis reddant; » — et § 5 de l'*adnuntiatio* : « Et sicut prædictum est, *alodes* illorum de hereditate et de conquisitu, quod tamen de donatione sua non venit, sed et illos *alodes* quos de *donatione* Domni imperatoris Ludovici habuerunt, etc... » (Dans Walter, *ibid.*, p. 116-117.) — Cfr. *Cap. Car. Calvi*, ann. 853, § 2, *infra cit.*

plus fréquent dans les capitulaires (1) au moment précisément où la chose devient plus rare, prétend pour expliquer « ce phénomène singulier » que le nom d'*alleu* a été donné « à des terres qui sont évidemment des bénéfices, qui ont été concédées à ce titre et avec les obligations qu'il imposait (2) ». Et il cite à l'appui de cette assertion le capitulaire de 860 dont nous venons de parler, et un second capitulaire de 865 ainsi conçu : « Ayant reconnu que plusieurs nous ont demandé des alleux et demandant peu ont reçu davantage, nous voulons que nos *missi* s'enquièrent avec soin et nous rendent compte, et qu'ils fassent venir ces hommes en notre présence avec leurs titres (3). » — Mais dans le capitulaire de 860, il s'agit certainement d'alleux donnés en toute propriété, et non pas de bénéfices ; et le capitulaire de 865 ne porte nullement avec lui la preuve qu'il y soit question de bénéfices déguisés sous le nom d'alleux. Le mot *alodis* a un sens trop déterminé au IXᵉ siècle, pour qu'il soit possible de le penser ; et outre le capitulaire de 860 qui se retourne contre le système de Guizot, l'on peut citer des textes, très voisins comme dates de ceux qui nous occupent, où *alodis* est employé comme synonyme de *proprietas* (4), ou bien forme antithèse avec *beneficium* (5).

(1) *Cap. Car. Calvi*, de 853, § 2 et 5 ; — 853, § 7 ; — 854, § 10 ; — 860, § 3, 4 et 5 et *adnunt.* § 5 ; — 864, tit. XXXVI, § 22 ; — 865, § 5 ; — 865, § 7 ; — 873, § 1 ; — 873, § 4 ; — 877, § 10; etc... (Dans Walter, *op. cit.*, t. III, p. 43, 52, 56, 116-117, 147, 158, 159, 181, 183, 211.)

(2) Guizot, *op. cit.*, p. 100.

(3) *Cap. Car. Calvi*, ann. 865, § 7 : « Quia, ut comperimus, plures nobis petierunt *alodes*, et petentes parum, plus inde acceperunt, volumus ut missi nostri hoc diligenter inquirant et describant, et ipsos homines cum præceptis ad nostram præsentiam venire faciant. » (Walter, *ibid.*, p. 159.)

(4) *Cap. Car. Calvi*, ann. 853, § 2 : « (De monasteriis in *alodem* datis.) Ut missi nostri diligenter investigent per singulas parochias, simul cum episcopo, de monasteriis quæ Deum timentes in suis *proprietatibus* ædificaverunt, et ne ab hæredibus eorum dividerentur, parentibus et prædecessoribus nostris sub immunitatis defensione tradiderunt, et postea in *alodem* sunt data. » (Dans Walter, *ibid.*, p. 52.) — Cfr. *Cap.* ann. 854, § 10 (*ibid.*, p. 56); — et deux lettres du pape Jean VIII (872-882), où on lit : « *Proprietates*, quas vos *alodum* dicitis... » (*Epist.* 108 et 129, citées par Du Cange, *op. cit.*, t. I, p. 198.)

(5) Cfr. *Cap. Car. Calvi*, ann. 864, tit. XXXVI, § 22. (Walter, *ib.*, p. 158.)

Quant à la fréquence du mot, elle est facile à expliquer. Dans les capitulaires de Charlemagne en effet, les biens possédés en pleine propriété sont désignés indifféremment par *proprietas*, *proprium*, *hereditas*, *alodis* (1), c'est-à-dire par les anciens et les nouveaux termes ; sous Charles le Chauve le mot *alodis* est désormais presque seul employé. Les mots *proprium* et *hereditas*, ce dernier surtout, n'étaient plus assez nets pour désigner les terres libres, au moment où l'hérédité des bénéfices était sur le point de s'établir comme régime normal et de droit commun, où les bénéfices par conséquent allaient devenir de véritables biens patrimoniaux. Il fallait un terme un peu spécial pour désigner la vraie propriété : le mot *alodis*, dont les sens originaires étaient complètement oubliés, remplissait cette condition. Ce qui le prouve, c'est qu'on ne l'applique plus seulement aux biens héréditaires ; on l'applique aussi très expressément aux acquêts. « *Illorum alodes de hereditate et de conquisitu,* » dit le capitulaire de 860 ; « *de alode vel naturali, vel comparato,* » ajoute Hincmar (2). Le temps est loin où *alodis* et *comparatum* se faisaient antithèse (3). Il n'y a donc pas lieu de s'étonner si l'on rencontre plus fréquemment *alodis* dans les capitulaires de Charles le Chauve que dans ceux de Charlemagne ; et ce n'est pas une raison valable pour transformer des donations d'alleux en concessions de bénéfices (4). Par ces donations d'alleux, on ne s'explique que mieux d'ailleurs la rapidité avec laquelle les Carolingiens ont vu pour ainsi dire fondre leurs domaines entre leurs mains, et sont tombés dans une misère telle, qu'à la fin du ix° siècle ils ne possédaient plus que quelques villes.

Au surplus, Charles le Chauve établit lui-même, dans son fameux édit de Pîtres de 864, une opposition évidente entre les *beneficia* et les *alodes* et dans une matière où cependant (il s'agit du recrutement militaire) il n'y avait pas lieu de distin-

(1) *Cap. Car. magni*, ann. 802, 803, 806, 807, 811 ; — et *Lud. Pii*, ann. 819 ; *supra cit.*, n° 5.

(2) Hincmar Rem. ep., Opusc. 53 : « Ut in mansis suis de alode, vel naturali, vel comparato, feminas habeant, quæ illorum pannos lavant... »

(3) Dans les formules de Marculf et autres ; cfr. *supra* n° 2.

(4) Cfr. Hervé, op. cit., t. VI, p. 31-39.

guer entre eux. Le recrutement militaire, de personnel qu'il était jadis, était devenu territorial, certainement dès l'époque de Charlemagne (1). Tout possesseur d'un certain nombre de *manses* devait le service. Or l'édit de Pistes soumet expressément au même régime les *bénéficiers* et les *alleutiers* (2). C'est encore une charge, qui vient, comme les impôts, peser sur les alleux ; mais comme elle a un caractère public, d'après le principe précédemment posé (*suprà n° 4*), cela ne nuit en rien à leur qualité de terres libres.

Seulement cette charge nouvelle contribua encore à la diminution du nombre des alleux. Voici comment. Bien des petits propriétaires d'alleux « se recommandèrent » pour fuir le service militaire : couverts de la protection d'un *senior*, ils ne répondaient plus à la convocation du comte. L'empereur força alors les *seniores* à mener eux-mêmes [leurs *vassi* à la guerre ; et ce système ayant été trouvé commode, les capitulaires commencèrent à défendre à quiconque s'était choisi un *senior* de l'abandonner, et finirent par ordonner à tous les hommes libres de se choisir un *senior*. La « recommandation » était donc devenue obligatoire. Or, elle avait pour effet ordinaire d'amener la transformation des alleux en bénéfices. De plus, comme s'il eût voulu les anéantir complètement, Charles le Chauve, en 873, enjoignit aux comtes de confisquer tous les alleux des hommes libres de leurs comtés qui ne se recommanderaient pas (3). Déjà, en 865, cherchant à resserrer les liens de l'obéissance à sa personne qui se détendaient de plus en

(1) Cfr. Boutaric, *Institut. milit. de la France*, Paris, Plon, 1863, in-8, p. 70 et suiv. ; — Garsonnet, *op. cit.*, p. 246-250.

(2) *Cap. Car. Calvi*, ann. 864, (*edictum Pistense*), tit. XXXVI, § 22 : « Et qui beneficia vel *alodes* in duobus vel tribus aut quatuor comitatibus habent, et non habent in unoquoque comitatu unde plenum bannum valeant solvere, vel qui in uno tantum comitatu *alodem* vel beneficia habent, et non tantum ibi habent unde plenum bannum valeant solvere, missis nostris hoc notum faciant, etc... » (Dans Walter, *op. cit.*, t. III, p. 147.)

(3) *Cap. Car. Calvi*, ann. 873, § 4 : « Et qui seniores, sicut tunc præcepimus, acceptos non habent, per fidejussores ad nostram præsentiam perducantur, et *alodes* quos habent comites in quorum comitatibus sunt, in fiscum recipiant. » (Dans Walter, *ibid.*, p. 183.)

plus, il avait exigé de tous ses sujets, sous la même sanction, un serment de fidélité (1).

Il résulte de ces diverses dispositions, que, si elles avaient été observées exactement, il ne serait plus resté un seul alleu dans le royaume de France. Tous auraient été absorbés par la recommandation devenue obligatoire ; tous seraient entrés dans cette hiérarchie rigoureuse et complexe, qui sera l'un des principaux caractères du régime féodal. Mais Charles le Chauve prodiguait vainement les menaces ; il était impuissant à les mettre à exécution. Quelques années à peine après ces capitulaires où il parle de confiscation, il est obligé de reconnaître coup sur coup, et l'hérédité des bénéfices, et l'hérédité des offices, et l'indépendance des alleux. Voici sur ce dernier point un passage significatif du célèbre capitulaire de Kiersy-sur-Oise, rendu par Charles le Chauve en 877, au moment où il partait pour cette expédition d'Italie dont il ne devait pas revenir : « A celui qui voudra vivre tranquillement dans son alleu, que nul n'ose apporter quelque obstacle, et que rien autre chose ne lui soit demandé en dehors de ce qui concerne la défense de la patrie (1). » Cette définition de l'alleu, donnée *in extremis* par Charles le Chauve, devait demeurer toujours vraie ; car l'*alleu*, c'est bien la terre libre, dont on ne peut rien exiger, en dehors des charges publiques.

De la mort de Charles le Chauve à l'avènement de Hugues Capet (877-987), que se passa-t-il ? Sur toute cette période de plus d'un siècle, nous sommes, faute de documents suffisants, à peu près réduits aux conjectures. On aperçoit seulement que le x⁰ siècle fut un siècle de grands désordres et en même temps de grands changements. Lutte acharnée de la famille carolingienne qui décline contre la famille robertinienne

---

(1) *Cap. Car. Calvi*, ann. 865, § 5 : «... Et sicut ipsi ipsos *alodes* in sua manu tenuissent, ita de ipsis *alodibus* fiat. Et si nec ita ad fidelitatem nostram aut ad justitiam reddendam adduci patuerint, ipsi *alodes* in nostrum dominicatum recipiantur, et certa illorum descriptio nobis ad portetur. » (Dans Walter, *ibid.*, p. 168.)

(1) *Cap. Car. Calvi*, ann. 877 (*apud Carisiacum*), § 10 : «... Et si in *alode* suo quiete vivere voluerit, nullus ei aliquod impedimentum facere præsumat, neque aliud aliquid ab eo requiratur, nisi solummodo ut ad patriæ defensionem pergat. » (Dans Walter, *ibid.*, p. 211.)

qui s'élève ; dispersion du pouvoir législatif aux mains de seigneurs qui se rendent indépendants ; disparition des lois
générales, qui cèdent la place aux coutumes particulières ;
scission entre le midi où prévaut l'influence romaine et le nord
où domine l'influence germanique, ce qui détermine la séparation des pays de droit écrit et des pays de coutumes ; rempla-
cement du bénéfice par le fief, institution analogue, mais sur
laquelle s'élève un nouveau régime social : tels sont les principaux faits qui remplissent ce siècle d'anarchie qu'on appelle
le xᵉ siècle. Ils peuvent tous se résumer d'un seul mot : la féodalité prend possession du sol. Vers la fin du siècle elle triomphe
définitivement. L'ère franque est terminée ; l'ère française
commence. — Quant aux alleux, ni leur condition de fait, ni
leur condition de droit ne paraissent s'être modifiées. Ils sont
toujours plus nombreux au midi qu'au nord, et ils n'ont pas
changé de nature. « Ils sont, dit M. Garsonnet, par rapport au
fief dans la féodalité triomphante, ce qu'ils étaient par rapport
au bénéfice à l'époque de la féodalité naissante (1). » Ajoutons
toutefois que leur existence tend à constituer de plus en plus
une anomalie, et qu'elle est en contradiction avec le principe
même sur lequel repose la féodalité. Là est le secret de la lutte
que les alleux auront à soutenir contre elle.

(1) Garsonnet, *op. cit.*, p. 303.

CHAPITRE II

LES ALLEUX A L'ÉPOQUE FÉODALE

SECTION I

Les alleux du X° au XIII° siècle

A l'époque à laquelle nous sommes parvenus, o'est-à-dire au
xi° siècle, ce ne sont plus les formules et les capitulaires francs
qui vont nous renseigner sur les alleux, mais seulement des
chartes extraites, pour la plupart, des cartulaires des églises
et des monastères, ou encore quelques passages des chroniques.
A l'âge qui a mérité d'être appelé l'âge de la féodalité absolue,
il n'y avait guère de jurisconsultes écrivains, et encore moins
d'ordonnances royales. Toute la science était concentrée dans
l'Église; et toute l'action du roi était limitée à son domaine.
On ne peut donc se faire une idée des vicissitudes subies par
la propriété allodiale en France du x° au xiii° siècle, qu'en ras-
semblant et en comparant le plus de chartes possible (1). C'est

---

(1) On trouve dans les chartes latines les formes : alodis, alodus,
alodum, alaudum, alodium, alaudium, allodium, alodialis (locus), allo-
diatus (locus); et dans certaines chartes françaises : allœuf (1131), alluy
(1204), allou (1246), aluef (1252), aluel (1257), pour *allou*; — et pour *alleutier*: alodiarius, alodarius, allodiarius, aloarius, alloderius, aloderius,
aloerius, allodianus, alodiatus. — On trouve aussi l'adverbe : allodia-
liter, alodialiter.

à elles que nous demanderons des renseignements sur la condition des alleux et sur celle des alleutiers.

§ I. — Condition des alleux

7. CARACTÈRES GÉNÉRAUX DES ALLEUX DU X° AU XIII° SIÈCLE. — Le premier fait révélé par le langage des chartes, fait qui ne ressort qu'implicitement des capitulaires, c'est que l'alleu est avant tout un immeuble. Autrefois le mot *alodis*, s'appliquant au patrimoine entier, désignait aussi bien les meubles que les immeubles. Mais du jour où il exprima l'idée de pleine propriété, il fut pris par opposition à *beneficium*, et cessa de comprendre la propriété mobilière. Celle-ci cependant était évidemment, dans la plupart des cas au moins, une propriété pleine et entière, et par suite une propriété « allodiale ». Rien n'eût donc empêché de lui appliquer cette épithète. Elle fut néanmoins réservée à la propriété foncière. La preuve en est que les chartes et les chroniques emploient souvent comme synonymes d'*alodium* les mots *prædium* ou *fundus*, et cela dès le IX° siècle. En 830, une charte du comte Rorigon mentionne comme allodial un *prædium* qu'il possède en Anjou (1). Le même terme est employé par Abbon, moine de Saint-Germain de Paris, qui vivait vers 892 (2). Dudon, sous le roi Robert, racontant comment Rollon s'était établi en Normandie en 912, dit que Charles le Simple lui avait concédé tout le pays compris entre la rivière d'Epte et la mer, *quasi fundum et alodum in sempiternum*, ou encore *in alodo et in fundo* (3). D'autres

(1) *Charta Rorigonis comitis*, ann. 830 : « Meæ *prædium* possessionis hereditariæ, hoc est *alodum* nostrum, qui est in pago Andegavensi, etc.. » (*Tabul. Soi Mauri ad Ligerim* ; dans Du Cange, *op. cit.*, t. I, v° *Alodis*, p. 198, col. 2.)

(2) Abbo monachus, *Serm.* 5 : « Res Christi transferunt sibi in *prædium* et *alodium* possessores sacrilegi. » (Du Cange, *ibid.*)

(3) Dudo, *De actis Norman.*, lib. 2 : « Ut teneat ipse (Rollo) et successores ejus ipsam terram ab Eptæ fluviolo ad mare; quasi *fundum* et *alodum* in sempiternum... Dedit itaque filiam suam Gislam nomine uxorem illi duci, terramque determinatam in *alodo* et in *fundo*, a flu-

chartes emploient *hereditas* ou *patrimonium* comme synonymes d'*alodium* (1). Il semble qu'on éprouve le besoin d'expliquer en latin ce mot dont l'origine n'est plus connue, et
qu'on ait une certaine crainte qu'il ne soit pas compris. Mais
toutes ces explications avaient un désavantage ; au lieu
d'éclaircir la notion du mot, elles finissaient plutôt par l'al-
térer.

Dans certaines chartes, on précise davantage. On y relate
que tel alleu qui fait l'objet du contrat est un alleu *propre*,
c'est-à-dire un alleu qui est échu à l'une des parties par voie
de succession (2). C'est qu'en effet il y avait beaucoup d'alleux
acquêts. L'alleu était alors, comparé au fief, la propriété éminemment aliénable, à titre onéreux ou gratuit, et non pas la
propriété éminemment héréditaire (3). On trouve souvent des
chartes où il est question d'alleux achetés (4). Un acte de do-

---

mine Eptæ, etc... (Dans Du Cange, *ibid.*) — Cfr. encore : Lambertus Ardensis : « De *allodiis* sive *prædiis* in feodum commutavit Adela ; » —
Ebrardus Bethun. : « *Alodium* fundum dicas. » (*Ibid.*) Ces deux auteurs
vivaient sous Philippe-Auguste.—*Adde* Guillelmus Britonus (m. en 1356),
Vocab. biblio. ms. : « *Prædium* dicitur possessio, villa, ager, seu perpetuum *allodium* : et dicitur *Allodium*, hæreditas, quam vendere et donare possum, ita est mea propria. » (Du Cange, *ibid.*) Etc...

(1) *Cartul. de N.-D. de Saintes* : « *Alaudum* meum sive *hæreditatem*,
quam dedit mihi pater meus, et mater mea in die nuptiarum mea-
rum ; » — Harlulfus, *Chron. Centul.*, lib. 1, cap. 15 : « Paternæ *hæredi-
tati*, quam nostrates *alodium* vel *patrimonium* vocant, sese contulit ; »
— Goffridus Vindocinensis (m. en 1130), *Epist.*, lib. 1, ep. 2 : « *Patrimonium* et *alodium* proprium. » (Dans Du Cange, *ibid.*, p. 198, col. 3.) —
Cfr. la note précédente. — En Espagne, dans le royaume de *Castille et
Léon*, les alleux prenaient de même le nom de *tierras de heredamiento
perpetuo, de juro de heredad.* (Garsonnet, *op. cit.*, p. 325.)

(2) *Charta Odonis reg. Franc.* (888-898) : « Concedimus etiam... *alodos*
nostros *propriæ* originis, id est Crespiacum ; » — *Pancharta nigra Turon.* :
« *Alodum* meum *proprium* quem hæreditavi... » (Dans Du Cange, *ibid.*,
p. 198, col. 3.) — Cfr. Goffridus Vindocin., *supra cit.*

(3) Ordonn. de 1250 (*infra cit.*, n° 10 *in fine.*) : « ...De *allodiis*, quæ, ut
dicitur, a possessoribus eorum *vendi libere* consueverunt ; » — Guill.
Britonus, *suprà cit.* : « Et dicitur allodium hæreditas, quam *vendere* et
donare possum, ita est mea propria. » — Il faut tenir compte toutefois
des entraves mises par le droit de famille à l'aliénation des *propres*.

(4) *Tabul. Lascariense* : « Cum *alodio* etiam id est terra, quam præs-
criptus vicecomes et ejus uxor *acquisierunt*, etc... » ;—*Tabul. Brivatense* :

nation, inséré dans le cartulaire de Saint-André de Vienne, met bien en opposition ces deux sortes d'alleux, propres et acquêts : « Je donne, dit l'auteur de la charte, à mon neveu Étienne la terre que j'ai acquise en alleu de saint Maurice et saint Pierre hors-la-porte; mais je donne mon alleu héréditaire à mon fils et à l'église de Saint-André, dont il est moine (1). »

Tout cela prouve que si l'ancienne distinction des biens héréditaires et des acquêts persistait, au moins elle ne se marquait plus comme jadis par l'emploi du mot *alleu*. Propres et acquêts sont ici des terres *franches ;* c'est le sens définitif du mot, et c'est aussi le caractère que les chartes mettent le plus souvent en évidence, tantôt en opposant l'alleu au fief, tantôt en le définissant « une terre libre de toutes charges et redevances », *libera et quieta*(2), *libera et absoluta ab omnibus consuetudinibus*(3). Cette définition se retrouve dans maintes chartes du ixº siècle, où elle devient en quelque sorte de style avec des variantes sans importance (4). L'alleu est encore la terre « qui n'est sou-

---

« De illorum alode quæ ex *conquisito* illis advenit... » (Du Cange, *ibid.*, p. 199, col. 1.) Etc... — Quant aux *formes* de la transmission de propriété, ce sont les formes symboliques du droit germanique qui continuent à être employées. Cfr. *Cartul. de Cluny*, I, nº 90 (ann. 905) : « Et revestivit S. de ipso alodo... *secundum legem Salicam*, et se exitum inde fecit. »

(1) *Tab. Sci Andreæ Viennensis* : « Terram illam, quam adquisivi in *alodum* de potestate et jure Sci Mauricii et Sci Petri foras portam dimitto nepoti meo Stephano : hereditarium vero *alodum* meum dono filio meo et ecclesiæ Sci Andreæ unde ipse est monachus. » (Dans Du Cange, *ibid.*, p. 199, col. 1.)

(2) *Charta Fulconis, comit. Andegav.*, ann. 1033 : « Hæc omnia sine censu et sine decima, libera et quieta, ut regale *alodium*. » (Du Cange, *ibid.*, p. 199, col. 2).

(3) *Charta Willelmi ducis Normann.*, ann. 1042 : « Dedi... terram, quam Wichotus Barbatus tenebat in *alodio* liberam et absolutam ab omnibus consuetudinibus mihi pertinentibus; » — etc... (*Ibid.*, col. 1.)

(4) *Charta Gaufridi com. Andegav.*, ann. 1047 (*Tabul. Vindoc,*, cap. 55): «Habebat vineæ agripennum unum *alodialiter* immunem, hoc est ab omni censu et vinariæ redhibitione liberum ; » — *Tabul. Vindocin.,* ann. 1077 : « Quod videlicet *alodium* pater ejus et prædecessores ipsius absque ulla dominatione vel servitio longo tempore jure hæreditario possederunt; » — *ibid.*, ann. 1078 : « Est autem naturaliter *allodium* ab antiquo nullam omnino cuiquam reddens consuetudinem... » (Du

mise au droit de personne (1) », la terre *libre* en un seul mot (2).

Ailleurs on voit opposer l'alleu au fief ou à d'autres tenures comme on l'opposait auparavant au bénéfice (3). Certaines chartes montrent même qu'il arrivait, dès le xi° siècle, que des seigneurs féodaux, voulant faire une donation à leurs vassaux, leur concédaient en alleu ce qu'ils détenaient déjà à titre de fief (4). Il est difficile d'établir une opposition plus tranchée et de mieux manifester que le caractère essentiel de l'alleu est d'être exempt de toute charge seigneuriale.

8. Suite; LA JUSTICE ÉTAIT-ELLE DE PLEIN DROIT ATTACHÉE AUX ALLEUX ? — Faut-il aller plus loin et dire que la condition de l'alleu emportait de plein droit attribution de la *justice* à

Cange, *ibid.*, p. 201, col. 2, et p. 199, col. 1; — p. 200, col. 1; — p. 199, col. 1.)

(1) *Chartul. priorat. Neronisvillæ*, fol. 2, v° : « Hoc donum fecit ipsa Bellina, quod *alodia liter* tenebat nullius juris subjectum regis vel potestatis. » (*Ibid.*, p. 201, col. 2.)

(2) *Tabul. Vindocin.*, n° 333 : « Est tam parva (hæc terra), ut vix in ea seminari possit modius unus frumenti, sed tamen valdo bona, et prorsus sicut *alodum libera* »; — *Charta ann.* 1125 : « Una cum curtilibus.., cum *libero alodio* culturæ nostræ; » — *Chronic. Besuense*, p. 560 : « Item dederunt mansum unum *liberrimi alodii* permaximum, etc..; » — *Chartul. Sci Joannis Angeriac.*, fol. 68, v° : « Also Robellus dedit Deo sanctoque Joanni octavam partem *alodii*, quod vocatur *alaudium liberale* ; etc... » (Dans Du Cange, *ibid.*, p. 199, col. 1, 2, 3.)

(3) *Tabul. Sci Andreæ Viennensis* : « Hoc est decimas totius possessionis quam habemus in potestate castri..., sive per *alodium*, sive per feudum ; » — *Donat. de* 1125 : « Donamus tibi totum ipsum honorem, quem ipsi habuerunt et habere debuerunt in omnibus locis, sive per *alodium*, sive per *fevum*, sive per *tenentiam*. » (*Ibid.*, p. 198, col. 2; et 199, col. 3.) — En *Allemagne*, à toute époque, l'alleu (*eigen*) a été mis en opposition avec le fief ou plus généralement avec la propriété dérivée (*lehn*), soit dans l'ordre politique, soit dans l'ordre privé; on les oppose surtout constamment au point de vue de leurs modes d'acquisition et de transmission (Zœpfl, *op. cit.*, t. III, p. 168 et suiv., 240 et suiv. ; — Garsonnet, *op. cit.*, p. 314 et 315.)

(4) *Charta Bertrandi comitis Provinciæ*, ann. 1039 : « Dono, trado, cedo fideli meo Fulconi vicecomiti Massiliæ, et uxori suæ Odilæ, aliquid de *alode* meo, quæ est in comitatu Tolonensi, hoc est totum hoc quod tenent ad *feus* in Sexfurnos, dono eis ad propriam *alodem*. » (Du Cange, *ibid.*, p. 198, col. 3.)

son possesseur ? Dans un ouvrage récent, M. Flach l'a soutenu. Il y prétend que « le véritable alleu, l'alleu franc et quitte, était libre comme l'air », que « nul n'avait police à y exercer ni justice à y rendre », et qu'entre autres avantages « la juridiction propre était attachée à la possession même de l'alleu (1) ». Les anciens feudistes disaient au contraire que la justice ne pouvait être tenue en franc-alleu, et que dans le royaume de France, il ne pouvait exister aucun alleu qui ne fût pas au moins soumis à la juridiction du roi (2).

Ces deux théories inverses nous paraissent l'une et l'autre trop absolues. — Nous sommes de l'avis de M. Flach, quand il fait observer que la conception des feudistes au sujet de l'alleu, conception à peu près exacte pour les derniers siècles, était l'œuvre de ces feudistes eux-mêmes, « intéressés à faire triompher les prétentions des hauts justiciers à l'encontre des possesseurs de fiefs et de terres libres, ou à étendre les prérogatives de la couronne et les limites de ses domaines (3) ». Mais nous ne pouvons admettre sa conclusion, à savoir que « le principe même de l'allodialité emportait droit de juridiction (4) ». Nous reconnaissons volontiers que du « ix° au xi° siècle on trouve des propriétaires terriens qui sont souverains maîtres chez eux, dont le domaine est aussi inviolable qu'un asile, qui ont seuls droit d'y lever des redevances ou d'y rendre la justice(5) » ; mais M. Flach ne nous paraît pas avoir démontré « que ce fait était à la fois assez général et assez ancien pour que la juridiction fût considérée comme de l'*essence* même de l'allodialité, pour qu'en dehors de toute intervention d'un seigneur haut ou bas justicier, elle en découlât de plein droit comme un attribut *nécessaire* de la propriété libre (6) ».

M. Flach, il est vrai, produit à l'appui de son système une série de chartes qui au premier abord paraissent probantes, et

---

(1) J. Flach, *Les orig. de l'ancienne France*, Paris, Larose et Forcel, 1886, in-8, t. I, p. 190 et 202.

(2) Cfr. *infra* n° 9.

(3) J. Flach, *ibid.*, p. 189.

(4) *Ibid.*, p. 212.

(5) *Ibid.*, p. 204.

(6) *Ibid.*

dans l'une desquelles il croit même trouver l'expression doctrinale du principe (1). Mais en y regardant de près, on s'aperçoit
que plusieurs de ces chartes visent uniquement la franchise
de l'alleu au point de vue des redevances (2), ce qui n'est pas
contesté. Les autres, dont on pourrait aisément augmenter le
nombre, prouvent seulement qu'il existait des alleux sur lesquels la justice était rendue par le possesseur lui-même (3).
Mais à côté de ces alleux privilégiés, il en existait certainement, — M. Flach l'avoue lui-même (4), — dont les possesseurs
n'avaient pas et n'avaient jamais eu de juridiction. Ce n'était
pas, tant s'en faut, les moins nombreux ; car il y faut comprendre [sauf exception] tous les *petits alleux* qui avait échappé
à la recommandation des terres. C'est pour les *grands alleux*
seulement, possédés par des hommes puissants, souvent par
les moines de quelque abbaye, et destinés pour la plupart à
entrer un jour ou l'autre dans la hiérarchie féodale, qu'on
comprend l'adjonction de la justice. Or tous les textes cités par
M. Flach [c'est une remarque fort juste que nous empruntons à
M. Esmein] « visent des alleux qui appartenaient à des comtes,
à des nobles, à des riches, avant d'être donnés par eux à un
couvent (5) ». Quelquefois même il s'agit d'anciens fiefs rendus
par les vassaux, et affranchis de tout droit (6). Or sur ces

---

(1) *Charte de* 1160 : « Ego Symon de Oisi notum facio tam præsentibus
quam futuris quamdam terram... me dedisse in elemosinam æcclesiæ
Marcianensi emancipatam et liberam ab omni consuetudine et secu-
lari justicia, *jure et usu alodii* possessione æcclesiastica possidendam
ab æcclesia in perpetuum. » (*Ibid.*, p. 206, note 1.)

(2) Cfr. not. les chartes de Cormery, Redon, et Saint-Etienne-de-
Baigne, citées *ibid.*, p. 191, note 2 ; 193, note 1 ; 195, note 1.

(3) Cfr. not. les chartes de Montier-en-Der, citées *ibid.*, p. 192, note 1,
et 203, note 1 ; de Saint-Vaast (*ibid.*, p. 194, notes 3 et 4) ; de Saint-
Etienne-de-Baigne (p. 195, n. 3 ; 196, n. 1) ; de Saint-Jean-d'Angély
(*ibid.*) ; de Chamars (p. 197 et suiv.) ; de Saint-Nicaise-de-Reims (p. 204,
n. 1) ; de Marchiennes (p. 205, n. 1 et 206, n. 1) ; etc.

(4) J. Flach, *ibid.*, p. 212 : « Maintenant il est clair qu'un grand nombre
d'alleux ne purent ni atteindre au rang de seigneurie, ni même être
préservés intacts, etc... »

(5) Esmein, *Compte-rendu* de l'ouvrage de M. Flach dans la *Nouvelle
Revue hist. de droit français et étranger*, année 1886, p. 634.

(6) Cfr. not. les chartes de Saint-Etienne-de-Baigne, de 1068 ; et de Mar-

alleux ou sur ces ex-fiefs, il n'est pas étonnant que le possesseur, grand propriétaire, ait conquis la juridiction, soit en obtenant une de ces concessions d'immunité si fréquentes sous les Carlovingiens, soit en transformant la juridiction qu'il pouvait tenir de ses fonctions en juridiction patrimoniale, soit même en l'usurpant purement et simplement, ce qui n'était ni rare ni difficile en un temps où le pouvoir royal n'existait que de nom. Naturellement les alleux, détachés du patrimoine des donateurs, « passaient avec toutes leurs qualités au couvent » donataire (1) ; et comme le dit fort bien M. Esmein, les textes cités par M. Flach, et même la formule par laquelle il conclut son raisonnement, doivent « être interprétés dans un sens *concret*, comme exprimant les droits du propriétaire déterminé de l'alleu dont il s'agit dans la charte, et non point comme énonçant en général les droits de *tous* les propriétaires d'alleux (2) ».

En somme, au point de vue du *jus judicandi*, les alleutiers se trouvaient dans la même position que les seigneurs féodaux, dont tous, quoi qu'on en ait dit, ne possédaient pas de juridiction. Quelques-uns seulement étaient à la fois seigneurs alleutiers et seigneurs justiciers ; et ces deux qualités réunies dans leurs mains s'y trouvaient réunies accidentellement. A la formule ancienne des coutumes et des feudistes « Fief et justice n'ont rien de commun (3) », nous ajouterions volontiers cette autre formule, d'ailleurs employée par quelques-uns d'entre eux : « Alleu et justice n'ont rien de commun (4) ». C'est l'erreur de Guizot, accentuée encore par M. Flach, d'avoir considéré comme un des traits caractéristiques de l'époque

chiennes, de 1160, citées par Flach, *ibid.*, p. 195, note 3, et p. 206, note 1.

(1) Le fait est souvent noté dans les chartes. Cfr. not. la charte relative à l'alleu de *Chamars* : «... Ita quietam et liberam sicuti eam tenebant ; » — et à l'alleu de *Regniac* : «... Ita solidum et quietum sicut habuerat, » dans Flach, *ibid.*, p. 201, note 1, et p. 207, note 1; etc.

(2) Esmein, *ibid.*, p. 635.

(3) Cfr. *Cout. de Berry*, tit. V, art. 57; etc., — et Loisel, *Inst. cout.*, liv. II, tit. II, règle 44.

(4) Cfr. Claude de Ferrière, *Corps et compil. des comment. de la Cout. de Paris*, 2ᵉ édit., Paris, 1714, in-fol., t. I, col. 1009, nᵒ 8.

féodale « la fusion de la souveraineté et de la propriété (1) ». Souveraineté et propriété s'étaient sans doute morcelées l'une et l'autre ; mais elles ne s'étaient pas morcelées autant l'une que l'autre. Il y avait beaucoup plus de seigneurs féodaux que de seigneurs justiciers. C'est là un fait qui ressort avec évidence des textes, et qui d'ailleurs est en quelque sorte évident *a priori* ; car il découle de la nature même des choses (2). Dès la fin du XIII° siècle, les *Établissements dits de saint Louis* mettent bien en relief la distinction du fief et de la justice, en prévoyant l'hypothèse très remarquable d'un seigneur qui tient en fief de deux suzerains différents sa terre et sa justice (*voirie*) (3).

9. ALLEUX SOUVERAINS ; ALLEUX JUSTICIERS ; ALLEUX SIMPLES. — Il résulte de ce qui précède qu'il est nécessaire de faire, dès les premiers temps de la féodalité, une importante distinction parmi les alleux. Tout bien considéré, ils doivent être être divisés en trois catégories.

Certains d'entre eux en effet n'étaient pas seulement exempts des redevances et des autres charges féodales ; ils étaient en-

(1) Guizot, *Hist. de la civil. en France*, 9° éd., Paris, Didier, 1864, in-12, t. III, p. 54 et suiv.

(2) Le fief et la justice n'ont pu se trouver *constamment unis* que dans les pays où les fiefs ne se sont pas trop subdivisés, par exemple en Normandie, où précisément le principe de l'indivisibilité du fief eut une vitalité particulière. On lit dans le *Grand Coutumier de Normandie* : « Une juridiction est fieffale, et l'autre est baillée ; la fieffale est celle qu'aucun a par raison de son fief. » En Beauvoisis, au XIII° siècle, la connexion constante existait encore dans le comté de Clermont : « Tout cil qui tiennent en fief, en le comté de Clermont, ont en lor fief toute justiche haute et basse, etc... » (Beaumanoir, X, 2 ; édit. Beugnot, t. I, p. 150.) — La même règle paraît avoir été admise aussi dans les coutumes du Maine et de l'Anjou. (Maine, art. 7 ; Anjou, art. 4 ; — Pocquet de Livonière, *Règles du Droit français*, liv. II, tit. V, ch. I, règles 2 et 3.) Mais ce sont des exceptions. Dans les autres régions, il fallait que le fief eût quelque importance pour que le seigneur fût en même temps justicier. Cfr. Hervé, *ibid.*, p. 170-171.

(3) *Établiss. de saint Louis*, I, 115 : « ... Et en ceste meniere fet l'en bien d'un fié II hommages : à l'un dou fié de la terre, et à l'autre dou fié de la vaarie. » (Édit. Viollet, t. II, p. 207.)

core absolument indépendants, même de la suprématie royale. Leurs propriétaires jouissaient des droits régaliens, levaient des impôts sur leurs sujets, rendaient la justice sans aucun recours à la justice du roi, etc... Ces alleux en un mot constituaient, comme le dit La Thaumassière, de véritables *souverainetés* (1) ; nous pouvons les appeler des *alleux souverains*. Le domaine royal était, bien entendu, un alleu de cette nature (2) ; mais il n'était pas le seul. On trouve çà et là de grandes seigneuries allodiales, qui pendant un temps plus ou moins long, ont été des territoires situés en quelque sorte *hors* de France, comme aujourd'hui la principauté de Monaco. En vain, surtout à partir du xvi° siècle, les auteurs et les officiers du roi s'accordaient-ils à nier la possibilité pour de pareils alleux d'exister sur le sol de France (3) ; les faits leur donnaient un démenti. Car on trouvait en fait en France des alleux souverains, dont certains persistèrent jusqu'au xviii° siècle. Ainsi la seigneurie allodiale de Boisbelle (en Haut-Berry), dont les origines se confondent avec celles de la féodalité, et que ses *princes* déclaraient ne tenir que de *Dieu, de leur épée et du lignage*, ne fut réunie à la couronne qu'en 1766 (4). De même, le célèbre *royaume* d'Yvetot, qui a donné lieu à tant de discussions, n'était pas autre chose qu'un alleu souverain, dont le propriétaire avait fini par se voir donner, à raison de ses privilèges véritablement régaliens, le titre de *roi* (5). Son origine était

(1) La Thaum., *op. cit.*, p. 6; — D'Espinay, *op. cit.*, p. 103.

(2) Dumoulin, *Cout. de Paris*, tit. I, § 1, gl. 1, n° 1 : « Antonomastice *alaudium* est terra Salica, seu sacrum domanium Domini nostri Francorum regis, suæque coronæ patrimonium : quod est vere, simplissime, et absolutissime *alaudium*, nativa sua naturalis juris libertate, originaliter et perpetuo gaudens : nullius unquam hominis servituti aut recognitioni subditum. »

(3) Cfr. Guillelmus Benedictus : « Si de tali *Alodio* nemini quam Deo subdito loquantur officiarii regii, certe verum dicunt, quod talia *Alodia* in regno essenon possunt, etc... » (Cité par La Thaumassière, *ibid.*) Benedictus vivait sous Louis XII.

(4) Cfr. La Thaumassière, *Hist. de Berry*, réimp. de l'édit. de 1689, Bourges, Jollet, in-8, t. III (1868), p. 33 et suiv.

(5) Un ancien poète normand a dit en parlant du pays de Caux :

> Au noble païs de Caux,
> Y a quatre abbayes royaux,
> Six prieurés conventuaux,

l'objet d'une légende assez étrange dont Louis XI s'est fait l'écho, et que Robert Gaguin raconte fort sérieusement en 1495 (1). A la suite de difficultés provoquées par l'hostilité du Parlement de Rouen (2), l'alleu d'Yvetot perdit son caractère souverain en 1553 (3).

A côté de ces deux exemples typiques, on peut encore citer parmi les alleux *souverains*, la ville et châtellenie de Mouson-sur-Meuse, qui appartenait de toute antiquité aux archevêques de Reims. « Ils la possédaient si noblement, dit une ordonnance de Charles V, qu'ils ne reconnaissaient aucun supérieur temporel, et que la ville, le château, la châtellenie et la terre étaient sur les limites ou *hors des limites* de notre royaume que nous tenons *aussi* de Dieu seul (4). » Le mot *aussi* est caractéristique; le roi compare l'alleu de Mouson au royaume de France. Cet alleu souverain disparut en 1379; Charles V le réunit à la couronne, précisément par l'ordonnance dont il vient d'être question. — Dans la même région, les seigneurs de Parroy, dans une charte octroyée à leurs sujets en 1199, déclarèrent « tenir le village de Parroye de Dieu et de l'épée, et ne le tenir ny de roi ny de prince (5) »; et il suffit de par-

> Et six barons de grand arroi,
> Quatre comtes, trois ducs, un *roi*.

Ce titre de *roi* apparaît au milieu du XIV⁰ siècle; il fut porté jusqu'en 1553. Sur le *royaume* d'Yvetot, cfr. Boucher d'Argis, *De l'origine et des privil. du royaume d'Yvetot*, dans ses *Variétés hist., phys. et litt.*, 1752, in-12; — Chéruel, *Dict. des institut. de la France*, Paris, Hachette, in-12, 3⁰ édit., 1870, t. II, v. Yvetot; — Beaucousin, *Hist. de la princip. d'Yvetot*, Paris, Picard, 1884, in-8, *passim*, et notam. ch. IV; — les auteurs cités par ce dernier auteur, p. 54, etc.

(1) *Ord. d'oct.* 1464, dans les *Ordonn. des rois de France*, t. XVI, p. 271; — Robert Gaguin, dans Chéruel, *ibid.*; et Beaucousin, *loc. cit.*, p. 55.

(2) Cfr. Beaucousin, *ibid*, p. 139-143.

(3) *Ord. du 26 déc.* 1553, dans Beaucousin, p. 331 et suiv.

(4) *Ordonn. de sept.* 1379, Montargis : «... Tⁿ nobiliter et adeo quod neminem superiorem in temporalibus recognoscere dicebantur, exinde et pro eo quod in finibus seu juxta fines regni nostri, quod *etiam a solo Deo* tenemus, ipsa villa, castrumque, castellania, et terra consistunt. » (*Ordonn. des rois de France*, t. VI, p. 433-434.)

(5) *Charte de Parroy*, art. 1: « Les seigneurs de Parroye sont si grands seigneurs qu'ils tiennent le village de Parroye de Dieu et de l'épée, et

courir la charte pour constater que dans ce « franc allœuf »,
ils sont vraiment rois eux-mêmes. — La terre de *Haubourdin*,
près de Lille, était également « terre tenue de Dieu et de l'es-
pée », comme le porte l'article 4 de sa Coutume, rédigée en
1559 (1). Elle fut réunie au domaine à l'avènement de Henri IV,
à qui elle appartenait.—Dans le Midi, les comtes de Comminges
et l'évêque de Viviers étaient de même seigneurs d'alleux qui
semblent avoir été souverains (2) ; mais en 1244, Bernard V,
comte de Comminges, transforma son alleu en fief, en en faisant
hommage à Raymond, comte de Toulouse (3) ; et en 1308 (n. st.),
l'évêque de Viviers prêta serment de fidélité au roi de France
pour toute sa terre, « bien qu'il ne la tînt de personne et la
possédât en alleu (4) ».

Les alleux souverains, on le voit, disparurent les uns après
les autres. Au XVᵉ siècle, il n'en reste plus guère ; mais dans
les premiers temps de la féodalité, ils n'étaient pas aussi rares
qu'on pourrait le croire. De ces alleux souverains, on disait
ordinairement qu'ils étaient « tenus de Dieu seulement (5) ».
On le disait également, mais moins fréquemment, et moins

---

ne le tiennent ny de roy, ny de prince, le tenant comme franc-alleu
et héritage ; le peuvent vendre et dépendre sans prendre congé ny à
roi, ny à prince quels ils soient, comme leur propre alleu et franc héritage. » (Cfr. Bonvalot, *La charte de Beaumont*, Paris, Picard, in-8, 1884,
append. p. 2.)

(1) Bourdot de Richebourg, *Coutumier général*, t. II, p. 931.

(2) L'évêque de Viviers et son chapitre prétendaient avoir dans la
ville et sur leurs terres « jurisdictionem altam et bassam, superiori-
tatem, *regalia*, et alia jura prædicta». (*Ord. de* 1307, *infra cit.*)

(3) Bernard déclare, en prêtant hommage, que lui et ses prédécesseurs ont toujours tenu leur comté, depuis un temps immémorial, *in
alodium proprium ;* cfr. Du Cange, *ibid.*, p. 200, col. 1 ; — et Caseneuve,
ibid., p. 110.

(4) *Lettres de Philippe le Bel*, 2 janv. 1307 (v. st.) : « § 2. Dictus enim
episcopus et successores sui *Vivarienses* episcopi qui pro tempore fuerint, jurare debebunt se esse fideles de personis et terris suis nobis
et successoribus nostris regibus Francie ; licet terram suam a nemine
tenere, sed eam habere *allodialem.* » Ces lettres furent confirmées
en 1314, 1350, 1374 et 1383. (*Ordonn. des rois de France*, t. VII, p. 10.)

(5) V. plusieurs des notes précédentes. — Cfr. Bouhier, *Œuvres*, éd.
Joly de Bevy, Dijon, in-fol., t. II (1788), p. 250, n° 5.

exactement aussi des autres alleux (1), les alleux non souverains, les seuls dont nous ayons l'intention de nous occuper
par la suite.

Parmi ces alleux *non souverains*, il faut distinguer les alleux
dont le propriétaire est en même temps seigneur justicier, et
ceux sur lesquels il n'a aucun droit de justice. Pour abréger,
nous appellerons les premiers : *alleux justiciers*; c'est à des
alleux de cette catégorie que s'appliquent la plupart des chartes
citées par M. Flach (2). Nous appellerons les seconds : *alleux
simples;* presque toutes les chartes citées par La Thaumassière
à la fin de son traité du *Franc-alleu de Berry* se rapportent à
des alleux de ce genre. — Au premier abord, il semble ne pas
y avoir beaucoup de différence entre les alleux souverains et
les alleux justiciers. Il y en a une cependant. C'est que le
seigneur alleutier qui est en même temps seigneur justicier et
même haut-justicier, mais sans être *souverain*, reste toujours
soumis à l'autorité *royale* en qualité de sujet. Son alleu fait
partie du royaume de France; et ses droits de justice sont
regardés comme tenus en fief du roi, en vertu de ce principe
si nettement formulé par Beaumanoir : « Toute laie juridi-
tions du roiaume est tenue du Roy en fief ou en arrière fief (3). »
Cela revient à dire qu'il ne peut pas y avoir de justice « allodiale », même quand elle appartient à un alleutier : le principe
de Beaumanoir a été souvent exprimé sous cette forme (4). Il
faut encore répéter ici : « Alleu et justice n'ont rien de commun. » — Quant aux alleux *simples*, ils sont toujours soumis
à la justice du seigneur justicier du lieu. Ce caractère suffit à
les distinguer des deux autres catégories d'alleux (5). — Telle
est la division, en somme assez simple à concevoir, à laquelle
nous a conduit l'étude des textes, abordée sans système pré-
conçu.

(1) Bouteiller, *Somme rural*, édit. Charondas, Paris, 1603, in-4, p. 490.
(2) Cfr. *supra*, p. 36, note 3.
(3) Beaumanoir, XI, 12, (éd. Beugnot, t. I, p. 163).
(4) Cfr. La Thaumassière, *Franc-alleu*, *op. cit.*, p. 7. — Hervé est le
seul auteur ancien qui conteste ce principe (*ibid.*, p. 347-424).
(5) Nous reviendrons plus loin sur cette question de la soumission
des alleux à la justice, à propos de la règle « Nulle terre sans seigneur ».
Cfr. *infra* n° 22.

10. INFLUENCE DU RÉGIME FÉODAL ; LES FIEFS DE REPRISE, ET LES FAUX ALLEUX. — Les alleux souverains, nous venons de le voir, avaient peu à peu disparu en France. Les autres se maintinrent mieux. Beaucoup cependant se transformèrent aussi en fiefs ou en censives, sous l'influence du régime féodal. On peut dire qu'à son apogée, alors que ni la royauté, ni les communes n'avaient encore commencé à la battre en brèche, la féodalité renfermait en elle une force d'attraction singulière, qui tendait par tous les moyens à entraîner dans son orbite les hommes et les choses, et à les soumettre par là au système de dépendance qu'elle avait inauguré. Les exemples de conversions d'alleux en tenures féodales ou censuelles abondent à l'époque dite de « la féodalité absolue », c'est-à-dire du x⁰ au XIIIᵉ siècle.

Ainsi, en 1072, la comtesse Adèle de Guines consent à changer ses alleux en fiefs, et en agissant ainsi, elle ne fait que suivre l'exemple de beaucoup d'autres nobles de la contrée (1). En 1078, une terre qui jusqu'alors avait été allodiale, est grevée de deux deniers de cens (2). En 1113, Bernard-Guillaume de Montbazens, pratiquant en plein XIIᵉ siècle le système germanique de la recommandation des terres, donne tout son alleu à Guillaume de Montpellier, qui lui en retransfère la jouissance à titre de fief (3). Vers la même époque, Bernard,

---

(1). Lambertus Ardensis, *Hist. comit. Guinensium* : « Audierat sæpius et a patribus suis didicerat, quod antiqui nobiles multi, in Ghisnensi terra manentes…, sua in feodem susceperint prædia. Hæc autem fuerunt ea quæ per eundem et ad eundem episcopum de *allodiis* sive prædiis in *feodum* commutavit Adela, etc… » (Du Cange, *ibid.*, p. 200, col. 2). — Cfr. *Recueil des hist. des Gaules*, t. XI, p. 299.

(2) *Tabul. Vindocin.*, ann. 1078 : « Reddit ea terra duos denarios census, cum ante semper alodium fuisset. » (Du Cange, *ibid.*, p. 199, col. 1.)

(3) *Vetus Charta* : « In nomine Domini. Ego Bernardus-Guillelmus de Monbasen dono ad *alodium* sine enganno cum hac carta tibi Guillelmo Montispessulani et infantibus tuis…, et quantum alodii homo vel femina ibi habet per me, et quantum alodii nunc habeo, et mihi eventurum est in toto terminio ipsius castelli…; 7 Id. Aug. 1113. — Ego Guillelmus Montispessulani dono ad *fevum* cum hac carta tibi Bernardo-Guillelmo de Monbasen ; et totum hoc quod mihi dedisti ad *alodum*, totum dono tibi ad *fevum* ut tu, Bernarde-Guillelme, et posteritas tua

seigneur de Saint-Walery, qui fit partie de la croisade de 1096,
« fut associé en la moitié de la seigneurie de Gamaches en Picardie, par un chevalier nommé Waleran, qui la tenait autrefois en franc-alleu, et reprit de luy en fief l'autre moitié (1) ».
En 1153, Roger de Gand vendit un fief qu'il tenait du comte
de Flandre, et pour l'indemniser, lui donna un alleu ; le comte
rendit aussitôt cette terre à Roger qui la tint dès lors à titre
de fief (2). En 1169, une charte de Guichard, évêque de Mâcon,
nous apprend qu'un « damoiseau, Guillaume *de Saliaco*, après
avoir juré ne tenir de personne, mais posséder en *franc, pur
et libre alleu* les choses, droits, propriétés et usages qu'il indi-
quait, les reçut en fief lige de noble homme Hugues, duc de
Bourgogne, pour son avantage évident (3) ». Au témoignage
de Brussel, « il se trouve beaucoup d'actes de ces inféodations
d'alleux dans les cartulaires de Champagne ». L'un par
exemple, « daté du mois de janvier de l'an 1220 (vieux style),
porte que Roger seigneur de Rosoy en Tierache reconnaît qu'il
vient de recevoir son château de Chaumont (dans l'élection de
Beaugency) et toute la châtellenie de ce château, qui était en
alleu, en fief et hommage lige de Madame Blanche, comtesse
de Champagne, et du comte Thébault, son fils ; qu'il est par là
devenu leur homme lige, etc..., et qu'en considération de ce,
ladite comtesse et le comte son fils lui ont donné 500 liv. d'argent comptant, outre 60 liv. de rente (4) ». La même année,
Mathieu, duc de Lorraine, reçoit à titre de fief, de Blanche,

---

istum fevum mihi et posteritati meæ serviatis et hominium faciatis,
etc... 1113. » (Du Cange, *ibid.*, col. 2.)

(1) La Thaumassière, *Hist. de Berry, op. cit.*, t. IV, p. 132.

(2) Cfr. D'Espinay, *op. cit.*, p. 101.

(3) *Charta Guichardi, episc. matiscon.*, ann. 1169 : « Guillelmus de
Saliaco domicellus, asserens per juramentum suum res, jura, dominia
et usagia inferius annotata ab aliquo non tenere, sed eadem in francum, purum, et liberum *alodium* se habere, pro suo commodo evidenti
accepit in *feodum* ligium a nobili viro Hugone duce Burgundiæ cum
homagio manuali quingentas panalatas terrarum sitarum apud Chigla-
cum, etc... » (Du Cange, *ibid.*, p. 200, col. 1.)

(4) Brussel, *Nouvel examen de l'usage général des fiefs en France*,
Paris, Jean de Nully, 1750, in-4, t. I, p. 126-127. — Cfr. Bouhier, *op. cit.*,
p. 251, nos 12 et 13.

comtesse de Champagne, la ville de Neufchâteau en Lorraine, qui était jusque là un alleu du duc (1). De même en 1225, une vigne, située à Beauregard, dans la banlieue de Bourges, est, à la suite d'une transaction, grevée de 16 deniers parisis de cens ; laquelle vigne « n'avait jamais payé de cens, et au contraire avait toujours été possédée et tenue en alleu (2) », etc... Ces exemples, qu'on pourrait multiplier indéfiniment, suffisent à prouver que dans le cours des XII° et XIII° siècles principalement, il y eut de nombreux abandons d'alleux, transformés en *fiefs de reprise* (3). — Ces abandons ne se faisaient pas toujours de plein gré. En Bourgogne, par exemple, l'histoire a conservé le souvenir de violences exercées par les ducs pour obliger les propriétaires alleutiers à devenir leurs vassaux. « Si par adresse ou par acquêt, dit le président Bouhier, nos ducs ne pouvaient pas réussir en ce qu'ils désiraient à cet égard, ils ne se faisaient pas scrupule de mettre la force en usage ; notre histoire nous en fournit un exemple illustre dans la guerre que le duc Hugues III fit en 1185 à Guy, seigneur de Vergy, pour l'obliger à lui rendre hommage de sa terre de Vergy qu'il tenait en franc-aleu (4). » Guy préféra en faire hommage au roi de France.

C'est ainsi que l'extension du régime féodal, arrivée alors à son apogée, tendait, surtout dans le Nord et le Centre, à rendre les alleux de plus en plus rares. Elle avait encore en certains

---

(1) *Charta Matthæi, ducis Lotharing.*, ann. 1220 (*in Tabul. Campan.*) : « Notum... quod Novum-Castrum in Lotharingia, quod de *allodio* meo erat..., recepi in feodum et homagium de Blancha, comitissa Trecensi, etc... » (Du Cange, *ibid.*, p. 200, col. 2.)

(2) *Charte de fév.* 1225 : « Et pro bono pacis dictus Johannes assignavit dictis capitulis, et dedit XVI den. paris, de censu in vineis suis, scilicet in quatuor arpentis sitis en Beauregard, in quibus nullus unquam censum habuerat vel habebat ; imo easdem vineas in *alodio* et sine censu semper tenuerat et possederat, etc... » (Dans La Thaumassière, *Traité du franc-alleu, op. cit.*, p. 45.)

(3) Cfr. la définition des *fiefs de reprise* donnée par Brussel, *op. cit.*, p. 126 : « Le fief de reprise est celui qui procède de la soumission qui a été faite d'un héritage allodial et noble à la mouvance de quelque seigneur moyennant une récompense. Etc... »

(4) Bouhier, *op. cit.*, p. 252, n° 14. — Cfr. d'autres exemples rapportés par Caseneuve, *ibid.*, liv. I, ch. XII, n°° 4 et suiv.

endroits un autre effet : elle *dénaturait* la propriété allodiale
quand elle ne la faisait pas disparaître. On voit çà et là au
XII° et au XIII° siècle, des alleux qui, tout en conservant leur
nom, sont soumis, d'une manière d'ailleurs peu uniforme, à
certaines redevances (1) ou à certaines charges ayant un caractère féodal. — Ainsi, en Angleterre, dès 1085, le roi a droit
au *relief* de leurs terres à la mort de la plupart des alleutiers (2).
D'autre part, Brussel nous apprend que les comtes de Champagne pouvaient empêcher les alleutiers de bâtir des forteresses dans leurs alleux, contrairement au droit commun,
« parce que, dit-il, l'usage était en Champagne, que ceux qui
possédaient des alleux situez au dedans des mettes de ce comté,
n'eût-ce été que sur sa lisière, n'y pouvoient bâtir des forteresses sans la permission des comtes de Champagne » ; et c'est
ce dont voici un grand exemple. Robert II comte de Dreux et
sire de Braine déclare, entre autres choses, par sa charte du
mois d'avril 1206 : « Que la comtesse de Champagne lui a
accordé qu'il pourra faire construire une forteresse dans son
alleu de Fare (3), ou auprès, dans le parc qui est dans le même
alleu, lequel il ne tenoit de personne ; que la forteresse qu'il
y fera bâtir sera jurable et rendable au comte de Champagne
à grande et petite force, et qu'il ne pourra faire construire une
autre forteresse entre Braine et Fare, et la terre de Champagne (4) ». En outre, en retour de la concession obtenue,
Robert de Dreux transporte tout son alleu de Braine et de Fare
dans le fief lige de la comtesse de Champagne et de son fils
Thébaud ! La charte que nous venons d'analyser à la suite
de Brussel, est intéressante à deux points de vue ; elle nous
montre à la fois une atteinte portée à la liberté d'action des
alleutiers, que le comte de Champagne trouvait sans doute

---

(1) Cfr. D'Espinay, *op. cit.*, p. 104.

(2) *Domesday-book* (réd. en 1085 par ordre de Guillaume le Conquérant) : « Quando moritur *alodiarius*, rex inde habet relevationem terræ,
excepta terra Sœ Trinitatis. » (Du Cange, *ibid.*, p. 200, col. 3.)

(3) « On prononce maintenant *Fere* ; c'est *Fère en Tardenois*. » (Note
de Brussel.)

(4) Brussel, *op. cit.*, p. 386. — Voir dans Brussel la charte en question trop longue pour être insérée ici.

menaçante pour ses intérêts, et une transformation d'alleu en
fief, c'est-à-dire sous une double forme l'action du régime féodal, tendant à absorber en lui la propriété libre. — Bien plus,
vers la même époque, nous voyons dans le Languedoc, les
baillis du roi émettre la singulière prétention d'empêcher les
alleutiers affiliés à la secte des Albigeois de vendre leurs
alleux sans leur payer le droit de lods et ventes, dû pour
les censives. Il fallut une ordonnance royale pour réprimer
ces empiètements. Saint Louis, qui savait respecter tous les
droits, ordonna en effet, en 1250, la révocation des cens im-
posés sur les alleux des Albigeois, et interdit formellement
toute nouvelle tentative de ce genre (1).

Mais ce que saint Louis voulait empêcher se produisit néanmoins sur quelques points. En Anjou notamment, la Coutume
admettait un alleu « indéfinissable (2) », dont le possesseur
était obligé, non seulement de reconnaître la juridiction du
seigneur justicier, ce qui était le droit commun, mais encore
de lui payer des lods et ventes en cas d'aliénation (3). Une
charte de 1391 donne à ces alleux le nom très mérité de *falsa
allodia*, faux alleux (4). L'expression a été conservée par les
auteurs coutumiers (5). Par opposition à ces *falsa allodia*, et
pour éviter toute confusion avec eux, les rédacteurs des
chartes prirent l'habitude, surtout dans le Midi, de qualifier

(1) *Ord. de saint Louis*, avril 1250, Vincennes, § 23 : « Demum de *allodiis*
quæ, ut dicitur, a possessoribus eorum vendi libere consueverunt, et
baillivi nostri vendi non permittunt, nisi et insuper pecunia pro laudi-
mio eis detur, volumus quod census impositi revocentur, et similia in
posterum non attemptent. » (Dans Isambert, *Recueil général des anciennes lois françaises*, Paris, Belin-Leprieur, in-8, t. I, p. 261.)

(2) Henri Beaune, *La Condition des biens*, Paris, Larose et Forcel, 1886,
in-8°, p. 187, note 4.

(3) Cout. d'Anjou, art. 140. — Cfr. *infra* n° 39.

(4) *Charte de 1391* : « Cum prato quod nuncupatur del quart, quod
est *in falso allodio*, et absque præstatione alicujus usatici ac servitutis
annuæ ; sed solum et duntaxat *dando laudimium*, dum contingit alie-
nare. » (Du Cange, *loc. cit.*, p. 200.)

(5) Boucheul, *Coutume de Poitou*, Poitiers, Faulcon, 1722, in-f°, t. I,
p. 163, n° 8 : « Il y a une espèce d'alleu qu'on peut dire *faux-alleu*, et
qui est une terre ou possession non chargée de cens, rente ou autre
devoir, mais obligée aux lods et ventes. »

de *proprium allodium* ou *francum allodium* l'alleu véritable, c'est-à-dire celui qu'on pouvait vendre librement, sans avoir à demander le consentement d'un seigneur, ni à lui payer des droits de mutation. De là est venue l'expression de *franc-alleu*, qui fut si employée à partir du XIIIᵉ siècle (1).

11. ÉTAT DES ALLEUX EN FRANCE AU XIIIᵉ SIÈCLE ; LES ALLEUX ECCLÉSIASTIQUES ; LA FRANCHE-AUMÔNE. — Malgré la puissance d'action du régime féodal, il restait encore beaucoup d'alleux, même dans le nord de la France. La plupart appartenaient à des églises ou à des monastères, fait que Brussel avait déjà remarqué, et qui s'explique facilement. D'une part, en effet, beaucoup de ces alleux se trouvaient déjà aux mains de l'Église avant l'établissement de la féodalité ; et l'Église, assez puissante pour n'avoir pas besoin de recommander ses terres, les avait conservées dans leur franchise primitive. D'autre part, les donations nombreuses que lui faisaient les fidèles consistaient ordinairement en alleux (2), non seulement à l'époque carolingienne (3), mais même après l'établissement d. régime féodal. Ainsi en février 1029 (v. st.), le roi Robert confirme la

(1) Cfr. notamment les chartes de 1211, 1222, 1231, 1242, 1250, 1254, 1259, 1263, etc..., citées par La Thaumassière, *Franc-alleu de Berry*, op. cit., p. 45-51. — Il est superflu de faire remarquer ici que le franc-alleu pouvait être grevé, sans rien perdre de sa franchise, de charges réelles ayant un caractère civil. « Il ne répugne pas à la nature et qualité du franc-alleu, qu'il soit chargé d'une rente foncière ou d'une servitude réelle, comme de passage, d'égout ou d'autres semblables. C'est la remarque de M. Charles du Moulin sur Paris, § 46, nᵒ 2 : *Res alaudialis non potest debere censum, prout census in hoc regno accipitur, nec jura feudalia, sed bene potest debere certum annuum et perpetuum reditum.* » (La Thaumassière, *ibid.*, p. 6.)

(2) Brussel, op. cit., p. 816-817.

(3) En 841, donation de l'alleu de *Falgerolæ* à l'abbaye de Saint-Sulpice à Bourges (De Raynal, *Hist. du Berry*, Bourges, Vermeil, 1847, in-8ᵉ, t. I, p. just., nᵒ 2) ; — en 854, donation d'un alleu situé dans le *pagus* de Rennes à l'abbaye de Redon (*Cartul. Roton.*, 368) ; — vers 884, donation d'alleux au chapitre de Saint-Martin de Tours, en 914 à l'église de Limoges, en 978 (?) à l'abbaye d'Userche, entre 976-988 au monastère de Saint-Martial de Limoges (De Lasteyrie, *Étude sur les comtes et vic. de Limoges*, Paris, Franck, 1874, in-8, p. just., nᵒˢ 5, 7, 17, 19) ; etc., etc.

donation d'un alleu faite par le comte Manassès à l'église de Chartres(1). Vers 1030, Robert II, duc de Normandie, cède aux moines de la Sainte-Trinité de Fécamp, en échange de leur *alleu* de Montivilliers, à eux donné par Richard II, père de Robert, le monastère de Saint-Taurin, qu'ils possèderont également à titre d'alleu (2). Entre 1075-1080, l'abbaye de Saint-Étienne de Baigne en Saintonge (3), en 1082, l'abbaye de Montier-en-Der (4), en 1092, le monastère de Saint-Marcel-lez-Chalons (5), en 1096 celui de Cormery en Touraine (6), au début du XIIe siècle la nouvelle abbaye de Cheminon en Champagne, et le nouveau monastère de Sarmaise près de Vitry(7), etc... reçoivent également ment des donations d'alleux (8). — Ces donations faites aux églises et aux monastères sont souvent qualifiées d'aumône (*elemosina*) (9) ; et les terres possédées librement par l'Église sont dites possédées en *franche aumône* ou *pure aumône*. A l'origine, il n'y avait pas de différence entre l'alleu et la pure aumône. De nombreuses chartes emploient indifféremment les deux expressions *allodium* et *pura elemosyna* pour qualifier la même terre (10). Loisel exprime donc la règle primitive quand il dit : « Tenir en mainmorte, franc-alleu et franche-aumône, c'est tout un en effet (11) ; » — il faut ajouter : pour l'*Église*. La franche-aumône en effet ne pouvait appartenir qu'aux gens

(1) *Præceptum Roberti regis*, 1029; dans Chantereau-Le-Febvre, *Traité des fiefs et de leur origine*, Paris, Louis Billaine, 1662, in-f°, p. 333.

(2) Charte reprod. dans Brussel, *op. cit.*, p. 817.

(3) Charte reprod. dans J. Flach, *op. cit.*, p. 195, note 1.

(4) *Ibid.*, p. 192, note 1.

(5) D'Espinay, *ibid.*, p. 101.

(6) J. Flach, *op. cit.*, p. 191.

(7) *Gallia Christiana*, t. IV, p. 238. — et Brussel, *op. cit.*, p. 818. — Cfr. d'autres exemples au XIIe siècle dans Hervé, *ibid.*, p. 40, 45-46; — etc.

(8) Quelquefois ces alleux sont des fiefs affranchis à l'occasion de la donation; cfr. J. Flach, *op. cit.*, p. 205.

(9) *Chartes de 884 et 914*, dans De Lasteyrie, *ibid.*, p. just. n°s 5 et 7; — *Charte de 1114*, reprod. par Flach, *op. cit.*, p. 201, note 1: «... In elemosinam dederant, ita quietam et liberam sicuti eam tenebant; » — etc.

(10) *Chartes de 884 et 914*, publiées par De Lasteyrie, *loc. cit.*; — *Chartes de 1114 et 1171*, publiées par J. Flach, *op. cit.*, p. 201, 203, 206, en note; — *Charte de 1253*, dans La Thaumassière, *ibid.*, p. 49; — etc.

(11) Loisel, *Instit. coutumières*, I, 1, règle 66.

d'Église, ou, comme le dit un texte, « à Dieu et à ceux qui le servent ; » c'était donc un alleu ecclésiastique. L'Église en était « pure posseresse sans moyen », et ne le « tenait que de Dieu (1) ». En outre, on peut dire qu'en général, sinon toujours, la franche-aumône était un alleu *justicier* : « Pure omosne, dit le *Grand Coutumier de Normandie*, est en quoy le prince ne retient rien de terrienne jurisdiction ne de dignité, et de ce, la jurisdiction et dignité appartient du tout à l'Église (2). » — La franche-aumône était donc complètement exempte de tous droits seigneuriaux, même des droits de justice. Il résulte de là qu'il n'était pas possible à tout le monde de faire une véritable franche-aumône. Le possesseur d'un alleu ou d'un fief ayant justice pouvait seul en cédant cet alleu ou ce fief affranchi, avec les droits de justice qui s'y trouvaient annexés, sans se rien réserver, réaliser la définition du coutumier normand. Encore fallait-il, pour aumôner un fief, le consentement du suzerain.

Mais cette franchise primitive de la pure aumône ne persista pas. En Normandie, où la franche-aumône paraît avoir été fréquente (3), on admit d'abord que le donateur pouvait se réserver, à la condition de le dire expressément, tel ou tel droit sur le bien aumôné (4). On admit ensuite, et cela dès le XIII° siècle (5), qu'il conservait en tous cas un droit de *patronage* sur le bien donné : « Dans les terres données en pure aumône à Dieu et à ceux qui le servent, le donneur, dit, encore le *Grand Coutumier de Normandie*, ne retient aucune droiture, fors la seigneurie de patronage (6). » Il y avait là une différence avec l'alleu proprement dit ; et à partir de ce moment, on peut dire que la franche-aumône commence à se distinguer de l'alleu, de manière à former une tenure d'un genre particulier. Sous l'influence d'une tendance hostile aux possessions ecclésiastiques, tendance sur laquelle nous aurons à revenir en parlant du droit

(1) Bouteiller, *ibid.*, p. 490.

(2) *Grand Coutumier de Normandie*, ch. CXV.

(3) Les maisons données en franche-aumône étaient marquées d'une croix de bois, comme en Angleterre, et appelées à cause de cela *maisons croisées*. Cfr. Viollet, *ibid.*, p. 604.

(4) Cfr. Brussel, *op. cit.*, p. 813, note a.

(5) Viollet, *ibid.*

(6) *Grand Cout. de Norm.*, ch. XXXII.

d'amortissement (1), le roi et les seigneurs firent effort pour restreindre la franche-aumône. Certaines Coutumes l'admirent encore au xvie siècle (2) ; d'autres la passèrent sous silence, ce qui ouvrit la voie aux discussions ; et les légistes s'ingénièrent à créer pour elle une théorie spéciale (3).

Cette théorie nettement formulée par Hervé et Henrion de Pansey, consiste à dire que la franche-aumône n'est pas un véritable alleu. Elle en diffère d'abord par son caractère ecclésiastique et par la réserve du patronage, puis encore parce que la qualité allodiale n'est attachée à la terre tenue en pure aumône qu'en considération de la qualité favorable de son possesseur. Si donc la terre aumônée sort des mains de son détenteur ecclésiastique pour passer aux mains d'un détenteur laïque, elle reprendra aussitôt sa qualité primitive. Or souvent, avant de tomber dans la mainmorte ecclésiastique, la franche-aumône n'était pas un alleu, mais un fief. En sortant de la mainmorte, elle redevient fief. Il y a eu pour elle *suspension*, et non suppression de la directe seigneuriale. C'est pour cela qu'Henrion de Pansey appelle les terres aumônées des *alleux personnels*, dont la franchise est attachée à la personne, à la différence des autres alleux, les *alleux réels*, qui gardent leur franchise en quelques mains qu'ils passent (4). Quant à Merlin, il va jusqu'à dire que la franche-aumône n'est qu'un *jeu de fief* (5). Cette doctrine, énergiquement combattue par Valin, a été consacrée par divers arrêts de 1586, 1631, et 1739 (6). — On voit combien, par suite de ce mouvement d'idées, dont nous n'avons pas ici à rechercher les causes, la franche-aumône s'était séparée de la tenure allodiale. Son étude est donc en dehors de notre sujet. Elle soulève d'ailleurs une foule de questions, dont l'examen nous entraînerait trop loin,

---

(1) *Infra* nos 18 et suiv.
(2) Notam .Poitou, art. 52 ; Saintes, art. 18 ; Normandie, art. 141 ; etc.
(3) Pour plus de détails, cfr. Viollet, *ibid.*, p. 604-606.
(4) Hervé, *ibid.*, t. I, p. 320-330 ; — Henrion de Pansey, *Dissertations féodales*, 1789, t. I, v. *Alleu* § 5 ; — Ginoulhiac, op. cit., p. 421-422.
(5) Merlin, op. cit., v° *Franche aumône*, t. V, p. 371.
(6) Cfr. Valin, *Comment. sur la cout. de la Rochelle*, La Rochelle, 1776, in-4°, t. I, p. 264-278.

et auxquelles les alleux proprement dits sont restés étrangers. Pour ces deux motifs, nous devons laisser de côté la franche-aumône, et nous borner sur elle aux renseignements qui précèdent.

12. SUITE; LES ALLEUX DANS LE NORD, LE CENTRE ET LE MIDI. — L'Église, bien entendu, posséda toujours, à côté des franches-aumônes dont nous venons de parler, de véritables alleux, justiciers ou simples, aussi bien que les seigneurs laïques et les particuliers (1). Ces alleux, avons-nous dit, existaient encore en assez grand nombre en France, malgré l'influence du régime féodal. Du XIe au XIIIe siècle, on peut en effet constater, à l'aide des documents contemporains, l'existence des alleux en Bretagne (2), en Normandie, en Picardie, en Flandre, en Lorraine, en Champagne, en Bourgogne, dans l'Ile-de-France, le comté de Chartres, la Touraine, le Vendômois, l'Anjou, la Saintonge, le Berry, etc... (3). — Pour plus de sûreté, dans les chartes de commune ou de franchise qu'ils commencent à arracher à leurs seigneurs, les habitants des villes ou des seigneuries rurales s'efforcent souvent de faire consacrer, au moins implicitement, l'indépendance des alleux. Ainsi dans la charte que les habitants de Tournay obtiennent en 1187 du roi Philippe-Auguste, il est dit que tous les hommes de Tournay seront francs et libres de toutes redevances

(1) Notamment en Angoumois, Saintonge, Aunis (Valin, *ibid.*, p. 271).

(2) Le cartulaire de Redon, publié par M. de Courson, offre de fréquents exemples de l'existence des alleux dans la partie de la Bretagne qui avoisine la Vilaine. Cfr. *Cart. Redon.*, p. 15, 28, 31, 32, 34, 36, 39, 406, 44, 69, 83, 45, 173, 174, 177, 47, 55, 84, 85, 99, 101, 104, 106, 107, 108, 113, 116, 117, 123, 127, 128, 132, 133, 134, 149, 154, etc.; et J. Loth, *l'Émigration bretonne en Armorique*, Paris, Picard, 1883, in-8, p. 227. — Le fait est intéressant à constater, parce que nous verrons plus tard les alleux disparaître en Bretagne, où l'état de choses primitif n'est plus révélé que par les noms de lieu, par exemple Lallou et Saint-Ouen-des-Alleux, dans l'Ille-et-Vilaine.

(3) Cfr. les chartes diverses citées dans les notes précédentes, et en outre pour la Champagne, Brussel, *op. cit.*; — et pour le Berry, La Thaumassière, *Franc-alleu de Berry*, *op. cit.*; — etc...

envers le roi et ses successeurs » ; et cela leur suffit pour affirmer plus tard que leurs héritages devaient être considérés comme allodiaux jusqu'à preuve du contraire (1). En 1195, Philippe-Auguste, dans la charte accordée à Saint-Quentin, s'exprime d'une façon analogue, mais plus explicite : « Les hommes de la commune, dit-il, sont francs et libres *avec tous leurs biens* (2). » Quelques années plus tard, en 1268, Hugues, comte de la Marche et d'Angoulème, déclare de même les habitants d'Ahun « francs et libres *avec tous leurs biens* (3) ».

Malgré tous ces exemples qui démontrent que les alleux existaient un peu partout dans le Nord et le Centre de la France, il n'en est pas moins exact que la féodalité avait exercé sur l'allodialité une action désastreuse ; et l'on peut signaler, dès le XIII° siècle, des régions où non seulement il n'y a plus d'alleux, mais où il est même interdit d'en posséder. Telle était la règle en Beauvoisis. Beaumanoir explique avec soin que, « selonc la Coustume » de ce pays, nul ne peut tenir d'alleu (4). Le seigneur qui s'aperçoit que l'un de ses sujets ne lui paye pas de redevance pour ses héritages, peut y « geter les mains et le tenir comme soie propre », c'est-à-dire le confisquer. S'il ne le fait pas, c'est au comte de Clermont qu'appartient le droit de confiscation, « parce qu'il est sire, de son droit, de

---

(1) *Charte de* 1187 : « Homines Tornaci quieti et liberi erunt ab omnibus consuetudinibus a nobis et heredibus nostris regibus. » Citée par Merlin, *loc. cit.*, p. 348.

(2) *Charte de* 1195, art. 3 : « Communia vero ita statuta est, quod homines communiœ cum omnibus *rebus* suis quieti et liberi permaneant. » (*Ordonnances des rois de France*, t. XI, p. 270.)

(3) *Charte de* 1268 : « Et ipsos recognoscimus, et volumus, et concedimus in perpetuum esse francos et liberos cum omnibus *rebus* suis et *bonis*. » (Dans La Thaumassière, *Coutumes locales de Berry et de Lorris*, Bourges, Toubeau, 1679, in-f°, p. 243.)

(4) Beaumanoir, XXIV, 5 : « Car nus, selonc nostre coustume, ne pot pas tenir d'*alues*; et on apele *alues* ce c'on tient sans rendre à nului nule redevance. » — Remarquez que Beaumanoir dit : *selonc nostre coustume*; il convient donc de restreindre au seul Beauvoisis ce passage auquel on a souvent donné beaucoup trop d'extension. — On trouve déjà cette observation dans des remontrances adressées au roi en 1692 par les États de Bourgogne (dans Taisand, *Cout. de Bourgogne*, Dijon, Ressayre, 1698, in-f°, p. 154).

tout ce qu'il trueve tenant en alues ». Et ce droit exorbitant
paraît si bien établi, que Beaumanoir n'hésite pas à en énumé-
rer toutes les conséquences avec sa netteté accoutumée. La
page entière serait à citer (1).

Il est vrai qu'au XIIIᵉ siècle le Beauvoisis faisait exception,
même dans les pays du Nord. Dans le *Midi*, à plus forte raison,
l'influence persistante du droit romain avait sauvegardé dans
une assez large mesure, ce que les auteurs des siècles suivants
appelleront « la liberté native des héritages ». La différence
que nous avons déjà signalée à ce point de vue entre le Nord
et le Midi s'était encore accentuée depuis le IXᵉ siècle (*suprà*
*n*º 6). Il y avait beaucoup d'alleux en Languedoc, surtout dans
le territoire des villes qui avaient conservé les privilèges des
municipes romains (2). — En 1152, quand l'Aquitaine devint
un fief des Plantagenet, par le mariage d'Eléonore de Guyenne
avec Henri Plantagenet, une grande partie des terres y étaient
allodiales (3). — De même pour le Roussillon, qui dépendait
alors des rois d'Aragon, on a des chartes et des ordonnances
du roi Alphonse en 1173 et 1188, et de Pierre II, son successeur immédiat, en 1200 et 1202, qui reconnaissent explicitement
ou implicitement l'existence des alleux (4). En 1263, on surprit
à Jacques le Conquérant une déclaration contraire au principe
de l'allodialité; mais il se hâta de la révoquer (1265), et de
nombreux actes postérieurs, jugements ou ordonnances,
vinrent à nouveau affirmer le principe (5). — Dans le Gévaudan
et dans le Dauphiné, il existait également des alleux (6). — A

---

(1) Beaumanoir, XXIV, 5 (*édit. Beugnot*, t. I, p. 340). — Fait significatif, l'un des *mss* de Beaumanoir, celui que M. Beugnot appelle le *ms B*,
omet dans tout ce passage le mot *alues* qu'il remplace par des péri-
phrases; voulait-on donc écarter jusqu'au mot lui-même ! Ce *ms* est
de la fin du XIIIᵉ siècle ou du commencement du XIVᵉ siècle.

(2) Garsonnet, *op. cit.*, p. 306; — Caseneuve, *ibid.*, liv. I, ch. XI, nº 1.

(3) Garsonnet, *ibid.*

(4) Cfr. Merlin, *loc. cit.*, p. 387.

(5) Cfr. l'énumération qu'en donne Merlin, *ibid.*, p. 388.

(6) Cfr. pour le Gévaudan l'*Ordonn. d'août* 1377, dans les *Ordonn. des
rois de France*, t. VI, p. 297; — et pour le Dauphiné, celle du 27 mars 1377;
ibid., p. 321.

Narbonne, la maison du consulat était allodiale en 1364 (1).
— Enfin, lorsqu'en 1273, Edouard Iᵉʳ, roi d'Angleterre et duc
d'Aquitaine, se fit prêter hommage par tous ses vassaux aqui-
tains, on put constater que les paysans alleutiers étaient nombreux en Guyenne. Les déclarations consignées aux procès-
verbaux de l'enquête à laquelle on procéda à cette occasion,
démontrent que l'alleu existait presque partout à côté du fief :
tous les comparants sont interrogés sur leurs alleux ; et
presque tous les possesseurs de fiefs possèdent en même
temps des alleux. L'enquête ne relève même pas tous ceux qui
existaient dans la province ; car dans certaines prévôtés un
seul alleutier répond pour tous, et parmi les alleutiers qui ne
possédaient pas de fiefs, beaucoup se dispensaient de comparaître devant les commissaires (2), disant qu'ils « ne devaient
rien au roi ni à âme qui vive (3) ». — Les résultats de cette
enquête sont importants, non pas seulement parce qu'ils
prouvent l'existence de nombreux alleux dans le Midi, mais
encore parce qu'ils fournissent d'intéressants détails sur la
condition des *alleutiers*, dont nous allons maintenant nous
occuper.

§ II. — Condition des alleutiers

13. Privilèges et obligations des possesseurs d'alleux. —
Les alleutiers ou possesseurs d'alleux formaient à l'époque
féodale une classe d'hommes, qui, on peut le dire, n'étaient
pas de leur siècle. Ils constituaient, dans la société du moyen

---

(1) « ... Domum consulatus, quam Narbone in civitate et in *franco-
allodio* tenere se dicebant. » (*Ibid.*, t. VIII, p. 540.)

(2) Cfr. Jules et Martial Delpit, *Notice d'un mss de la bibl. de Wolfen-
büttel relatif à l'hist. de la France mérid.*, dans les *Notes et extraits des
mss de la bibl. du roi et autres bibl.*, Paris, 1787-1868, t. XIV, 2ᵉ part., p. 99
et suiv. ; — Garsonnet, *op. cit.*, p. 306, texte et note 7 ; — J. Flach, *op.
cit.*, p. 213.

(3) « Ita quod nihil debent inde facere sibi nec alicui alii viventi. »
Cfr. Championnière, *op. cit.*, nᵒ 170 et suiv.

âge, une anomalie de même nature que celle que présentaient leurs alleux, qui se maintenaient libres à travers les mailles de plus en plus serrées du réseau des fiefs et des censives. On a souvent répété qu'au moyen âge « la condition des terres déterminait la condition des personnes », et que « les conditions sociales s'étaient pour ainsi dire incorporées avec le sol », au point qu'on peut du x° au xiii° siècle établir une classification des personnes d'après la classification des terres (1). Il y a sans nul doute une grande exagération dans cette idée ; mais il y a aussi une certaine part de vérité. Il n'y a donc pas lieu de s'étonner si les alleutiers vont nous apparaître comme les hommes libres par excellence (2). « Alors que le commerce et l'industrie étaient dans l'enfance, dit M. Garsonnet (3), il n'y avait pas de liberté complète sans la possession d'un *alleu :* quiconque détenait une terre concédée, si élevés que fussent son propre rang et le caractère de cette concession, aliénait en partie son indépendance. Sa condition s'abaissait plus ou moins, sa sujétion était plus ou moins étroite suivant la nature de ses services et selon qu'il était complètement exclu de la propriété foncière, ou qu'avec la terre concédée il en possédait une autre qui lui appartînt en propre ; mais il manquait toujours de cette franchise absolue qui s'attachait à la possession d'une terre uniquement soumise aux charges publiques... Alors même que la propriété dérivée, de précaire qu'elle a été d'abord, sera devenue perpétuelle et héréditaire, elle ne se confondra jamais avec l'alleu, et la condition du possesseur, fût-il libre, s'en ressentira toujours. »

(1) Cfr. Guizot, *op. cit.*, p. 75, 156-157 ; — Garsonnet, *op. cit.*, p. 281 et 346 ; — Laferrière, *Essai sur l'hist. du droit français*, Paris, Guillaumin, in-12, 2° éd., 1859, t. I, p. 102 ; — M. Laferrière, qui a poussé cette idée à l'extrême, va jusqu'à dire : « Il n'y avait qu'un principe social, l'assujettissement de l'homme à la glèbe : la condition humaine était l'*accessoire* de la terre. Cette assimilation matérielle s'appesantissait de plus en plus sur des êtres déchus de la dignité d'homme et de chrétien ! » Les phrases de ce genre ne sont pas rares chez M. Laferrière. Son exemple prouve combien l'historien doit se défier des grands mots.

(2) Cfr. Guizot, *op. cit.*, p. 163.

(3) Cfr. Garsonnet, *op. cit.*, p. 281.

C'est en effet ce que prouvent des documents contemporains d'une époque où il est peu de tenures qui ne soient pas devenues héréditaires. On y voit l'homme libre qui ne possède que des alleux y porter un nom spécial. De même que d'autres sont vassaux ou censitaires, vilains ou serfs, lui est un « alleutier », *alodarius, alodianus*, etc. (1). Comme sa terre, il est libre ; il se glorifie « de n'avoir jamais été vilain, ni lui, ni son père, ni son aïeul (2) ». Il n'est pas taillable, et sur ce point les chartes l'assimilent aux nobles (3). Si quelqu'un menace son indépendance, il fortifie son alleu (4), ou il s'associe avec d'autres alleutiers pour résister à la violence (5). Toutefois l'indépendance des alleutiers n'était pas, et ne pouvait pas être absolue, excepté pour ceux, qui, à leur titre d'hommes libres pouvaient ajouter celui de *souverains* (6). Tels étaient par exemple ces sires de Boisbelle, qui jouissaient dans leur alleu de tous les droits régaliens, levaient des troupes, battaient monnaie, établissaient des impôts, et se comportaient en tout comme des rois (7). Mais c'étaient là des exceptions.

Les autres alleutiers n'étaient point soustraits, en principe,

(1) Cfr. les diverses variantes, *supra* p. 30, en note.

(2) *Sentent. ann.* 1183 (dans Muratori, *Antiq. Itali. medii ævi*, t. I, col. 827) : « Ipse (Ferrectus) e contrario se *liberum* et *alloderium*, et nequaquam eorum villanum esse, nec patrem suum vel avum fuisse profitebatur et affirmabat, et inter *alloderios* numerari conabatur. »

(3) *Reg. sign. Probus*, ad ann. 1262 : « Interrogati si omnes homines ipsius loci sunt tayllabiles, respondit quod sic, exceptis *allodianis* vel nobilibus, seu illis, quibus datum est inde libertas. » (Du Cange, *ibid.*, col. 1 et 2.)

(4) En 990, Guillaume, vicomte d'Agdes, donne à sa femme et à sa fille divers alleux, chacun avec sa tour et ses fortifications (D'Espinay, *ibid.*, p. 90, note 1.) — En 1188, existe une forteresse allodiale dans la paroisse de Saint-Jean-de-Pla-de-Corts en Roussillon. — Pour la Champagne, cfr. *supra*, p. 48.

(5) Cfr. Saige, *Une alliance défens. entre propr. allodiaux au* XII° *siècle*, dans la *Biblioth. de l'Ecole des Chartes*, 5° série, t. II, 1861, p. 374 et suiv. ; — Garsonnet, *op. cit.*, p. 306, note 4.

(6) C'est de ceux-là sans doute que veut parler M. Laferrière, lorsqu'il dit : « Un propriétaire d'alleu, dans son domaine, était *roi*. » (*Op. cit.*, p. 102.)

(7) Cfr. De Raynal, *op. cit.*, p. 332 ; — et *supra* n° 9.

aux devoirs publics qui s'imposaient d'une façon générale à tous les habitants d'une région ou d'une ville. Ainsi tous ceux qui possédaient des alleux dans le diocèse de Bazas étaient en cas de guerre astreints à un certain service militaire envers le roi d'Angleterre (1). Les Coutumes de Catalogne déclaraient de même qu'en temps de guerre tous les alleutiers, habitant ou possédant des propriétés dans l'enceinte d'une ville forte (*castrum*), étaient soumis aux mêmes charges que les autres habitants, c'est-à-dire obligés de faire le guet, de mettre en état les fossés et les remparts, etc. Ces obligations n'incombaient point aux alleutiers qui habitaient au dehors (2). De même encore, en 1377, Charles V reconnut que les habitants du Gévaudan possédaient certaines terres qui n'étaient ni des fiefs ni des arrière-fiefs du roi, et pour lesquels ils ne devaient rien payer en dehors des charges nécessaires à la défense du royaume (*pro generali defensione regni*) (3) ; mais au moins devaient-ils acquitter ces charges (4).

Ce n'est pas tout ; il faut encore tenir compte ici de la dis-

---

(1) *Reg. homag. duci Aquit. præstit. ann.* 1273 : « Omnes *allodiarii* seu qui habebant *allodia* in dicta diocesi (Vasatensi) debebant dicto domino regi Angliæ, si mandet, campum seu bellum campestre... inter portus et flumen Garonæ, etc... » (Du Cange, *ibid.*, p. 199, col. 2 et 3.) — Cfr. à propos du service militaire dû par l'alleutier, ce que dit Hervé, *ibid.*, t. VI, p. 65-66.

(2) *Consuet. Catal. cap.* 16 : « Si aliqui *alodiarii*, tam milites quam rustici, quam etiam alii, fuerint in termino alicujus castri, habentes ibi mansos, vel domos, sive fortitudinem... alodiarii etiam omnestenentur ad omnia tempore guerræ, ad quæ tenentur omnes alii habitatores castri, scilicet ad faciendum guaytam, ad opus et ad fossatum aptandum, et alia quæ sunt facienda pro defensione castri tempore guerræ, exceptis *alodiariis* campanariis, qui alibi sunt habitantes. » (Du Cange, *ibid.*, p. 201, col. 2.)

(3) *Ord. d'août* 1377, dans les *Ord. des rois de France* t. VII, p. 297.

(4) Cfr. les *Lettres* par lesquelles Louis XII reconnaît en 1501, que les habitants du Languedoc ont « de tous temps et d'ancienneté tenu et possédé leurs terres franches et libres, et *mesmement* en payant nos tailles et nos subsides. » (*Ibid.*, t. XXI, p. 294). Nous avons du reste fait remarquer plus haut (*supra* n° 4) que la soumission aux charges publiques n'entraîne aucune idée de dépendance pour la terre qui les supporte.

tinction faite précédemment entre les alleux simples et les alleux justiciers. Les propriétaires des premiers étaient moins libres que ceux des seconds. — Il était de principe en effet que l'alleutier simple ne pouvait pas se faire justice à lui-même. Comme les propriétaires d'aujourd'hui, il relevait de la justice ordinaire du lieu, c'est-à-dire que pour tous les procès se rattachant à son alleu, il était soumis à la juridiction du justicier (évêque ou abbé, roi ou seigneur), dans le « détroit » (*districtus*) duquel cet alleu se trouvait enclavé. Cette règle, que les feudistes érigèrent plus tard en axiôme fondamental, était énoncée dès 1158, comme s'appliquant en Italie et en Allemagne, par *Obertus ab Orto*, auteur d'une partie des *Libri feudorum* (1). Dès le xiii° siècle, nous voyons la même règle appliquée en France; car l'enquête faite en 1273 en Guyenne nous apprend que, malgré leur liberté qui n'est pas contestée, les alleutiers de cette province sont soumis à la juridiction du roi d'Angleterre, seigneur du lieu (2). Quelques-uns, il est vrai, se dispensèrent de comparaître devant les commissaires d'Edouard, ou refusèrent de leur répondre (3). D'autres protestèrent n'avoir juré fidélité au roi que par force et malgré eux (4). Mais à la fin du xiii° siècle, c'est-à-dire à l'époque où les légistes imbus du droit romain répandaient partout leurs idées de centralisation, ces résistances n'avaient quelque chance de réussir que si elles émanaient d'alleutiers possédant eux-mêmes, et de façon certaine, la haute justice sur leurs alleux; et encore ces alleutiers devaient-ils reconnaître la *souveraineté* du roi.

Néanmoins, pour eux, l'indépendance qui résultait de leur qualité d'alleutiers s'augmentait de toute l'indépendance qui

(1) *Libri feudorum*, II, 54 (éd. vulg.) : « *De allodiis*. Ad hoc qui allodium suum vendiderit, districtum et jurisdictionem imperatoris vendere non præsumat ; et si fiat, non valeat. Etc. »

(2) *Ms de Wolfenbuttel*, n° 303 : « Tenent in allodium liberum sub *dominio regis*... »

(3) *Ibid.*, n° 262 : « Johannes Marquesius requisitus si tenebat aliquid in *allodium* liberum, dixit sic, sed quod noluit exprimere. »

(4) *Ibid.*, n° 147 : « Nec debebat facere homagium, nec sacramentum... dixit etiam quando stabit juri coram preposito de Barssaco hoc facit per violentiam, item quod fecerat sacramentum. » — Cfr. J. Flach, *op. cit.*, p. 213.

pouvait résulter de leur qualité de justiciers. C'est ainsi que les moines de Montier-en-Der étaient, à l'égard des alleux que leur avait donnés le comte Guérin en 1082, exempts de toute « puissance judiciaire », de toute contrainte quelconque (1). Ceux de Saint-Etienne-de-Baigne étaient seuls juges des hommes qui résidaient sur les alleux qu'Itier *de Berbezillo* et sa femme Guitberge leur avaient concédés en 1068 (2). Ceux de Saint-Vaast-d'Arras surtout avaient sur leurs alleux des droits nombreux : outre la juridiction proprement dite (3), notamment à l'égard des voleurs (4), ils pouvaient percevoir des tonlieux et autres impôts indirects (5). — D'autres alleutiers, ayant haute justice sur leurs terres, étaient juges de tous les délits qui s'y commettaient. Ils pouvaient présider au duel judiciaire, ordonner l'épreuve par le fer rouge, percevoir toutes les amendes auxquelles les accusés étaient condamnés, etc... (6). — Il y avait là évidemment pour leur indépendance à la fois un accroissement et une garantie.

14. SUITE ; L'ALLEU DE CHAMARS ET LES « INFRACTIONS »

(1) *Cart. de Montier-en-Der*, ms. f° 58, v° : «... alodiis quæ erant liberæ conditionis, et absque jugo ullius advocationis, *sine alicujus judiciaria potestate*, sine banno...» (Cité par Flach, *ibid.*, p. 192, note 1.)

(2) *Cart. de Saint-Etienne-de-Baigne*, ch. ccxxx : « Et auctorizaverunt supradicto martyri (Stephano) ut habitatores hujus terre non fecissent rectum *nisi per manum abbatis vel monachorum...* » (Cité par J. Flach, *ibid.*, p. 193, note 3.)

(3) *Cart. de Saint-Vaast*, p. 380 : « In *alodiis* et in novalibus de Bunduz habet sanctus Vedastus *districtum et justitiam.* » (Cité *ibid.*, p. 194.)

(4) *Ibid.*, p. 294 : «... liberi *alodii* quod nullas consuetudines, nec etiam acceptionem nisi possessori debet. » (*Ibid.*)

(5) *Ibid.*, p. 380 : « Hii hospites et terra infirmarii de alodio sunt; habet ibi infirmarius districtum, teloneum, foragia, relevationem ad misericordiam. » (*Ibid.*)

(6) Il en était ainsi pour l'alleu de *Regniac* : «... Si forte incolarum ejus aliquis in aliquo excedit, unde aut bellum faciendum, aut solitum candentis ferri judicium sit deportandum, vel alio quolibet modo quo peccari potest delinquit, non ad alium quemlibet pertineat judicare de his, sed qui dominus et possessor est alodii et per se ipsum districtor et judex forisfacti cujuscumque generis sit, et legis emendationem exigit, etc... » (*Cart. de Marmoutier*, cité *ibid.*, p. 208.)

D'ALLEUX. — Mais les alleutiers ne jouissaient pas toujours en paix de leurs privilèges. Sans parler du cas où ces privilèges leur étaient contestés, il arrivait souvent que des violences étaient exercées contre eux par quelque seigneur voisin. Dans ce cas (outre les autres délits qu'il avait pu commettre), ce seigneur se rendait coupable d'un délit spécial appelé « infraction d'alleu » (*alodii infractio*). Cette infraction d'alleu était punie d'une amende, prononcée par le justicier du lieu, s'il agissait d'un alleu simple, par le propriétaire de l'alleu lui-même, s'il avait droit de justice. Encore, dans ce dernier cas, lui fallait-il souvent recourir au justicier *personnel* du délinquant. C'est ce que montre bien l'histoire de certaines infractions d'alleux qu'on trouve rapportées en détail dans deux chartes du cartulaire de Marmoutier pour le Dunois, cartulaire publié en 1876 par M. Mabille (1). Il nous paraît utile de les analyser pour montrer par quelques faits précis quels pouvaient être au xiie siècle les rapports des seigneurs féodaux et des seigneurs alleutiers (2).

En 995, le comte de Blois, Eudes Ier, avait donné aux moines de Marmoutier un important alleu situé près de Châteaudun, et appelé l'alleu de Chamars (*alodium de Camartio*). Cette donation avait été confirmée quarante ans plus tard par Eudes II, fils et successeur du premier donateur (3). Ni l'un ni l'autre n'avait rien retenu sur cet alleu : ni justice, ni semonce, ni droit de chevauchée (4). Les moines de Marmoutier se trouvaient donc relativement à l'alleu de Chamars seigneurs justiciers. — Or il arriva, en 1111 ou 1112, qu'un certain Etienne de Vieil-Alone (*Stephanus de Veteri-Alona*), alors en mésintelligence avec Geoffroy, vicomte de Dunois, obtint des moines la

(1) Du Cange avait déjà donné quelques extraits de ces deux chartes, que M. Flach a reproduites (*Ibid.*, 198-199, 201-203). Ce sont les chartes nos 93 et 94 du cartulaire; elles se trouvent dans Mabille, p. 83 à 86.

(2) M. Flach les a déjà analysées, mais en se plaçant à un point de vue un peu différent du nôtre (*op. cit.*, p. 197-201).

(3) *Cartulaire de Marm. pour le Dunois*, charte 4, édit. Mabille, p. 8 (ann. 1032-1037). — La charte de 995 est perdue.

(4) *Ibid.*, charte 94 : «... ut nichil sibi omnino in ea retinerint, neque justitiam, neque aliquam submonitionem, neque caballicationem, et, ut absolute dicam, nichil omnino sibi vel suis retinuerunt. »

permission de déposer sa récolte de blé dans une maison dépendant de l'alleu de Chamars, espérant ainsi la mettre en sûreté. Mais Geoffroy, qui voulait s'emparer de cette récolte, envoya quelques-uns de ses serviteurs à la maison où le blé avait été déposé, et où il était caché dans un coffre fermé. Les serviteurs découvrirent le coffre, et l'un d'eux, nommé Fourrier, força la serrure pour l'ouvrir. Il constata que le blé s'y trouvait, et se retira avec ses compagnons sans rien emporter. Mais le prieur de Chamars, ayant appris ces faits, s'adressa au vicomte Geoffroy, et lui demanda une réparation pour les actes dont ses gens s'étaient rendus coupables, à savoir le bris du coffre et l'infraction de l'alleu (1). Le vicomte comparut avec les siens devant la cour de justice de l'abbaye de Marmoutier (2). Là, Fourrier reconnut qu'il avait ouvert le coffre, mais prétendit que, le coffre n'étant pas fermé, il n'avait pas forcé la serrure. Les moines le condamnèrent à payer une amende au prieur de Chamars pour avoir ouvert le coffre (3); et Fourrier paya l'amende.

Le vicomte Geoffroy ne se tint pas pour battu ; et peu après, il envoya dire au prieur qu'il eût à lui « restituer » le blé qui se trouvait dans le coffre ouvert par Fourrier. Le prieur répondit qu'il n'avait pas à restituer une récolte qui appartenait à Etienne de Viell-Alone, que celui-ci l'avait déposée pacifiquement dans l'alleu de Saint-Martin, et qu'il l'en retirerait de même pacifiquement, quand il le voudrait. Cette réponse irrita

---

(1) *Ibid.*, charte 93 : «... de archa scilicet fracta et de *alodii infractione.*»

(2) Le texte porte : «... in curiam sancti Martini. » M. Flach traduit : «... devant la cour de justice de l'alleu, la cour de justice de Saint-Martin *de Chamars* », et semble admettre ainsi qu'il y avait à Chamars une justice particulière. Mais cette traduction ne nous paraît pas exacte. Nulle part, dans les chartes que nous analysons, il n'est question de « Saint-Martin *de Chamars*». On trouve toujours soit « alodium de Camartio », soit « alodium sancti Martini ». Les mots *sancti Martini* désignent évidemment ici le saint patron de Marmoutier, véritable donataire de l'alleu, c'est-à-dire en somme l'abbaye elle-même. « Curia sancti Martini » doit donc se traduire par « cour de Marmoutier » et non « cour de Chamars ».

(3) *Ibid.*, charte 93 : «... emendare debere, eo quod de serratura extraxisset moraliam. » Le texte ne dit pas si Fourrier fut condamné pour « infraction de l'alleu ».

Geoffroy, qui envoya de nouveau ses serviteurs avec ordre d'enlever de force le blé convoité : ce qui fut fait. C'était une deuxième violation de l'alleu de Chamars. — Cette fois, le prieur, au lieu de citer Geoffroy devant la cour de Marmoutier, s'adressa, on ne sait au juste pour quel motif, au comte de Blois, Thibaud IV, suzerain féodal du vicomte de Dun (1). Thibaud envoie aussitôt à son vassal l'ordre de comparaître devant sa cour à Chartres, pour être jugé *pro infractione alodii*. Au jour dit, les parties comparaissent ; on plaide, et les juges condamnent Geoffroy à rendre le coffre rempli de blé et à payer au comte de Blois et au prieur de Chamars une amende de 60 livres pour l'infraction de l'alleu (2). Le vicomte s'exécuta, et l'affaire en resta là.

Mais les moines de Marmoutier ne devaient pas tarder à entrer en lutte avec le comte Thibaud lui-même, toujours à propos de l'alleu de Chamars. — La même année, en effet, Thibaud se trouvant en guerre avec le roi de France Louis le Gros, se vit assiéger par ce dernier dans le château du Puiset. Il dépêcha alors son panetier Salomon, prévôt de Châteaudun, vers les moines de Saint-Martin, pour les prier d'envoyer au Puiset leurs hommes de Chamars, « afin, dit le texte, de garder la personne du comte (3) ». Les moines firent semonce à tous leurs hommes ; mais quelques-uns seulement se rendirent au Puiset. Les autres restèrent chez eux. Le prévôt Salomon manda alors aux moines de conduire les récalcitrants au domicile de Thibaud afin de lui rendre raison de leur désobéissance. Les moines répliquèrent qu'ils se garderaient

---

(1) D'après M. Flach, le prieur « désespérait de venir autrement à bout d'un aversaire devenu redoutable ». Mais le texte ne dit rien de semblable ; il porte seulement : « Unde clamore facto comiti. » La phrase de M. Flach n'est donc qu'une interprétation. — Peut-être serait-il plus juste de dire que Geoffroy, étant mis ici directement en cause, devait être jugé par ses pairs. La cour féodale de son suzerain était dans l'espèce compétente *ratione personæ*. Ce serait un exemple d'une compétence personnelle primant une compétence réelle.

(2) *Ibid.* : « Et *pro infractione alodii* sexaginta libras comiti atque monacho emendaret. »

(3) *Cart. de Marmoutier pour le Dunois*, charte 94 : « ... ad custodiendum corpus comitis. »

bien de conduire leurs hommes au domicile du comte, attendu
que c'était à eux et non à lui qu'appartenait le jugement
des délits que leurs hommes pouvaient commettre. Salomon s'empara de force de dix hommes de Chamars, et les
emmena avec lui. Les moines s'adressèrent alors à Thibaud,
et se plaignirent des procédés de son prévôt. Le comte leur
déclara qu'il voulait juger lui-même les prisonniers. Les moines
offrirent aussitôt de faire droit pour eux. On prit jour pour
l'audience qui devait se tenir à Châteaudun.

Au jour fixé, les moines comparurent à la cour de Thibaud,
qui leur répéta qu'il voulait condamner à l'amende les hommes
qui n'étaient pas venus au Puiset, malgré la semonce faite en
son nom. Les moines répondirent en invoquant la donation
des prédécesseurs de Thibaud, qui ne s'étaient réservé sur
l'alleu de Chamars aucun droit de justice, de semonce ou de
chevauchée. Il est vrai que le comte mangeait à Chamars
quand il y venait, et que les hommes de saint Martin l'accom-
pagnaient dans ses chevauchées ; mais c'était uniquement à
titre d'amitié et de bon voisinage, que les moines de Chamars
agissaient ainsi ; et ce qu'ils faisaient là, ils le faisaient contre
les termes de la donation et sans l'assentiment du chapitre
de Marmoutier. A l'appui de leurs dires, les moines exhi-
bèrent la charte de donation, où il était dit qu'ils tien-
draient la terre de Chamars en libre et franche aumône. Ils
ajoutèrent que si les hommes de saint Martin n'avaient pas
répondu à la semonce faite, c'était aux moines et non au comte
qu'il appartenait de juger cette forfaiture, bien que la semonce
eût été faite dans l'intérêt du comte. Enfin ils terminèrent en
disant que depuis l'époque de la donation jusqu'à ce jour, ils
avaient toujours joui de la liberté qu'ils réclamaient. — C'était,
comme on voit, une plaidoirie en règle. Le comte Thibaud prit
alors conseil de ses officiers et des principaux seigneurs de
son entourage. Tous furent d'avis que le comte ne devait pas
troubler les moines dans la jouissance de leur « aumône » ; et
Thibaud se rangeant à leur opinion mit fin au procès, et laissa
les choses dans le *statu quo* (1114).

(1) *Ibid.*, charte 94 : « ... noluit amplius tenere placitum, sed rem
sicut prius extiterat ita dimisit ».

C'était la seconde fois depuis deux ans que Thibaud donnait gain de cause aux alleutiers de Chamars. Mais il était dit qu'il aurait encore à les protéger. A peine le procès suscité par le prévôt Salomon était-il terminé, que les moines se plaignirent d'une nouvelle violation de leur alleu, commise par le célérier Fromond. Ce dernier avait enlevé par force un attelage de chevaux de la maison de leur maire Ingelricus, pour transporter des pieux au château du Puiset; et par là il avait enfreint l'alleu (1). Le comte ordonna à Fromond de payer séance tenante une amende aux moines, pour s'être emparé de leurs chevaux et avoir « enfreint » leur alleu (2). Fromond s'exécuta en présence du comte et de toute l'assistance.

On voit qu'en somme les alleutiers jouissaient en droit d'une grande indépendance qui n'était pas toujours respectée en fait. Mais en dehors même des violences matérielles exercées contre les alleux et leurs possesseurs, il se produisait très souvent, depuis le XIᵉ siècle, un fait qui ne tarda pas à amener en France la disparition complète de la classe des alleutiers, sans influer pour cela d'une façon directe sur la condition de leurs propriétés : c'était l'acceptation par eux d'une *tenure*, féodale ou autre. Tout en gardant leurs alleux, ils devenaient vassaux ou censitaires; ils n'étaient plus exclusivement des alleutiers (3). Ce mélange de possessions allodiales et féodales est souvent signalé dans les textes. Il apparaît notamment dans une charte de 1092, relative à la Bourgogne (4); dans le testa-

(1) *Ibid.* : «... et hoc modo *alodium* infringerat. »

(2) *Ibid.* : «... hoc quod de domo Ingelrici equos vi extraxerat, et *alodium* infringerat. »

(3) Les alleutiers ont subsisté au contraire en Allemagne sous le nom de *pfleghaften* ou *biergelden;* ils étaient soumis comme en France aux droits régaliens du seigneur territorial (cfr. Garsonnet, *ibid.,* p. 310.) — Ces *pfleghaften* étaient de petits alleutiers. A côté d'eux, il faut signaler en Allemagne, comme en France, des seigneurs alleutiers complètement indépendants du roi. La preuve en est fournie par l'anecdote souvent citée du baron de Krenekingen refusant de se lever devant l'empereur Frédéric Iᵉʳ. (Galland, *Du franc-alleu et orig. des droits seign.,* 2ᵉ édit., Paris, 1637, in-4, p. 13.)

(4) Perreciot, *De l'état des personnes et de la condition des terres*, Paris, 1786, in-4, *Preuves*, dipl. de 1092 : « Omne *alodium* suum de Pontidoto et *fœdum* quod habebat de Ausodio. » — Cfr. Ginoulhiac, *op.cit.,* p. 410.

ment (rédigé en 1118) de Bernard Aton, vicomte de Béziers, et dans le testament rédigé en 1150 de son fils Roger de Béziers ; ce dernier, donnant à son frère Roger Trencavel tout ce qu'il possède, mentionne côte à côte, dans l'énumération de ses richesses, les fiefs et les alleux (1). — Enfin, en Guyenne, en 1273, presque tous les possesseurs de fiefs, nous l'avons vu, possédaient en même temps des alleux (2).

« L'état des personnes se sépara ainsi de l'état des terres, et la possession d'une terre indépendante ne fut plus le caractère spécial d'une certaine classe d'hommes, le signe d'une condition sociale distincte et déterminée (3). » L'alleu restait libre, mais son propriétaire ne l'était plus au même degré. Il s'habituait au joug; il n'essayait plus de résister à l'action du régime féodal. On vit des alleutiers prêter serment de fidélité à des seigneurs, et se soumettre à l'hommage pour leurs alleux même. On s'explique ainsi en partie comment le régime féodal a pu corrompre en quelque sorte le régime allodial, et comment les alleux ont fini par être traités à certains égards comme des tenures féodales ou censuelles.

—

SECTION II
Les Alleux du XIV⁰ au XVI⁰ siècle

C'est vers la fin du XIII⁰ siècle que commence à se manifester la tendance nouvelle à soumettre les alleux au même

(1) *Test. de Roger de Béziers*, 1150 : « Deinde dono et laudo et cum omni integritate dimitto Rogerio Trencavel fratri meo, totum honorem meum, civitatem videlicet atque burgos, castra, villas atque dominia, *feudos*, *alodios*, acapites, pignoras et acquisitiones, omnesque rectitudines meas ubicumque illas a Bernardo Atone vicecomite patre meo, sive ab alio aliquo homine habeo et habere debeo, etc... » (Dans Brussel, *op. cit.*, p. 852.)

(2) Au XII⁰ siècle l'auteur de *Gérart de Roussillon* fait dire à son héros :

« Challe ly Chauf, entend : mais te tiennent pour sage,
« Partie tiens de toy de mon grand héritage,
« Et d'aluef en tiens je la très plus grand partie
« De tout mon tenement et de ma seigneurie. »

(Cité par La Curne de Sainte-Palaye, *op. cit.*, t. I, p. 345.)

(3) Guizot, *op. cit.*, p. 163-164.

traitement que les fiefs et les censives ; et c'est dans les ordonnances des rois de France qu'on peut saisir les premières traces de cette tendance. Jusqu'alors tout le monde avait été libre d'acquérir des alleux, et spécialement il n'existait pour les personnes morales ou pour les roturiers aucune entrave, comme il en existait pour les fiefs. De même, tout alleutier était libre de disposer de son alleu comme il l'entendait ; il pouvait en faire tout ce qu'il voulait. Mais sur ces deux points, l'invention des droits d'amortissement et de franc-fief, qui furent appliqués aux alleux comme aux tenures féodales, et l'apparition de la célèbre distinction des alleux nobles et roturiers vinrent au XIV° siècle modifier l'état de choses antérieur. En outre, une interprétation habile, mais abusive, de la règle « Nulle terre sans seigneur » amena en certains pays, et tenta d'amener partout la suppression de l'allodialité. — Nous allons examiner successivement ces trois formes nouvelles de l'influence du régime féodal sur le régime des alleux.

§ I. — Les droits d'amortissement et de franc-fief.

15. APPLICATION DU DROIT D'AMORTISSEMENT AUX ALLEUX. — On appelle droit d'amortissement ou taxe de mainmorte, le prix de la permission donnée à des personnes morales, et notamment à l'Église, aux monastères et aux communautés d'habitants, de devenir propriétaires d'immeubles. La taxe de franc-fief est de même le prix de la permission donnée aux roturiers d'acquérir des terres nobles. — Ces *permissions* impliquent des prohibitions dont elles dispensent. Pour quels motifs et comment ces prohibitions s'étaient-elles introduites ? C'est ce qu'il importe de rechercher avant tout.

L'origine du droit d'*amortissement* est la plus facile à saisir. On sait en effet qu'à l'occasion des transmissions entre vifs ou à cause de mort des fiefs et des censives, les seigneurs féodaux ou censiers percevaient des droits de mutation assez élevés. Les seigneurs, trouvant dans ces droits une source de revenus importants, avaient tout intérêt à voir les propriétés concédées en fief ou en censive par leurs prédécesseurs ou par eux-mêmes, devenir l'objet de nombreuses mutations. Or, les églises, les abbayes, les hôpitaux, les collèges, les communautés d'habitants, les corporations d'artisans ou de marchands, etc..., en devenant propriétaires, arrêtaient la circulation : ces personnes morales vendaient rarement, et elles ne mouraient pas. Le mouvement de transmission entre vifs et par décès se trouvait donc supprimé, et avec lui la source des profits seigneuriaux (1). Les seigneurs avisèrent : au xiie siècle, ils contraignirent les églises et les communautés à vendre dans l'an et jour, avant l'accomplissement de la saisine, le fief ou la censive qu'elles avaient acquis ; et si elles ne se dessaisissaient pas dans ce délai, ils les dépossédaient de force (2). Au xiiie siècle, les exemples abondent. En 1261, l'évêque de Poitiers se plaint déjà de cette façon d'agir (3). En 1272, l'auteur des *Établissements de saint Louis*, et en 1283 Beaumanoir, reconnaissent nettement aux seigneurs le droit en question (4).

Les églises se virent dès lors obligées de traiter avec les seigneurs féodaux immédiats, pour éviter la confiscation et conserver la possession paisible des immeubles qu'elles avaient

(1) Cfr. De Laurière, *Préface* du tome Ier des *Ordonn. des rois de France*, n° 65 ; — Hervé, *ibid.*, p. 425 et suiv.; — Vuitry, *op. cit.*, t. I, p. 282 et suiv.

(2) Cfr. Laferrière, *Essai, op. cit.*, t. I, p. 120-121.

(3) Cfr. Boutaric, *Saint Louis et Alphonse de Poitiers*, Paris, Plon, 1870, in-8, p. 436 et suiv.

(4) *Établiss. de saint Louis*, I, 129 : « *De don à religion amortir.* — Se aucuns hom donoit à aucune abaïe ou à aucune religion une piece de terre, li sires en qui fié ce seroit si ne lor souferroit pas à tenir, se il ne voloit; ainz le porroit bien prandre en sa main. Mais cil à qui l'aumone avra esté donée, si doit venir au seignor, et li doit dire en tel maniere : « Sire, ce nos a esté doné en aumone; se il vos plaist, nos le tondrons; et se il ne vos plaist, nos l'osterons de nostre main, se vos volez, dedanz le terme avenant; » si lor doit li sires esgarder qu'il le doivent oster, dedanz l'an et le jor, de lor main. Et si il ne l'ostoient dedanz l'an et le jor de lor main, il le porroit prandre à son domaine ; et si ne lor en respondroit jà par droit. » (Edit. Viollet, t. II, p. 244-246.) — Cfr. Beaumanoir, XLV, 20 : « ... excepté les églises; car porce qu'il tiennent en main morte, il poent estre contraint d'oster les héritages de lor main, qui lor viennent d'autrui, par quelque cause il lor viengnent dedens an et jor. » (Edit. Beugnot, t. II, p. 227.)

acquis à titre gratuit ou onéreux ; mais les seigneurs n'accordaient en général cet « amortissement » que moyennant une finance plus ou moins proportionnée à la perte qu'ils faisaient (1). De plus, ajoute Laurière, « comme ces sortes de grâces étaient des diminutions, ou pour parler comme nos anciens praticiens, des *abrègemens de fiefs*, les *seigneurs médiats* s'en plaignirent, et prétendirent que ces *abrègemens* ou ces diminutions n'avoient pu estre faites à leur préjudice. Ils mirent donc en leurs mains les héritages que les églises avoient acquis *nouvellement*, et pour lesquels elles avoient traité avec les *seigneurs immédiats*, et ils ne les leur rendirent qu'à condition qu'elles s'en défairoient dans l'an et le jour. En sorte qu'elles furent contraintes de financer pour une seconde fois au profit de ces seigneurs, et ainsi de *seigneurs en seigneurs jusques au Roy, en remontant de degré en degré* (2). Et par là elles furent presque dans l'impossibilité d'*acquérir* ou pour mieux dire de *conserver* des *fonds*, parce qu'au moyen de toutes ces finances, elles les payoient infiniment plus qu'ils ne valoient (3). » — C'est alors que le roi intervint pour régler la situation. En 1275, Philippe le Hardi décida : 1° que tous les gens d'Église qui produiraient des lettres d'amortissement de trois seigneurs suzerains (sans compter l'aliénateur) ne seraient plus inquiétés ; — 2° que pour les acquisitions faites, dans les vingt-neuf dernières années, dans les fiefs ou arrière-fiefs du roi sans son consentement, les églises payeraient l'estimation des fruits de *deux* ou *trois* ans, suivant que l'acquisition aurait eu lieu à titre gratuit ou onéreux (4). Jusqu'ici

---

(1) De Laurière, *ibid.*, n° 67 ; — Hervé, *ibid.*, p. 464. — Il y avait parfois de honteux marchandages. (Boutaric, *ibid.*)

(2) Cfr. les *Anc. Cout. de Bourges* (rédigées vers 1300), ch. XXIX : « L'en garde par la coustume que se ung seigneur de fief amortist aulcuns acquests que personne previlegié ait faits, les Franchis viendront en la main du chief-seigneur, en tel estat comme ils estoient en la main du seigneur de fief, ou ils fineront à luy. » (Dans La Thaumassière, *Cout. locales, op. cit.*, p. 263.)

(3) De Laurière, *ibid.*, n° 68. — Laurière est l'auteur d'une dissertation spéciale sur *l'orig. du droit d'amortissement* (Paris, 1792, in-12).

(4) *Ordonn. de 1275*, au parlem. de la Toussaint ou de Noël, § 2, 3 et 4

pas de difficulté ; il s'agit de fiefs et de censives qui tombent en mainmorte ; le droit d'amortissement s'explique de lui-même, et nous n'avons pas à nous en occuper autrement (1).

Mais l'ordonnance ajoute : « Si les églises ont fait des acqui-sitions en *alleux* dans les terres, fiefs ou arrière-fiefs du roi, nous voulons que pour les acquisitions faites à titre d'aumône ou de donation, elles nous payent l'estimation des fruits d'une année ; que pour les acquisitions faites à titre non gratuit, elles payent l'estimation des fruits de deux ans, si elles aiment mieux conserver les choses ainsi acquises que de les mettre hors de leurs mains (2). » Ceci devient plus difficile à comprendre. En effet, comment se fait-il que Philippe le Hardi soumette les alleux à la taxe de mainmorte, alors que pour eux il n'y avait pas à payer de droits de mutation, et qu'il ne pouvait être question par conséquent d'« abrègement » et d'amortissement ? Si l'on veut absolument chercher à cette extension singulière de la taxe de mainmorte une raison ou tout au moins un pré-texte, voici ce qu'on peut faire observer : — Les alleux, dont il s'agit dans l'espèce, étaient situés dans le domaine royal, et se trouvaient soumis par suite à la haute justice du roi. C'était donc au roi qu'appartenaient les droits de justice, et notam-ment le droit de *confiscation* et le droit de *déshérence*. Une fois l'Église devenue propriétaire, ces droits, ou tout au moins le dernier, étaient entièrement perdus : il y avait de ce chef une espèce d'*abrègement* de l'alleu, qui pouvait dans une certaine mesure donner ouverture à un droit d'amortissement (3). Seule-ment comme cet « abrègement » était évidemment moindre que l'abrègement des tenures seigneuriales amorties, la taxe de mainmorte devait être et était en effet toujours moins forte

(dans les *Ordonn. des rois de France*, t. I, p. 303-304 ; ou dans Isambert, *op. cit.*, t. II, p. 658-659.) — C'est la première ordonnance royale con-nue qui soit relative à l'amortissement.

(1) Cfr. Vuitry, *ibid.*, p. 288 et suiv.

(2) *Ibid.*, § 5 : « Quod si ecclesie acquisiverint in *allodiis*, in terris, feodis et retrofeodis nostris, volumus quod in eleemosynatis, vel dona-tis, fructuum unius anni nobis prestetur estimatio. In acquisitis non gratuito titulo fructuum duorum annorum nobis estimatio persolvatur, si res taliter acquisitas retinere maluerint quam ponere extra manum. »

(3) Cfr. Boucheul, *op. cit.*, art. 52, n° 56.

pour un alleu que pour un fief ou une censive. — Cette explication, nous l'avouons, est fort subtile (1) ; mais la fiscalité royale était certes assez ingénieuse pour découvrir dans le régime des alleux quel était le point vulnérable : reste à savoir si elle fut assez scrupuleuse pour le chercher.

16. SUITE ; ORDONNANCES ROYALES DU XIV° SIÈCLE RELATIVES A L'AMORTISSEMENT DES ALLEUX. — Quoi qu'il en soit, une fois lancée dans cette voie, la fiscalité y marcha très rapidement ; à chaque ordonnance nouvelle, on constate un « progrès ». — En 1291, Philippe le Bel confirma l'ordonnance de son père pour toute acquisition faite par l'Église, de 1245 à 1275, dans es terres, fiefs et arrière-fiefs du roi, et même dans ses *alleux*, ce que ne disait pas l'ordonnance de 1275, et ce qui est juridiquement inexplicable (2). Quant aux acquisitions faites postérieurement à 1275, dans les alleux situés sur les terres, fiefs ou arrière-fiefs du roi, le droit d'amortissement est doublé ; il est fixé à l'estimation des fruits de deux ou quatre ans, suivant que l'acquisition est à titre gratuit ou onéreux (3). Il faut croire que les églises résistèrent quelque peu ; car dans une déclaration sans date, imprimée par Laurière en note de l'ordonnance de 1275, mais que Brussel a démontré (4) être un peu

---

(1) On peut l'appuyer sur ce fait que, dans certaines localités, pour indemniser le seigneur haut justicier de la perte du droit de confiscation, au cas où des terres situées dans son ressort tombaient en mainmorte, on lui fournissait un homme *vivant et confisquant* (cfr. D'Espinay, *op. cit.*, p. 301, etc.)

(2) *Ordonn. de* 1291, § 2 : « Rursus pro rebus et possessionibus aliis quas acquisierunt Ecclesie in terris, feodis, retrofeodis, censivis, vel *allodiis* nostris, sine nostro, vel predecessorum nostrorum assensu a triginta annis citra, usque ad diem constitutionis super hoc edite per inclite recordationis Dominum genitorem nostrum Philippum Dei gratia Regem Francorum, financiam fieri et recipi volumus, secundim formam constitutionis prelibate. » (*Ordonn. des rois de Franc*, t. I, p. 323.)

(3) *Ibid.*, § 7 et 8 : « Quod si ecclesie acquisierint in *allodiis sitis* in terris, feodis, aut retrofeodis nostris titulo gratuito, estimationem fructuum duorum annorum solvent. — Quod si titulo non gratuito, quatuor annorum estimationem prestent. »

(4) Brussel, *op. cit.*, p. 671.

postérieure à celle de 1291, le roi se plaint de ce que certaines
églises prétendent avoir le droit d'acquérir des *alleux* sans être
sujettes à en payer finance, et décide « qu'un tel usage devant
être réputé un abus, les églises dont il s'agit payeront finance
pour les alleux comme pour les fiefs et arrière-fiefs, selon le
mode prescrit par l'ordonnance, et ce, nonobstant l'usage contraire (1) ».

Quelquefois cependant Philippe le Bel se montra plus facile.
Ainsi en 1303 et 1304, il exempta du droit d'amortissement les
églises du diocèse d'Amiens (2), le clergé de Narbonne (3), le
diocèse de Reims (4), et l'abbaye d'Eschaalis (5). Ce n'étaient là
que des privilèges particuliers. En 1316, sur la réclamation
des nobles du Languedoc, Louis X leur reconnut « par grâce
spéciale » le droit de concéder en *pure aumône* aux églises, et
sans qu'elles fussent forcées de financer, tout immeuble,
fief ou alleu, qui serait situé dans leurs justices (6).

(1) *Déclar. royale*, § 7. « De *allodiis* autem, quæ ab ecclesiis quibusdam
absque prestatione financie consueverunt, ut dicebatur, acquiri, quia
usus seu consuetudo hujusmodi potius est censendus abusus, de
ipsis *allodiis*, sicut de feodis, retrofeodis, financiam secundum modum
in ordinatione tradita, usu non obstante predicto, persolvant. » (*Ord.
des rois de France*, t. I, p. 305 ; — Brussel, *op. cit.*, p. 668.)

(2) *Lettres d'août* 1303 : «... Duximus concedendum, quod omnes con-
questus per eos in feodis, et retrofeodis, censivis, et *allodiis* nostris
factos quibuscumque temporibus retroactis, usque ad diem date presentium literarum, tenere et pacifice perpetuo possidere valeant, absque coactione vendendi, vel extra manum suam ponendi, aut prestandi
financiam pro eisdem sibi per nos, vel successores nostros in posterum faciendi, etc... » (*Ord. des rois de France*, t. I, p. 382.)

(3) *Ord. de fév.* 1303, § 5, *ibid.*, p. 403.

(4) *Lettres de mai* 1304, § 2 : « Item. Quod omnia conquesta, a tempore
retroacto usque ad tempus concessionis præsentis in feodis, retrofeodis,
censivis et retrocensivis, et *allodiis* nostris aut subditorum nostrorum, tenere possint perpetuo, absque coactione vendendi, vel extra manum ponendi aut financias præstandi nobis pro eisdem. » (*Ibid.*, p. 407.)

(5) *Lettres de juin* 1304, confirmées en mai 1366, § 1, (*sicut supra*). (*Ibid.*,
t. IV, p. 344.) — Il y a seulement après *subditorum nostrorum* ces mots :
« in quantum ad nos spectat. »

(6) *Lettres de janv.* 1316 (v. st.) : «... Eisdem nobilibus de gracia concedimus speciali, quod ipsi et eorum successores altam et bassam
justitiam habentes, de cetero de bonis suis immobilibus quibuscum-

Mais les mesures de rigueur ne tardèrent pas à reprendre. En 1320, Philippe le Long confirme pour les alleux l'ordonnance de 1291 (1) ; puis viennent deux ordonnances de Charles le Bel de 1324 et 1326, qui sont fort dissemblables. La première est écrasante pour les églises, qui désormais devront payer, pour les alleux acquis dans les terres royales, six ou huit ans de revenus, suivant que le titre d'acquisition est gratuit ou onéreux (2). Cette ordonnance souleva des plaintes très vives ; on la trouva à bon droit « trop pesante et trop âpre » (3), et Charles le Bel fut obligé d'abaisser la taxe. Son ordonnance de 1326 la fixe d'une façon générale à deux ou trois ans de revenus, suivant la nature du titre d'acquisition, sans autre distinction (4). Mais en 1328, Philippe de Valois rétablit les anciennes catégories, et de plus, modifia en cas d'acquisition à titre gratuit la taxe imposée aux alleux. Jusque-là elle avait été plus faible qu'en cas d'acquisition à titre onéreux. A partir de 1328, elle devient plus forte : Philippe VI la fixe à quatre années de revenus (5). Pour les acquisitions à titre onéreux, le chiffre de trois ans est maintenu (6).

La modération relative des ordonnances de 1326 et 1328 était trop contraire aux tendances de la législation en matière de mainmorte pour persister longtemps. Afin d'empêcher l'accroissement des propriétés de mainmorte qui prenaient un développement chaque jour plus considérable, les rois élèvent de plus en plus le droit d'amortissement, et en arrivent même à ne plus vouloir l'accepter, et à prohiber ainsi certaines ac-

que tam feudalibus quam aliis in suis jurisdictionibus consistentibus, dare et in Ecclesias transferre possint, in puram, veram et perpetuam elemosynam, etc... » (*Ibid.*, t. I, p. 617.)

(1) *Ord. de* 1320, § 5, *ibid.*, p. 746.

(2) *Ord. de* 1324, § 5 et 6 ; *ibid.*, p. 786-787.

(3) Cfr. le préamb. de l'*Ord. du* 18 juin 1328, *infra cit.*

(4) *Ord. de* 1326 ; *ibid.*, t. I, p. 797-798.

(5) *Trois ans* en Langued'oïl (cfr. *ibid.*, t. II, p. 15, en note, § 5).

(6) *Ord. du* 18 juin 1328, § 5 et 6 ; *ibid.*, t. II, p. 14. — Cette ordonnance est plus sévère en général que celle de 1326 ; cependant le roi déclare qu'il *modère* l'ordonnance de son père Charles ; il fait évidemment allusion à celle de 1324. — *Adde* une ordonnance confirmative du 23 novembre 1328. (*Ibid.*, p. 23-25.)

quisitions nouvelles de la part des gens d'Église. C'est ainsi
qu'en 1370, Charles V rendit sur la levée du droit d'amortissement dans la ville et viguerie de Béziers un édit qui défen-
dait à l'Église d'acquérir des alleux justiciers, et fixait pour
les autres la valeur de la taxe d'achat à huit années de revenus (1). C'est par exception que l'Église de Paris obtint en
1372, « en l'honneur de la Vierge, » d'être exemptée du droit
d'amortissement pour ses acquisitions déjà faites (2). — A partir de Charles VI surtout, les ordonnances se succèdent de
jour en jour plus rigoureuses. En 1386, ordre est donné aux
gens d'Église, de quelque condition qu'ils soient, de mettre
hors de leurs mains dans l'année toutes les acquisitions faites
à un titre quelconque, même dans les alleux (3). En 1394, en
1402, en 1408, etc. (4), d'autres ordonnances conçues dans le

---

(1) *Ord. de* 1370, § 2 : «... De acquisitis per dictas gentes (ecclesiasticas),
a dicto tempore in liberis *allodiis*, exigatis pro eisdem financiam,
videlicet valorem fructuum octo annorum, prout supra ; nisi *allodium*
fuerit *magnæ rei*, cum districtu et jurisdictione, cujus allodii alienationem in dictas gentes nolumus fieri, nisi processerit de nostra voluntate. » (*Ord. des rois de France*, t. V, p. 363.) — L'ordonnance de 1370
formule ici une distinction entre les alleux sur laquelle nous reviendrons en détail (*infra* n° 18).

(2) *Lettres de mars* 1372 : «... Concessimus et concedimus per presentes,
quod ipsi et successores eorum, in feodis, retrofeodis, retrocensivis,
allodiis et justitia dicte Ecclesie et nostris, ac alibi in quibuscumque
regni nostri partibus acquisita, tam per emptionem quam per dona-
tionem, vel aliter quovismodo, temporibus retroactis, usque ad diem
confectionis presentium litterarum, ex nunc in perpetuum teneant,
habeant et possideant pacifice et quiete, etc... » (*Ibid.*, t. V, p. 598.)

(3) *Règlement du* 11 *février* 1385 (*v. st.*) : « C'est assavoir, que des choses
et possessions que les gens d'Église, de quelconque condicion qu'ils
soient, religieux ou autres, ont acquis en noz fiefz et censives, arrière-
fiefz, ou arrière-censives, en quelque degré, ou en *alleus*, soit par titre
de dons, de loys ou d'aumosnes, d'achapt ou d'eschange ou autres quelx-
conques ; par quelque manière ou condicion que ce soit, senz l'assentiment de nous ou de noz prédécesseurs, especialement depuis le temps
de quarante ans en çà, seront lesditz gens contraints, et leur sera
commandé de les mettre hors de leurs mains, senz fraude, dedens un
an, etc... » (*Ibid.*, t. VII, p. 143.)

(4) Cfr. *Ord. des rois de France*, t. VII, p. 616-617 ; — t. VIII, p. 546-547 ;
— t. IX, p. 320, § 12 ; — et Hervé, *op. cit.*, pp. 467-478.

même esprit, viennent prouver péromptoirement que la taxe
de mainmorte est définitivement appliquée aux alleux comme
aux fiefs et aux censives (1). — C'était une première atteinte à
la liberté de leur condition; l'application du droit de franc-fief
en fut une seconde.

17. APPLICATION DU DROIT DE FRANC-FIEF AUX ALLEUX. —
Le droit de franc-fief offre une grande similitude avec le droit
d'amortissement. Il en est souvent traité dans les mêmes ordonnances (2); et il s'est établi, on peut le dire, dans les mêmes
conditions (3). Jusqu'au xiii° siècle, aucune ordonnance n'avait
songé à interdire aux roturiers d'acheter des fiefs. Seulement,
comme la possession d'un fief entraînait l'obligation à certains
services (*ost, cour*), qu'un gentilhomme seul pouvait fournir, le
roturier possesseur d'un fief acquérait par contre-coup la noblesse (4). « Par ancienne coutume , disait Beaumanoir en
1283, les fiefs ne peuvent appartenir qu'à des gentilshommes (5). » Mais à l'époque des croisades, les seigneurs qui
avaient besoin d'argent pour aller en Terre-Sainte vendirent

(1) Au xviii° siècle, quand il s'agissait, pour fixer le droit d'amortissement, d'évaluer la valeur du fonds taxé, on estimait, à proportion des
loyers et fermages, l'alleu noble sur le pied du denier 28, et l'alleu
roturier sur le pied du denier 22. — Cfr. Henrion de Pansey, *Traité
des fiefs de Dumoulin analysé*, Paris, Valade, 1773, in-4, p. 409-410.

(2) Secousse l'avait déjà remarqué : « Les rois ont ordinairement
exigé cette finance des non-nobles, par les mêmes ordonnances par
lesquelles ils demandoient aux ecclésiastiques le droit d'amortissement;
et cette finance estoit plus ou moins forte, à proportion de celle qu'on
levoit sur les églises. » (*Ord. des rois de France*, t. II, préf. p. 8.)

(3) Vuitry, *ibid.*, p. 291.

(4) Cfr. Laurière, *Préface du tome I des Ord. des rois de France*, n° 80 :
« Il y avoit alors en France un droit fort singulier à l'égard des fiefs,
c'est qu'ils *communiquoient leur franchise* ou leur *noblesse* aux roturiers
qui les possédoient, et que les roturiers y faisoient leur demeure. » —
Loisel, *Instit. cout.*, I, 1, règle 9 : « Nobles étoient jadis, non seulement
les extraits de noble race, en mariage, ou qui avoient été anoblis par
lettres du roi, ou pourvus d'offices nobles, mais aussi ceux *qui tenoient
fiefs* et faisoient profession des armes. »

(5) Beaumanoir, xlviii, 7 : « Tout soit il ainsi que li fief doivent estre
as gentix homes par ancienne coutume et par *novel establissement*. »

à des roturiers un grand nombre de leurs fiefs, si bien qu'on put craindre un instant que la classe des gentils et la classe des hommes de poeste allaient se mêler. D'autre part, les roturiers peu désireux de fournir le service militaire s'en faisaient souvent exempter. Cette exemption constituait une nouvelle espèce d'*abrègement* de fief, le vassal ne devant plus qu'un service diminué, un *servitium minus competens*, comme disent les textes (1).

Pour parer à ce double inconvénient, on admit, à partir de saint Louis, que la noblesse ne serait plus acquise par l'acquéreur immédiat d'un fief, mais seulement par ses arrière-petits-fils, entre lesquels le fief se partagerait noblement : « A la tierce foi, le fief se départira gentilment, » dit vers 1272 l'auteur inconnu des *Établissements de saint Louis* (2). En outre une ordonnance du roi, rendue vers la même époque, défendit aux roturiers d'acheter des fiefs sans sa permission spéciale (3). Mais cette permission, le roi ne se gênait pas pour l'accorder moyennant finance, et bientôt les roturiers purent demeurer en possession des fiefs qu'ils acquéraient, en payant une taxe spéciale qui prit le nom de *franc-fief*, et dont la perception fut régularisée par Philippe le Hardi, dans cette même ordonnance de 1275, qui réglementait la taxe de main-morte (4). — Cette ordonnance de 1275 n'imposait le franc-fief qu'aux fiefs ; et cela était logique. Car l'abrègement qui servait de motif à la taxe n'existait que pour eux ; et de plus à cette date encore, ils étaient seuls considérés comme terres *nobles*. Les censives et leurs analogues étaient des villenages, c'est-à-dire

(1) Cfr. *Ord. de* 1275, art. 7; etc... *Adde* Vuitry, *ibid.*, p. 291-293.

(2) *Établiss. de saint Louis*, I, 147 (édit. Viollet): « Et tout ainsi se departira touz jorz mais, jusqu'à la tierce foi; et d'ileques en avant, si avra li ainznez les II parz; et se departira gentilment touz jorz mais. »

(3) Beaumanoir, *ibid.*, 1: « Selonc *l'establissement le roi*, li home de poeste ne poent ne ne doivent tenir fief, n'en riens acroistre en fief; » — Loisel, *loc. cit.*, règle 10 : « A raison de quoi il n'étoit point permis aux roturiers de tenir fief, sans congé et permission du prince. »

(4) La taxe était fixée à la valeur des revenus du fief pendant deux ans (art. 7 de l'ord. de 1275). Faute de la payer, les non-nobles acquéreurs de fiefs, devaient vider leurs mains.

des terres *roturières* ; et les alleux, se trouvant en dehors de la hiérarchie féodale, se trouvaient par suite en dehors de la classification des terres en nobles et roturières, classification qui n'est en somme qu'une des conséquences du régime féodal. En d'autres termes, les alleux n'étaient ni nobles ni roturiers (1), et par conséquent Philippe le Hardi n'avait pas à s'en occuper. Imposer une pareille taxe aux roturiers acquéreurs d'alleux, c'eût été porter atteinte à tous les principes.

Mais si nous consultons maintenant les ordonnances suivantes, il n'en est plus de même, et nous pouvons y saisir le germe d'une importante distinction. — Dès 1304 (*n. st.*) le roi Philippe le Bel, en récompense de services rendus, accorde aux habitants de Béziers, entre autres privilèges, le droit d'acquérir à un titre quelconque, onéreux ou gratuit, jusqu'à 100 livres tournois de rente dans les censives et les alleux, et de posséder paisiblement leurs acquêts, sans être forcés de vendre, de vider leurs mains, ou de payer une finance quelconque ; mais le texte dit formellement : *Possint acquirere sine justitia*, c'est-à-dire, selon la traduction de Secousse, « pourvu qu'il n'y ait pas de justice attachée à ces héritages » (2). Le roi fait donc une distinction entre les alleux simples et les alleux justiciers. Les premiers peuvent être acquis, les autres ne le peuvent pas. La distinction toutefois n'est pas encore nette. Mais le langage des ordonnances ne tarde pas à devenir plus précis.

En 1315, en effet, dans une ordonnance relative au Languedoc, Louis X déclare formellement qu'aucune finance n'est due pour l'aliénation (à titre d'emphytéose, d'acapte ou autre) d'un

---

(1) L'idée ressort nettement des termes très exacts qu'emploie l'art. 40 de la Coutume de Reims : « Tous biens immeubles... sont tenus, ou noblement en fief, ou roturièrement en censive, ou en franc-alleu. » (Dans B. de Richebourg, *Coutumier général*, 1724, in-fol., t. II, p. 495.) — La même idée est développée par Hervé, *ibid.*, p. 145 à 154.

(2) *Lettres de Philippe le Bel*, fév. 1303 (*a. st.*) : « Concessimus et concedimus.. centum libras annui et perpetui redditus ad turonensem, in censivis et *allodiis*, titulo quovis licito, possint acquirere sine justitia; etc... » Confirmées dans les mêmes termes en mars 1369 (*a. st.*) par Louis, frère du roi, et son lieut. général en Languedoc; et en juin 1370, par Charles V. (*Ord. des rois de France*, t. V, p. 303.)

alleu libre, à moins toutefois qu'il ne s'agisse d'un alleu de grande valeur (*allodium magnæ rei*) « avec juridiction et détroit; » dans ce dernier cas, le roi prohibe toute aliénation d'un noble à un non-noble sans sa permission spéciale (1). Il résulte évidemment des termes de l'article que quand le roi donnera la permission à un non-noble d'acquérir un alleu *magnæ rei*, le non-noble devra financer.

18. SUITE; PREMIÈRES TRACES DE LA DISTINCTION DES ALLEUX EN NOBLES ET ROTURIERS. — Il importe d'insister sur la distinction qui est faite ici par Louis X, distinction qui devient fréquente par la suite (2). — On voit que l'acquisition par des roturiers de certains alleux ne donnent lieu à aucune taxe; ces alleux sont donc traités comme les censives, c'est-à-dire comme des terres *roturières*. L'acquisition des autres donnent lieu à un droit identique au droit de franc-fief; ces derniers alleux (*magnæ rei*) sont donc traités comme des fiefs, c'est-à-dire comme des terres *nobles*. Nous voilà en présence d'une nouvelle distinction, la fameuse distinction des *alleux nobles* et des *alleux roturiers*. — Ces mots de « nobles » et de « roturiers », appliqués ainsi aux alleux sont assurément étranges; mais désormais ils ne sont plus prématurés ; car en 1354, le roi Jean le Bon parle « de lieux *nobles* tenus en alleu » (3);

---

(1) *Ord. de* 1315, § 4 : « De allodiis liberis in emphitheosim vel acapitum datis, seu alias translatis, non dabitur financia, dum tamen non sit *allodium magne rei*, cum jurisdictione et districtu, cujus alienationem de nobili in innobilem fieri nolumus, nisi de nostra licentia aut gratia speciali. » (Dans les *Ord. des rois de France*, t. I, p. 554; — et dans Isambert, *op. cit.*, t. III, p. 54.) — Confirm. en déc. 1446. (*Ord. des rois de France*, t. XIII, p. 486); et en 1463 (*ibid.*, t. XVI, p. 104.).

(2) Elle se retrouve notamment dans l'ordon. de Charles V, relative à la perception du droit d'amortissement dans la viguerie de Béziers (1370) : « ... Nisi fuerit allodium *magne rei*, cum districtu et jurisdictione, cujus allodii alienationem in dictas gentes nolumus fieri, nisi processerit de nostra voluntate » (*Ord. des rois de France*, t. V, p. 363.) — *Adde Lettres* de Louis, lieut. général en Languedoc, avril 1370, juillet 1370, 15 nov. 1370, § 13, etc... (*Ibid.*, t. V, p. 284; t. VI, p. 403; t. V, p. 364.)

(3) *Lettres* de Jean le Bon, juin 1354 : « ... ad loca *nobilia* et insignia quæ in *allodium* tenentur... » (*Ibid.*, t. II, p. 556.)

en 1368 (*n. st.*), le frère du roi, Louis, duc d'Anjou, et lieutenant général en Languedoc, mentionne des « terres *non-*
nobles qui sont allodiales » et pour l'acquisition desquelles
aucune finance n'est due (1). Il y a donc bien dès le xiv° siècle
deux espèces d'alleux : des nobles et des roturiers.

Ces derniers étaient en principe exempts du franc-fief ; mais
les autres, en vertu des ordonnances royales, devaient y être
soumis (2). Cette exigence du roi ne laissa ipas de provoquer
certaines résistances, d'autant mieux que souvent les commissaires chargés de la perception ne craignaient pas de dépasser
les limites de leur compétence. De là des plaintes et des ordonnances pour réprimer les abus. Ainsi des habitants de la sénéchaussée de Carcassonne s'étant plaints que les commissaires
des francs-fiefs avaient taxé des alleux « acquis de toute antiquité, et pour lesquels aucune redevance et aucun service
n'étaient dus », Philippe de Valois, le 26 septembre 1328,
enjoignit à ses commissaires d'observer plus exactement ses
ordonnances et celles de ses prédécesseurs, de ne pas percevoir
de finances en dehors des cas prescrits, d'écouter les raisons
des plaignants, et de leur faire droit, le cas échéant (3). — En

(1) *Lettres* de Louis, duc d'Anjou, 16 fév. 1367 (*a. st.*) : «... pro nonnullis *innobilibus* per ipsos innobiles a nobilibus acquisitis, pro quibus
cum sint *allodiales*, etc... » (*Ord. des rois de France*, t. V, p. 99). — Voir
la suite du texte à la page suivante, note 2.

(2) A quel chiffre était fixée la taxe des alleux nobles acquis par des
roturiers ? Une ordonnance de 1384, renouvelée en 1408, distingue : 1° pour
les acquisitions faites dans les alleux du roi, les roturiers doivent
donner les revenus de deux ans ; 2° pour celles qui sont faites dans
les alleux des nobles, ils doivent payer de même deux années de
revenus, sur le pied de X livres par G francs, s'il y a des deniers
d'entrée ; ils ne doivent rien, s'il n'y a pas de deniers d'entrée. — (*Ord.*
de 1384, § 2, 5 et 6 ; et de 1408, § 2, 5, 6 et 7 ; dans les *Ord. des rois de*
France, t. IX, p. 692 et 319.)

(3) *Ordonn. du 25 sept.* 1328 : «... Vos conquerentes eosdem ad faciendum vobiscum financiam de ipsis rebus consonam super *allodiis* præ-
dictis imponendam compellitis minus juste, cum res et possessiones
prædictæ ad aliqua servitia non teneantur, ut dicunt... Quocirca vobis
præcipiendo mandamus sicut alias mandasse dicimur, quatenus ordi-
nationes nostras et prædecessorum nostrorum super hujusmodi finan-
ciis observantes, ad faciendum financiam vobiscum, seu solvendum

revanche, en 1358, Jean, comte de Poitiers, fils du roi, et son
lieutenant en Languedoc, se plaint qu'il existe dans la sénéchaussée de Toulouse un grand nombre de roturiers, de gens
d'Église et de personnes morales, qui n'ont jamais rien payé
pour certaines acquisitions faites en flef, censive, ou alleu, à
l'occasion desquelles « des finances diverses étaient dues au roi
son père. » En conséquence, il ordonne à Jordan Morand, qu'il
nomme commissaire des francs-flefs, de lever désormais les
taxes conformément aux ordonnances (1). — En 1368, à Cau-
visson (diocèse de Nîmes), les commissaires se montrent comme
en 1328 trop zélés, et taxent même les alleux *roturiers*; le lieutenant du roi en Languedoc, Louis, duc d'Anjou, est obligé de
leur rappeler que pour les terres roturières, allodiales, et ne
relevant du roi ni en flef ni en arrière-flef, aucune finance
n'est due (2). — En 1404, des réclamations analogues contre
les commissaires des francs-flefs se produisent de la part des
habitants de Lauran, dans la sénéchaussée de Carcassonne.
Charles VI fait droit à leur « humble supplication », par des
lettres en date du 23 juillet, où se trouve de la *tenure en pur et
franc-alleu* une définition prolixe, mais qui, en raison de son
caractère officiel, est assez intéressante à consulter (3). — Cinq

pro, seu de rebus quæ de *franco allodio*... etc... » (*Ordonn. des rois de
France*, t. II, p. 22.)

(1) *Commis. donnée à Jordanus Morandus, le 17 déc. 1358* : « Fide di-
gnorum relatione didicimus, quod in senescallià Tholose et ejus res-
sorto, plures sunt per plebes populares innobiles, universitates et
ecclesiasticas personas, possessiones et redditus acquisiti in nobilibus
feudis et retrofeudis, censivis et retrocensivis, et *allodialibus*, et aliis,
de quibus plures et diverse debentur financie dicto domino genitori
nostro, que nundum levate sunt et exacte, etc. » (*Ordonn. des rois de
France*, t. V, p. 125.)

(2) *Lettres de Louis, duc d'Anjou, 16 fév. 1367* : « Nobis significatum
extitit graviter conquærendo, quod licet præfati conquærentes, pro
nonnullis innobilibus per ipsos innobiles a nobilibus acquisitis, pro
quibus, cum sint *allodiales*, nec in feudum seu retrofeudum a dicto
Domino nostro rege teneantur, aliqualis financia... minime debeatur. »
(*Ordonn. des rois de France*, t. V, p. 99.)

(3) *Lettres de Charles VI, 23 juillet 1404* : « Habuerint et tenuerint in
puro et *franco allodio* plures terras, possessiones, hereditagia, prædia,
feuda et allodia... francas et liberas, franca et libera, absque aliquali

ans après, c'est de nouveau au⸱ ⸱ur du roi de se plaindre : bien des non-nobles ne paient ⸱⸱⸱ la finance due pour leurs acquisitions en *franc-alleu;* c'est un abus que devront corriger avec plusieurs autres des réformateurs généraux que Charles VI nomme à cet effet (1).

Les roturiers, toutefois, n'étaient pas toujours forcés de payer le droit de franc-fief, même dans les cas prescrits ; ils pouvaient en effet en obtenir l'exemption pour les fiefs et les arrière-fiefs qu'ils venaient à acquérir ; mais dans les lettres de concession, le roi excepte toujours de l'exemption les alleux de grande valeur, les alleux *magnæ rei seu valoris.* C'est avec cette restriction que l'exemption de franc-fief fut concédée en 1370 aux habitants de Caussade (2), et de Lauserte (3). La même année, Charles V, dans un règlement pour la levée des

servitute, et absque eo quod pro ipsis seu aliquo corundem, teneantur aut consueverint facere nobis nec alicui alteri fidem seu homagium recognitionem, nec præstare sacramentum fidelitatis, nec solvere aliquem censum seu aliam servitutem, saltem quod appareat, etc... » (*Ordonn. des rois de France*, t. IX, p. 21.)

(1) *Lettres de Charles VI du* 20 oct. 1409 : « § 12. Sont plusieurs personnes non nobles et d'Église, religieux et autres, qui depuis quarante ans en çà ont fait plusieurs acquêts en nos dits royaume et Dauphiné, des fiefs nobles, arrière-fiefs, *francs aleurs,* justices et seigneuries hautes moyennes et basses, et autres rentes, revenues et possessions, etc. » (*Ibid.* p. 472.)

(2) *Lettres de Louis, duc d'Anjou, et de Charles V*, Paris, avril 1370, après Pâques : « Concessimus et concedimus per præsentes, quod ipsi et quilibet ipsorum de cetero, licet innobilis existat, a nobilibus personis feuda nobilia, census, redditus, usatica aut alia quecumque sub feudo vel retrofeudo regiis, vel aliis, nisi sint feuda vel retrofeuda regia, que sub feudo cavalorum teneantur, aut *allodia magnæ rei seu valoris,* cum *dominiis* et jurisdictionibus, totiens quot iens voluerint acquirere possunt et valeant libere et impune, etc... » (*Ordonn. des rois de France*, t. V, p. 284.)

(3) *Lettres de Louis, duc d'Anjou,* du 31 *juillet* 1370, confirmées pour vingt ans par *lettres de Charles V*, du 2 juillet 1379 : « Concessimus et concedimus per præsentes, quod quecumque persona innobilis habitatrix de Lauserta, honoris et pertinenciarum ejusdem, possit et valeat emere et aquirere res, bona, possessiones et hereditates quascumque, exceptis homagio, fortaliciis, et *allodiis magno rei,* à quibuscumque nobilibus, etc... (*Ibid.*, t. VI, p. 403.)

droits de franc-fief dans la ville et viguerie de Béziers, excepté de même « les alleux notables et de grande valeur, avec juridiction, domaine féodal, et détroit, espèce d'alleux dont il prohibe l'aliénation de noble à non-noble, sans sa permission ou volonté (1) ».

Il est inutile d'aller plus loin. Les ordonnances relatives au franc-fief sont encore nombreuses (2); mais celles que nous venons de passer en revue nous montrent qu'à partir du XIVᵉ siècle, les rois de France font avec soin une distinction entre les alleux nobles et les alleux roturiers, au moins pour les pays du *Midi* auxquels se rapportent les ordonnances en question. Mais la distinction avait aussi pénétré dans le *Centre* et le *Nord* de la France; car les Coutumes de Paris, d'Orléans, de Vitry, et de Troyes la mentionnent expressément (3). — Par exception, les bourgeois de Paris obtinrent, en 1371, une exemption générale du droit de franc-fief, sur laquelle nous aurons à revenir (*infrà* nº 19). Nous ferons observer seulement ici que tous les alleux des bourgeois de Paris se retrouvaient par là soumis au même régime.

§ II. — Les alleux nobles et les alleux roturiers.

19. DÉFINITION ET ORIGINE DES ALLEUX NOBLES ET DES ALLEUX ROTURIERS. — Nous venons de constater une distinction faite dès le début du XIVᵉ siècle entre les alleux. Il faut maintenant rechercher, d'abord en quoi cette distinction consistait au juste, et ensuite comment et pourquoi elle s'est introduite.

---

(1) *Ordonn. du* 15 *nov.* 1370 : « § 13. *Item.* De *allodio* libere acquisito et acquirendo per innobilem, supersedeatis de exigendo financiam donec aliud fuerit per nos super hoc ordinatum; nisi *allodium* fuerit notable et magne rei, cum *jurisdictione, feodo,* et *districtu*; cujusmodi *allodii* alienationem de nobili in non nobilem fieri nolumus, nisi de nostra processerit gracia aut voluntate. » (*Ibid,* t. V, p. 364.)

(2) V. la liste dans Brillon, *Dict. des arrêts,* nouv. éd., Paris, 1727, in-f°, t. III, pp. 418-420.

(3) Paris, *Anc. Cout.,* art. 46; *Nouv.,* art. 68; Orléans, *Nouv. Cout.,* 255; Vitry, 19 et 20; Troyes, 52 et 53. — Ferrière, *op. cit.,* col. 1000, nº 5, ajoute que l'art. 68 de la Cout. de Paris « est de droit commun » en France ». Cfr. *infrà* nº 38.

La question de savoir quels alleux sont nobles et quels alleux sont roturiers n'offre au xvi⁰ siècle aucune difficulté ; car plusieurs Coutumes en donnent des définitions explicites, et à peu près concordantes. Pour les Coutumes de Troyes (art. 52, 53) et de Vitry (art. 19, 20), le franc-alleu est noble « quand il y a seigneurie et haute justice » ; le franc-alleu roturier est « terre sans justice ». Les Coutumes de Paris (art. 68) et d'Orléans (art. 255) traitent comme nobles les alleux « auxquels y a justice, censive ou fief mouvant d'eux. » Donc, avant tout, les alleux que nous avons appelés *alleux justiciers* (*suprà n⁰ 9*), sont des alleux *nobles*. Mais en outre certains alleux non justiciers peuvent être *nobles*, au moins dans quelques provinces, s'il existe des fiefs ou des censives mouvant de ces alleux. — En était-il de même au xiv⁰ siècle, à l'époque où la distinction apparaît pour la première fois? A-t-on admis dès l'origine la noblesse de l'alleu dans les deux cas prévus par les Coutumes précitées? A consulter les ordonnances de l'époque, il semble qu'on ait commencé à regarder comme nobles les alleux *justiciers*. Ce sont les seuls dont le roi s'occupe d'abord; car l'ordonnance de 1303 vise formellement les alleux *sine justitiâ*, et celle de 1315 définit ce qu'elle entend par *allodium magnæ rei* en ajoutant : *cum jurisdictione et districtu* (1). Mais en 1370, on voit apparaître à la fois la formule des Coutumes de Vitry et de Troyes, et la formule des Coutumes de Paris et d'Orléans. Une ordonnance datée du mois d'avril porte en effet ces mots : *allodia magnæ rei seu valoris cum dominiis et jurisdictionibus*; c'est la formule de Troyes. Une autre, datée du 15 novembre, porte : *allodium notabile et magnæ rei, cum jurisdictione, feodo, et districtu*; c'est presque la formule de Paris (2). On peut donc admettre que dès la fin du xiv⁰ siècle, la classification des alleux nobles et roturiers était établie sur ses bases définitives.

Au surplus, cette classification est assez logique, une fois qu'on a admis le principe d'une distinction de nature entre les alleux. En effet, aucun droit de juridiction ne pouvait être

(1) Cfr. *suprà*, p. 77, note 2, et p. 78, note 1.
(2) Cfr. *suprà*, p. 81, note 2, et p. 82, note 1.

annexé à une censive. Aucune terre ne pouvait non plus être mouvante d'une censive en vertu de la règle : « Cens sur cens ne vaut. » Un alleu sans justice et sans terre mouvante de lui ressemblait donc à une censive; un alleu avec justice ou mouvance ressemblait donc à un fief. Il était logique par conséquent de faire figurer le premier parmi les terres roturières, et le second parmi les terres nobles, une fois qu'on a admis, nous le répétons, le principe de la distinction.

Mais ce qui n'était pas logique, c'était cette distinction elle-même; et ce qui est difficile à comprendre, c'est le motif pour lequel elle s'est introduite. Sur ce point les ordonnances royales ne donnent aucune indication; elles permettent bien de constater l'existence de la distinction, mais non d'en expliquer l'origine. Aussi la question est-elle fort obscure. — Avant de l'aborder, il importe de rappeler quelles conséquences juridiques entraînait pour les immeubles la qualité de noble ou de roturier. Il y en avait deux principales : — 1° les terres nobles transmises par succession se partageaient en principe « noblement », c'est-à-dire qu'elles étaient soumises au droit d'aînesse et au privilège de masculinité; les terres roturières se partageaient au contraire « roturièrement », c'est-à-dire également entre héritiers du même degré, sans distinction de sexes (1). Ce dernier système était évidemment pour tous les alleux le système primitif (2); — 2° le possesseur d'une terre roturière ne pouvait ni l'inféoder ni l'accenser; le possesseur d'une terre

---

(1) Paris, *Anc. Cout.*, art. 46; *Nouv. Cout.*, art. 68 et 302; — Troyes, art. 52-53; — Vitry, art. 19 et 20; — Orléans, *Anc. Cout.*, art. 214; *Nouv. Cout.*, art. 255; — Châlons, art. 165; — etc... Cfr. Claude de Ferrière, *op. cit.*, t. I, col. 1011, n° 15; et *infrà* n° 41.

(2) Cette assertion se prouve par plusieurs faits. Ainsi en 1350, Humbert II, seigneur du Dauphiné déclare que si Raymond de Montauban meurt intestat, ses fiefs passeront à ses héritiers, sans empêchement de la part du Dauphin ou de ses officiers, comme s'ils étaient des alleux et d'après le droit des alleux (*quemadmodum essent allodia et prout in allodiis succedunt de jure*). Il y avait donc des règles différentes pour les fiefs et les alleux. Ce privilège fut confirmé le 30 janv. 1404 (*v. st.*) par Charles VI (*Ord. des rois de France*, t. IX, p. 37). — En outre, jusqu'en 1583 la *Cout. d'Orléans* (art. 214) appliqua le partage égal à tous les alleux; c'est seulement la *Nouvelle Cout.* (art. 255) qui adopta le système de Paris. La *Cout. de Châlons*, art. 165, a conservé le partage

noble en avait au contraire le droit (1). Ce droit, évidemment encore, appartenait à l'origine à tout possesseur d'alleu (2); car en somme les fiefs se sont formés avec les alleux.

C'est en s'appuyant sur cette dernière différence que Furgole a tenté de résoudre le problème de l'origine des alleux nobles et roturiers. Sa conclusion, déjà soutenue par Brodeau et adoptée après lui par divers auteurs modernes (3), consiste à dire qu'originairement *tous* les alleux furent regardés comme *nobles*, et cela jusqu'au XVIe siècle; car ce serait seulement à cette époque qu'on aurait créé des alleux roturiers (4). Voici en effet comment Furgole s'exprime : « Les francs-alleux ont toujours été regardés comme nobles, et avant la réformation de la Coutume de Paris, faite en 1510 (5), on ne connaissait point des alleux roturiers, comme l'ont fort bien remarqué Bacquet (6), Brodeau et Taisand (7) ; ce qui est fondé en raison, car les fiefs s'étant formés des alleux, et étant nobles de leur nature, de l'aveu de tous les écrivains, il faut nécessairement que les alleux fussent nobles avant que de devenir fiefs; sans quoi les fiefs auraient retenu la ruralité des alleux, s'ils avaient été ruraux auparavant; car le titre de fief n'a pas imprimé un caractère de nobilité aux terres; tout ce qu'on peut dire est

égal pour tout alleu jusqu'à la fin. La règle du reste va de soi ; car le droit d'aînesse n'est qu'un produit du régime féodal.

(1) Cfr. Claude de Ferrière, *ibid.*, col. 1012, n° 16.

(2) Cfr. Denizart, *Coll. de décisions nouv.*, Paris, Ve Desaint, in-4, t. VIII (1780), p. 768; — et *infrà* n° 43.

(3) Notamment Laferrière, *Histoire*, op. cit., t. IV, p. 103; — et *Essai*, op. cit., p. 113; — Beaune, op.cit., p. 343; — etc...

(4) Henrion de Pansey (*Dissert. féod.*, Paris, 1789, v. *Alleu*, t. I, p. 21) prétend au contraire que « le franc-alleu roturier a existé longtemps avant le franc-alleu noble ». — Bouhier se borne à constater l'obscurité de la question (op. cit., p. 281, n° 11).

(5) Furgole s'exprime ici inexactement. Ce n'est pas de la *réformation* de la Coutume de Paris qu'il veut parler, mais de la première *rédaction*, qui eut lieu effectivement en 1510, tandis que la réformation n'eut lieu qu'en 1580.

(6) Bacquet, *Œuvres*, éd. Ferrière, Paris, 1688, in-f°, ch. VI, n° 10; p. 862.

(7) Taisand, op. cit., p. 158 ; — Brodeau, *Cout. de Paris*, 2e éd., Paris, 1669, in-f°, t. I, p. 480.

que la concession n'a pas fait perdre la nobilité primitive qui appartenait aux alleux réduits en fiefs (1). »

Toute cette argumentation de Furgole est trop singulière au point de vue historique pour qu'il soit nécessaire de s'y arrêter. Il ne pouvait en effet exister de terres nobles avant l'introduction des fiefs, puisque c'est précisément à la suite de cette introduction, que la distinction des terres nobles et roturières a pris naissance (2). En outre, il serait difficile d'admettre qu'on ait enlevé tout d'un coup le caractère de terres nobles à certains alleux, et par suite l'usage du droit d'aînesse et du droit d'inféodation à leurs possesseurs (3). On comprend mieux qu'une fois les alleux nobles inventés, on ait été amené insensiblement à appliquer aux autres alleux le régime des tenures roturières auxquelles on les assimilait (4). Loin d'avoir emprunté leur « nobilité » aux alleux, les fiefs la leur ont communiquée (5).

Il est facile du reste d'expliquer l'erreur de Furgole et des auteurs qui l'ont suivi. Cette erreur provient simplement de la généralisation téméraire d'un cas particulier. Ce que dit Furgole est vrai en un certain sens de Paris et non du reste de la France. Voici comment. On sait qu'à diverses reprises les bourgeois de Paris ont reçu des rois des privilèges exceptionnels. Or en 1371, à une époque où la distinction des alleux nobles et roturiers était devenue une règle générale, Charles V leur avait concédé tous les avantages de la noblesse, et notamment l'exemption du droit de franc-fief (6). Comme les gentilshommes, les bourgeois de Paris pouvaient acquérir et posséder

---

(1) Furgole, loc. cit.

(2) Cfr. sur ce point un excellent passage d'Hervé, cité infrà n° 43.

(3) Cfr. Denizart, ibid.

(4) Duplessis (Successions, p. 18), et Claude de Ferrière (op. cit., col. 1009, n° 5) prétendent que « tout franc-alleu devrait être noble parce qu'il est franc et indépendant ». C'est une observation sans portée.

(5) Cfr. Hervé, ibid., p. 154.

(6) Lettres du 9 août 1371 : «... nec non acquisitione feudorum, retrofeudorum, et allodiorum francorum, in nostris feudis, et retrofeudis et aliorum dominorum, in quâcumque parte regni nostri; eaque feuda, retrofeuda, et allodia, ipsi et eorum predecessores tenuerunt et possederunt pacifice et quiete. » (Ord. des rois de France, t. V, p. 419.)

librement des fiefs et des alleux nobles. Des lettres de 1409,
qui confirment leurs privilèges, font nettement ce rapproche-
ment, en consacrant à nouveau le « privilege faisant mencion
comment les habitans de Paris sont *nobles*, et pevent tenir et
acquerir fiefz, arriere-fiefz, et *aleus*, en chascune partie de
nostre Royaume, comme font les nobles extraiz de noble
lignée (1) ». Il n'en fallut pas davantage pour qu'on s'accou-
tumât à regarder tous les alleux appartenant aux bourgeois
de Paris comme des alleux nobles, soumis aux mêmes lois de
succession que les fiefs. Du xiv° au xvi° siècle, il est vrai de
dire qu'à Paris « l'alleu a été réputé essentiellement noble ».
Mais en 1510, lors de la première rédaction de la Coutume
de Paris, le président Baillet fit observer que c'était là un honneur dangereux pour les familles ; car tous les héritages tenus
en franc-alleu, même ceux auxquels n'était annexée ni directe
féodale ou censuelle, ni justice, appartenaient pour la plus
forte part à l'aîné, qui dépouillait ainsi en grande partie ses
frères et sœurs, lorsqu'il n'existait pas d'immeubles roturiers
dans la succession. Les trois États décidèrent alors que les
alleux auxquels serait attaché un signe de noblesse se partageraient seuls comme les fiefs, et que les autres suivraient au
contraire la loi des censives, et se partageraient également
entre tous les enfants (2). L'on revenait par là à l'ancienne
distinction des alleux nobles et roturiers, et l'on y revenait en
rétablissant les alleux roturiers disparus à Paris depuis un
siècle environ. Mais ce qui s'est passé à Paris était dû, on le
voit, à une cause particulière (3). Il faut se garder, par conséquent, de tirer de ce fait exceptionnel des conclusions géné-

(1) *Lettres du* 10 sept. 1409, § 6 ; *ibid.*, t. IX, p. 464.
(2) Cfr. Bacquet, *loc. cit.*, p. 862 ; — H. Beaune, *La condition des personnes*, Lyon, Briday, et Paris, Larose et Forcel, 1882, in-8, p. 156-157 ;
— et Laferrière, *Hist.*, *op. cit.*, t. VI, p 341-342.
(3) En 1437, Charles VII, le « roi de Bourges », voulant récompenser les
habitants de cette ville de leur fidélité, les exempta des francs-fiefs ;
mais il ne leur concéda pas les autres privilèges de la noblesse ; aussi
la confusion qui s'était faite à Paris entre les alleux nobles et roturiers
n'eut pas lieu à Bourges. (Cfr. *Ordonn. des rois de France*, t. XIII,
p. 233-234 ; — et de Pastoret, *Préface* du t. XV, p. 19.)

rales. La distinction des alleux nobles et roturiers n'a pas commencé seulement au xvi° siècle, pas plus à Paris qu'ailleurs. Tout ce qu'on peut dire, c'est qu'elle a *recommencé* à Paris à cette époque; mais elle existait déjà partout dès le xiv° siècle.

Il faut donc chercher ailleurs la cause de l'origine des alleux nobles. Un passage d'Henrion de Pansey peut mettre sur la voie. Pour cet auteur, il n'y avait qu'un seul alleu noble véritable, à savoir le fief déchargé des droits seigneuriaux, et conservant dans sa mouvance des arrière-fiefs ou des censives. Nous n'avons pas à rechercher pour le moment à quelles conditions une pareille décharge pouvait s'opérer (1) ; mais en la supposant accomplie, il faut reconnaître qu'en effet, dans cette hypothèse, on est bien en présence d'une terre qui est à la fois *allodiale*, car elle ne relève plus d'aucun seigneur ; et *noble*, car l'affranchissement dont elle a été l'objet n'a pu lui enlever sa nobilité antérieure, une terre roturière ne pouvant en aucun cas avoir d'autres terres dans sa dépendance. Les alleux nobles ne seraient donc dans ce système qu'une modification de la tenure féodale (2) ; « ce n'est pas sans motif, ajoute Henrion de Pansey, qu'on les a appelés, comme l'a reconnu Caseneuve, des *feuda honorata* (3) ». Qu'était-ce au juste que les *feuda honorata*, et quels étaient leurs rapports avec les alleux ? Ce point mérite d'être éclairci.

20. Suite; les « feuda honorata », et leurs rapports avec les alleux. — Les *feuda honorata*, qu'on rencontrait surtout dans le Midi, étaient des terres libres qu'au premier abord on pouvait classer entre les alleux et les fiefs : ils ressemblaient aux premiers en ce qu'ils ne devaient aucun service ni aucune redevance ; ils ressemblaient aux seconds en ce que le posses-

---

(1) Sur ce point, cfr. *infra* n° 21.

(2) Henrion de Pansey cite à l'appui de son opinion un passage du président Bouhier ; mais Bouhier ne va pas aussi loin que lui. Il déclare même que « pour ce qui est de l'origine du franc-alleu noble, il n'est pas aisé de la déterminer ». S'il mentionne les conversions de fiefs en alleux, c'est simplement à titre d'exemple. (Bouhier, *op. cit.*, chap. 49, n° 11.)

(3) Henrion de Pansey, *loc. cit.* — Cfr. Serrigny, *op. cit.*, n° 18.

seur était soumis à l'hommage envers un seigneur dont il était le vassal. Aussi leur donne-t-on dans les chartes les dénominations parfaitement appropriées de *feudum francum, feudum liberum, feudum honoratum.* C'est de la première qu'est venu sans aucun doute ce nom de *franc-fief,* que les auteurs coutumiers appliquent parfois aux véritables alleux, comme si toute possession immobilière eût dû nécessairement être un fief (1) !

On trouve des *feuda honorata* dans le Midi dès le XII° siècle. Ainsi en 1185, Guillaume, fils de la duchesse Mathilde, dame de Montpellier, fait une concession à perpétuité *ad feodum honoratum* (2). En 1189, au contraire, il reconnaît tenir divers immeubles de Raymond, comte de Toulouse, *ad feodum francum et honoratum* (3). Au XIII° siècle, au moment où le service militaire, jusqu'alors l'obligation féodale par excellence, commence à tomber en décadence, les inféodations de cette nature se multiplient. En 1204 Pierre, roi d'Aragon et seigneur de Montpellier, et en 1242 Raymond, comte de Toulouse, font d'importantes concessions à ce titre (4). En 1264 Hugues d'Ar-

---

(1) Cfr. Secrétan, *Essai sur la féodalité,* Lausanne, 1858, p. 407. — En Allemagne, on donnait à certaines seigneuries allodiales le nom de *Sonnenlehn,* fiefs du soleil. Cette expression paraît se rattacher au paganisme. Cfr. Garsonnet, *op. cit.,* p. 314 ; et Secrétan, *ibid.,* p. 423. — Taisand (*op. cit.,* p. 168) appelle encore l'alleu « le fief par excellence ».

(2) *Charta Guillelmi, filii Mathildis Ducissæ, D. Montispessulani,* ann. 1185 : « Hæc omnia predicta dono, laudo, trado et concedo in perpetuum tibi et tuis ad feodum honoratum... » (Dans Du Cange, *op. cit.,* v. *Feudum honoratum,* t. III, p. 266, col. 1.)

(3) *Hom. de Guillaume à Raymond,* mars 1189 : « Quæ omnia habeo et teneo de te ad feodum francum et honoratum, ita quod nullum supradictorum castrorum vel villarum tibi vel tuis, nec alicui comiti Melgorii reddere teneor... Et hæc omnia habeo et teneo a te D. Raymundo comite Melgorii ad feodum francum et honoratum, pro quibus omnibus prescriptis facio vobis hominium et fidelitatem. » (*Ibid.* ; et p. 265, col. 1.)

(4) *Charta ann.* 1204 : « Ego Petrus, Dei gratia rex Aragon. comes Barcinon. dominus villæ Montispessulani et Mariæ reginæ uxoris meæ nomine do tibi Pontio Petro et successoribus tuis in feudum honorarium totam medietatem castri de Ropiniano. » (*Ibid.,* v. *Feudum honorarium*); — *Charta Raimundi,* ann. 1242 : « ...donavit in liberum et honoratum feudum villam nomine Bessitam in Rutenensi diœcesi... » (*Ibid.,* v. *Feudum honoratum.*)

pajon, en février 1274, Raymond des Baux, surnommé *junior*, au mois de mars suivant Bertrand, seigneur du château de Paris, dans le comté de Rodez, font hommage de fiefs, qualifiés de *liberum et honoratum* (1), *francum et gentile* (2), *francum et honoratum* (3). En 1278, dans un pacte conclu entre Pierre, roi d'Aragon, et Jacques, roi de Majorque, on trouve cette mention très claire : *feudum honoratum sine omni servitio* (4), mention où paraît prédominer le caractère allodial des *feuda honorata.*

Mais sommes-nous vraiment en présence d'alleux ? Ces *feuda honorata* sont-ils des terres aussi libres qu'elles le paraissent ? A cette question d'autres documents, contemporains des précédents, répondent affirmativement. L'un, de 1205, emploie comme synonyme *francum feodum* et *allodium* ; le franc-fief est un alleu (5). L'autre, de 1274, s'exprime ainsi : « (Moi Bertrand de Montlaur), je vends et livre à titre de vente *pro libero et franco et absoluto et immuni allodio et pro feudo hono-*

---

(1) *Homag. Hugonis d'Arpajon, domicelli,* ann. 1264 : «... Feudum liberum et honoratum... »(*Ibid.,* v. *Feudum liberum,* p. 267, col. 1.)

(2) *Charta Raymundi des Baux,* février 1274 : « ...in feudum francum et gentile... Item fuit concessum, quod ipse Raimundus de Baucio et ejus hæredes semper in mutatione domini vel vassalli teneantur facere homagium ligium flexis genibus, et jurare fidelitatem cum illis articulis qui in dicto juramento continentur, etc... » (*Ibid.,* v. *Feudum francum,* p. 265, col. 1.)

(3) *Charta Bertrandi D. Castri de Paris in comit. Ruthenensi,* 3 non. mart. ann. 1274 : « Recognosco... me tenere... in feudum francum et honoratum et nomine feudi honorati, ad fidelitatem tamen et homagium omne quod ego possideo... in dicto castro de Paris. » (*Ibid.,* v. *Feudum honoratum,* p. 266, col 1.)

(4) *Pactum inter Petrum, reg. Aragon., et Jacobum, regem Major.,* 13 kal. febr. 1278 : « Nos Jacobus... recipimus a vobis D. Petro rege Aragonum fratre nostro et successoribus vestris regibus Arag. in feudum honoratum sine omni servitio... totum prædictum regnum Majoricarum... » (*Ibid.*) — *Adde* chartes de 1295 et 1306, *ibid.,* v. *Feudum francum,* p. 265, col. 1.)

(5) *Tabul. Tutelense,* ann. 1205 : « Ut omnia teneant ab abbate et successoribus in *francum feodum sive allodium,* ut pro his homagium francum nobis abbati et successoribus nostris, amplius facere teneantur. » (Dans Du Cange, *ibid.,* v. *Feudum francum,* p. 265, col. 1.)

rato sans prestation de cens, usage, canon, ni autres services tant réels que personnels, à savoir tout ce que je possède dans la dîmerie des Termes, etc... (1). » Ainsi il n'y a pas de doute : entre les francs-fiefs et les alleux, il n'y a pas de différence essentielle quant à la terre, mais seulement quant au possesseur. Ni le franc-fief ni l'alleu ne sont grevés de charges réelles (2) ; et si le premier paraît relever d'une autre terre, cette dépendance est toute théorique. Il est bon toutefois de la constater ; car l'alleu proprement dit n'y est pas soumis ; il ne relève, même en pure théorie, d'aucune terre. L'alleutier ne relève de même d'aucun seigneur. Au contraire, le possesseur d'un *feudum honoratum* est un vassal : il porte la foi, et est astreint au devoir de fidélité (3).

Les inconvénients relatifs de cette situation sont sensibles : quels étaient donc les avantages qui l'ont rendue ainsi fréquente au XIII° siècle ? Pour répondre à cette question, il est nécessaire de distinguer suivant les diverses manières dont peuvent être établis les *feuda honorata*. — Il y a d'abord le cas où un seigneur, comme Pierre d'Aragon en 1204 (4), concède spontanément une terre ou un immeuble en franc-fief. Cette hypothèse peut intéresser le régime des fiefs, mais non celui des alleux ; nous la laisserons de côté. — Il y a ensuite le cas où un seigneur suzerain consent à décharger un fief, déjà établi, des droits seigneuriaux qui le grèvent, sans dispenser le vassal du devoir de fidélité. Le fief affranchi devient alors *presque* un alleu de concession, avantage évident pour son

_____

(1) *Charta Bertrandi de Montelauro*, ann. 1274 : « Vendo et ex causâ venditionis trado, cedo pro libero et franco et absoluto et immuni *allodio*, tamen cum consilio D. Petri regis Aragonum ac domini Montispessuli, jin quâ infrascriptæ tenentur in feudo et pro *feudo honorato* sine præstatione censûs usatici, canonis, et alterius servitii, etc... (Dans Du Cange, *op. cit.*, v. *Alodis*, p. 190, col. 1.)

(2) Ce n'était pas toujours vrai ; on trouve quelques exemples de *feuda franca* chargés de cens. Cfr. *Chartes* de 1208, 1300, et s. d., dans Du Cange, *loc. cit.*, p. 266, col. 2 ; p. 268, col. 2 ; et p. 266, col. 1 : « ...Feudum honoratum et censuatum.. » Ils ressemblaient sous ce rapport aux faux-alleux [*suprà*, n° 10].

(3) Cfr. *Chartes* de mars 1189, fév. 1274, mars 1274, 1208, *suprà cit.*

(4) Cfr. *Charte* de 1204, *suprà cit.*

possesseur. Il reste cependant engagé dans la hiérarchie féodale ; et la conséquence qui en résulte, très importante dans les idées anciennes, c'est qu'il ne cesse pas d'être une terre *noble*, c'est-à-dire une terre qui, entre autres prérogatives, était soumise en matière de succession aux privilèges de masculinité et de primogéniture. — Reste enfin à prévoir l'hypothèse, plus intéressante, mais aussi plus difficile à expliquer, où c'est un alleutier qui se soumet à l'hommage et transforme son alleu en *feudum honoratum*. Quel motif pouvait l'y pousser? Il est permis de supposer, avec le président Bouhier (1), que cet alleutier désirait précisément acquérir, sans se soumettre à des charges trop lourdes, la noblesse pour sa terre devenue une terre féodale, et comme conséquence l'aptitude au partage noble, si outrageusement favorable à l'aîné. Une chose à noter en effet, c'est que c'est au moment où le droit d'aînesse s'introduit en France (2) que les *feuda honorata* se multiplient. Il y a là une coïncidence remarquable qui ne saurait être fortuite.

Cette multiplication des *feuda honorata* ne pouvait manquer d'avoir sur le régime des alleux une influence sensible; car en somme elle habituait les esprits à voir des terres allodiales, ou *presque* allodiales, soumises au régime des terres nobles. Il subsistait, il est vrai, une différence avec les alleux proprement dits ; mais cette différence s'évanouissait dans l'hypothèse signalée par Henrion de Pansey, c'est-à-dire quand il s'agissait d'un fief complètement déchargé des droits seigneuriaux, même de l'hommage. Dans ce cas, forcément, on était en présence d'un alleu *noble ;* et par suite la distinction entre alleux nobles et non-nobles s'imposait presque naturellement. Il n'y avait plus qu'à la généraliser ; et cela se fit, comme on l'a vu, dans le courant du xive siècle. L'alleu *justicier*, con-

____

(1) Bouhier, *op. cit.*, t. I, ch. 49, n° 21 : « La conversion des alleux en fiefs est une suite de l'entêtement de nos Français, qui préfèrent la noblesse imaginaire d'un héritage à la véritable utilité qu'ils en peuvent retirer et à l'indépendance des biens de franc-alleu. »

(2) Le droit d'aînesse a débuté en Normandie vers 1180 ; il a été admis en Bretagne en 1185 (*Assise du comte Geffroy*); et c'est de là qu'il a passé dans le reste de la France.

temporain des origines de la féodalité, prit le premier le caractère noble ; puis vinrent les alleux dont les possesseurs avaient inféodé ou accensé une partie. En 1370, la classification était arrêtée ; et la distinction qui nous occupe était admise à peu près partout.

La discussion qui précède peut se résumer ainsi : — 1° C'est dans la pratique des affranchissements de fief et des concessions de *feuda honorata* qu'il faut chercher l'origine première de la distinction des alleux nobles et roturiers ; — 2° cette distinction a pris naissance par la création d'alleux nobles, création qui a fait par contre-coup attribuer la qualité de roturiers aux autres alleux ; — 3° la distinction se fait jour sous le règne de Philippe le Bel, et s'établit définitivement sous le règne de Charles V.

21. ALLEUX D'ORIGINE, DE CONCESSION, ET DE PRESCRIPTION. — Alleux souverains, justiciers, ou simples, alleux nobles ou roturiers : telles sont les deux classifications des alleux que nous avons rencontrées jusqu'ici. Ces deux classifications se combinent facilement entre elles. Les alleux souverains sont toujours justiciers et nobles. Les alleux justiciers peuvent ne pas être souverains, mais sont toujours nobles. Les alleux simples, c'est-à-dire non justiciers, sont tantôt nobles et tantôt roturiers. — Mais les anciens auteurs ne classaient pas seulement les alleux d'après leur *nature*. Il les classaient aussi d'après leur *origine*, et à ce point de vue, ils distinguaient l'alleu naturel, l'alleu de concession, et l'alleu de prescription (1). Bien qu'elle ait tenu une assez grande place dans les

---

(1) Cfr. Duplessis, *Traités sur la Cout. de Paris*, Paris, 1699, in-f°, liv. II, p. 161. — Dans les royaumes de *Navarre* et d'*Aragon*, d'après M. de Cardenas, on traitait comme alleux : 1° les terres des chrétiens *mosarabes*, c'est-à-dire ayant vécu sous la domination arabe ; 2° les terres des chrétiens qui avaient conservé leur indépendance dans les pays non conquis par les Maures ; 3° les terres vacantes acquises par droit d'occupation ; 4° les terres données par le roi à titre gratuit ; 5° enfin les terres, qui, possédées d'abord à charge de cens, avaient été affranchies ensuite par le roi. Cfr. De Cardenas, *Ensayo sobre la historia de la propriedad territorial en Espana*, Madrid, 1875, tome I, p. 386 et suiv., 448 et suiv. ; et Garsonnet, *op. cit.*, p. 322, 323.

discussions des feudistes, l'importance de cette classification
est à proprement parler purement théorique. Il est utile néanmoins d'en dire quelques mots, et spécialement de rechercher
comment elle se combinait avec les classifications précédentes.

On appelait *alleu naturel* ou alleu d'*origine* la terre qui avait
toujours été libre, *ab antiquo*, comme disent les textes (1).
C'était en quelque sorte une terre *ingénue*, qui n'avait jamais
été inféodée, ni accensée. — Les alleux d'origine pouvaient
être nobles ou roturiers. En effet l'alleu qui de toute antiquité
possédait une justice annexée ou des terres mouvantes de lui,
était un alleu naturel *noble* (2); celui qui ne possédait ni
justice, ni mouvance était un alleu naturel *roturier*.

En sens inverse, une terre pouvait avoir été concédée en
fief ou censive, et par la suite avoir été déchargée des devoirs
féodaux ou censuels. Cette terre *affranchie* devenait alors :
soit un alleu de *concession*, si l'affranchissement avait été
accordé bénévolement par qui de droit, soit un alleu de *prescription*, si l'affranchissement avait été acquis par suite d'une
possession prolongée, à titre allodial, sans prestation d'aucun
service ou redevance. — Des alleux ainsi formés pouvaient-ils
être indifféremment nobles ou roturiers? Pour répondre à
cette question, il faut distinguer plusieurs hypothèses.

Parlons en premier lieu des alleux de *concession*. — Il est
d'abord un cas qui ne soulève aucune difficulté. C'est celui où,
à un moment donné, un alleu non-justicier déjà existant
acquiert une justice. Peu importe que cette justice soit haute,
moyenne, ou basse (3). Peu importe également qu'elle soit
accordée par le roi qui pouvait concéder la haute justice, ou
par un seigneur haut-justicier qui pouvait céder la moyenne
ou la basse (4). L'alleu qui devient ainsi justicier devient par

(1) *Tabul. Vindocin.*, anno 1078 : « Est autem *naturaliter* allodium,
ab antiquo nullam omnino cuiquam reddens consuetudinem. » (Du
Cange, *ibid.*, p. 199, col. 1); etc...

(2) C'est là un point historiquement certain, quoique fort discuté au
siècle dernier. Cfr. Hervé, *ibid.*, p. 165 et suiv.

(3) Cl. de Ferrière, *op. cit.*, col. 1010, n° 8. — Par exception les Cout.
de Troyes (art. 82) et de Vitry (art. 19) exigeaient la *haute* justice.

(4) Ferrière, *ibid.*, col. 1009, n° 8. — Cfr. Bouhier, *ibid.*, ch. XLIX,
n° 16 à 18.

là même alleu *noble* de concession. — Mais voici une hypothèse plus délicate : Une tenure, féodale ou censuelle, peut-elle être déchargée par le suzerain des devoirs seigneuriaux et transformée ainsi en alleu ? Il faut encore distinguer. On comprend très bien que le roi, ou même simplement le propriétaire d'un alleu noble puisse, sans contestation possible, transformer en alleu un fief ou une censive mouvant de son domaine. Mais les seigneurs féodaux qui sont vassaux eux-mêmes, au moins du roi, ne commettent-ils pas un abrègement de fief, en transformant en alleu une partie de leur mouvance ? La question était controversée. Certains auteurs, notamment Bacquet et Basnage, déclaraient que les seigneurs ne pouvaient créer d'alleux qu'avec le consentement exprès du roi. Ils donnaient comme principale raison que « tous les héritages étaient tenus du roy médiatement ou immédiatement ; et qu'ainsi on ne pouvait sans sa permission les affranchir et en changer la qualité ». « Les seigneurs, écrit Basnage, ne peuvent *éclipser* de leurs fiefs la mouvance (1). » Un édit rendu en 1692 par Louis XIV dit exactement la même chose (2). Mais la plupart des feudistes, parmi lesquels Duplessis, Ferrière, La Thaumassière, Boucheul, etc..., étaient au contraire d'avis que les seigneurs pouvaient faire des francs-alleux, parce que, disaient-ils, le roi n'a dans la question qu'un intérêt tout à fait éloigné : il ne perdra en effet aucun de ses droits de juridiction et de souveraineté, auxquels les seigneurs ne peuvent pas porter atteinte, et les fiefs ou censives affranchis n'en resteront pas moins soumis à ses droits de justice. Ils seront seulement exempts de la directe féodale ou censuelle (3).

---

(1) Bacquet, *Traité des droits de francs-fiefs*, ch. II, n° 28 ; — Basnage, sur l'art. 102 de la *Cout. de Normandie*, dans ses *Œuvres*, 4ᵉ éd., in-f°, t. I (1778), p. 104. col. 1 ; — Bouhier, *ibid.*, n° 19.

(2) Cfr. *infra* n° 47.

(3) Duplessis, *op. cit.*, p. 170 ; — Cl. de Ferrière, *op. cit.*, col. 1010, n° 9 ; — La Thaumassière, *Du franc-alleu*, *op. cit.*, p. 8 ; — Boucheul, *op. cit.*, t. I, p. 166, n°ˢ 34-38. — Taisand, *op. cit.*, p. 159, rapporte un arrêt de la Chambre des comptes de Dijon du 29 juillet 1673, qui constate qu'en 1404 Jean, duc de Bourgogne et comte de Nevers, renonça à l'hommage de la seigneurie de Charny, qui devint ainsi un « franc-alleu ».

Mais si l'affranchissement ne cause aucun préjudice au roi, il n'en est pas de même du suzerain de celui qui veut affranchir; sa directe se trouvera diminuée par suite de la transformation d'un arrière-fief ou d'une arrière-censive en alleu; aussi Ferrière décide-t-il que l'affranchissement n'est pas valable à son égard, et qu'il pourra prétendre que la partie déchargée du cens est retournée dans sa mouvance féodale ; dans ce cas, il n'y aurait pas création d'alleu (1). Bourjon dit de même qu'on devra demander le consentement du suzerain. Il ajoute que ce consentement *suffira* (2). Mais il semble qu'il y ait là un défaut de logique ; pourquoi ne faudrait-il pas obtenir de même le consentement du suzerain de ce suzerain, et ainsi de suite, en remontant jusqu'au roi ? Assurément, ce serait fort gênant ; mais les purs principes féodaux conduisent jusque-là (3). — Quoi qu'il en soit, on voit qu'il est possible de faire avec un fief ou une censive un alleu de *concession ;* et en fait, on possède d'assez nombreux exemples de conversions de ce genre (4). Cet alleu de concession sera *roturier*, si le fonds affranchi est une censive, ou même un fief n'ayant aucune

(1) Cl. de Ferrière, *ibid.*, n° 10.

(2) Bourjon, *Le droit commun de la France*, nouvelle édit., Paris, Grangé, 1770, in-f°, liv. II, tit. II, ch. 4, art. 8 (t. I, p. 149).

(3) Hervé aboutit à la même conclusion (*op. cit.*, pp. 228-232). — Ferrière (*ibid.*, n°⁰ 12, 13, 14) prévoit encore l'hypothèse où ce serait le vassal lui-même qui voudrait faire un alleu avec une partie de sa tenure au préjudice de son seigneur direct. Il prétend qu'il y a là une difficulté, et il prend la peine de démontrer, après Duplessis, qu'en pareil cas le vassal *démembrerait* son fief, non-seulement quant au fonds (*fundus*), mais aussi quant au titre (*feudum*), c'est-à-dire qu'il ferait un démembrement absolument prohibé par les Coutumes. Le vassal ne peut pas se jouer de son fief au point d'en aliéner une partie en franc-alleu.

(4) La conversion d'un fief en alleu peut encore se produire par réunion du fief « à la glèbe » lorsque cette glèbe est elle-même un alleu ; Du Cange cite un exemple (*ibid.*, p. 199, col. 2) d'après le *Tabul. eccles. Gratianopolitanæ* (sub Hugone episc.) : « Similiter et illud cortile habebamus ad *feudum* de prædicto episcopo, et reddimus, sive vendimus illud cortile episcopo prænominato per *alodum* et omnibus successoribus suis. » — L'alleu *dominant* cesse alors d'être noble, s'il n'est pas justicier. (Hervé, *ibid.*, p. 236.)

terre dans sa mouvance (1). Il sera *noble*, s'il s'agit d'un fief conservant dans sa dépendance des arrière-fiefs ou des censives ; ou bien si l'affranchissement est accompagné de la concession d'une justice.

Arrivons enfin aux alleux de *prescription*. — Ces derniers sont nécessairement les plus rares ; car pour qu'ils existent, il faut supposer qu'un vassal ou un censitaire ait possédé pendant un certain temps un fief ou une censive, sans fournir au seigneur les devoirs auxquels il a droit. Or quand les devoirs féodaux n'étaient pas payés, le droit féodal admettait, sous le nom de forfaiture ou de commise, une sorte de confiscation du fief, qui, à l'origine, s'appliquait aussi à la censive (2). En outre, il n'admit jamais, au moins en général, la prescription des droits seigneuriaux. La Coutume de Paris, notamment, est formelle pour écarter, non seulement la prescription des devoirs féodaux, mais encore la prescription du *cens* (art. 124); et cela, même par la possession centenaire, qui cependant était regardée par Dumoulin comme équivalant à un titre (3). Bourjon s'empresse de déclarer que cette opinion a été justement rejetée (4). Dans certaines régions toutefois, le principe contraire avait prévalu. Il est possible de trouver, dès le XI° siècle, des textes qui se réfèrent à des alleux devenus tels par prescription (5); et parmi les Coutumes rédigées, il en est un certain nombre, on le verra (6), qui admettent expressément la prescriptibilité du *cens*. Dans ces Coutumes par conséquent, il peut exister des

(1) Ferrière, *ibid.*, col. 1011, n° 11. — Dans ce dernier cas, dit Ferrière, « le propriétaire pourroit être sujet au droit des francs-fiefs, cette conversion de fief en franc-alleu roturier ne pouvant préjudicier aux droits du Roy ; mais c'est une recherche qui ne se fait pas. »

(2) Cfr. *Libri feudorum*, II, 24, 2 ; — Beaumanoir, XLV (édit. Beugnot, t. II, p. 214 et suiv.) ; — Du Cange, *op. cit.*, v° Forisfacere ; — Garsonnet, *op. cit.*, p. 357.

(3) On reviendra sur ce point (*infra* n° 33).

(4) Bourjon, *ibid.*, n° 7. — Cfr Boucheul, *op. cit.*, p. 164, n°° 18-20; — et Guyot, *Traité des fiefs*, Paris, Knapen, in-4°, t. II (1708), p. 123.

(5) *Tabul. Vindoc.*, vers 1050 : « Dum priscis coleretur temporibus, duodecim denarios census solvebat : quia vero modo vasta est, nihil census reddit, sed est *alodium*. » (Du Cange, *op. cit.*, v° Alodis, p. 199, col. 1.)

(6) Cfr. *infra* n° 26.

alleux *roturiers* de prescription (1). — Le Parlement de Grenoble
alla plus loin encore en admettant la prescription des devoirs
féodaux. Il est vrai qu'il s'attachait seulement à la possession
immémoriale ou centenaire, ce qui restreignait singulièrement
la portée juridique de sa jurisprudence. Malgré cela, cette
jurisprudence est critiquée par Dunod. Elle est approuvée au
contraire par Salvaing, qui invoque à l'appui de son opinion
l'autorité de Guy Coquille (2). Mais Guy Coquille distinguait,
et n'admettait la possibilité de prescrire les devoirs féodaux
que dans un cas : lorsqu'il s'agissait d'un acquéreur à titre
particulier qui aurait acquis le fief « sans charge de fief », et
qui l'aurait ensuite, lui et ses successeurs, possédé allodialement pendant cent ans ou un temps immémorial. Dans ce cas,
disait Coquille, « je crois que les successeurs pourraient avoir
prescrit; car en eux défaut la qualité de vassal, laquelle
conserve la possession du seigneur féodal (3). » Cette dernière
observation est assurément judicieuse ; elle revient à dire que
le vassal ne peut pas se changer son titre à lui-même ; c'est un
principe général en matière de prescription. On voit en résumé
qu'il ne pouvait y avoir d'alleux *nobles* de prescription que
dans des cas très rares (4).

(1) Cfr. Auroux des Pommiers, *Cout. de Bourbonnais*, Paris, 1732, in-f°,
2ᵉ partie, *Additions*, pp. XLII, XLIII. — Cette conclusion, évidemment
rationnelle, était cependant contestée aux siècles derniers. Brodeau et
La Poix de Fréminville prétendaient que par la prescription du cens, la
censive ne devenait pas *alleu*, mais *fief*, et qu'elle retombait dans la
mouvance féodale du suzerain du seigneur censier contre lequel on
avait prescrit. La Poix osait ajouter que c'était là « un principe incontestable. » Cfr. Brodeau, sur Louet, *Recueil d'arrêts du Parl. de Paris*,
Paris, 1742, in-f°, lettre F, 8, n° 9; — et La Poix de Fréminville, *Pratique
des terriers*, 2ᵉ éd., Paris, in-4°, t. I (1752), pp. 556, 643.

(2) Denis de Salvaing, *De l'usage des fiefs et autres droits seigneuriaux*
dern. édit., Grenoble, André Faure, 1731, in-f°, p. 119.

(3) Guy Coquille, *Cout. de Nivernais*, tit. IV, art. 13. — Divers arrêts
du Parlement de Provence (20 fév. 1620, 30 juin 1621, 2 nov. 1624) ont
admis cette exception; cfr. Boucheul, *loc. cit.*, p. 186, n° 83.

(4) En fait cependant, il pouvait arriver que des fiefs fussent transformés en alleux par une sorte de prescription indirecte. Cela arrivait
dans tous les pays où l'allodialité était présumée, chaque fois que le
seigneur féodal ne pouvait prouver ses droits. C'est un point sur lequel

sa justice annexée, ou les fiefs et censives mouvants de
l'alleu (1). L'alleu roturier devient noble lorsqu'il acquiert une
justice; mais il ne peut plus d'une façon certaine, à partir du
xv° siècle, devenir noble par inféodation ou accensement d'une
de ses parties. Le droit commun des Coutumes s'y oppose;
nous aurons plus tard à rechercher pour quels motifs (2). Mais
il est évident qu'au moment où la distinction des alleux nobles
et roturiers s'introduisait, ces inféodations ou accensements
durent être fréquents (3). Les alleutiers se hâtèrent d'user de
la liberté qu'ils avaient encore de disposer de cette façon, soit
pour pouvoir se dire « seigneurs » d'une terre *noble*, soit
pour pouvoir appliquer à leurs alleux le régime successoral du fief, avec ses privilèges de primogéniture et de masculinité. — Mais il est temps de reprendre le fil de notre récit,
c'est-à-dire de revenir à l'histoire de la lutte persistante de la
féodalité contre les alleux.

De même, ce n'était que dans des cas très rares à partir du
xv° siècle, qu'un alleu *noble* pouvait devenir roturier, et inver-
sement. L'alleu noble devient roturier, lorsque l'alleutier aliène

§ III. — La règle : « Nulle terre sans seigneur. »

22. Sens primitif de la règle. — Il résulte de ce qui précède qu'au xiv° siècle, la féodalité, dans sa lutte contre les
alleux, a déjà triomphé sur trois points : — 1° Elle a d'abord,
en se généralisant, diminué partout, quoique dans une mesure
très inégale suivant les provinces, le nombre des alleux (*suprà
n° 10*) ; — 2° elle a ensuite, dans certaines régions tout au
moins, dénaturé le régime allodial, au point de nécessiter
l'emploi habituel de l'expression *franc-alleu* pour distinguer
les véritables alleux, libres de toutes charges, des *faux-alleux*,

nous reviendrons plus loin en détail (*infrà n° 28 et suiv.*); il suffit de
faire observer ici que ce n'est pas là l'hypothèse d'une véritable prescription. — Cfr. Ferrière, *ibid.*, col. 1015, n° 24.

(1) Cl. de Ferrière, *ibid.*, col. 1009, n° 8.

(2) Cfr. *infrà*, n° 43.

(3) M. Serrigny estime que c'est par ce moyen qu'ont été créés le plus
grand nombre des alleux nobles (*loo. cit.*, n° 18).

soumis à certaines redevances (*suprà ibid.*) ; — 3° enfin elle a introduit parmi les alleux, régis au début par des règles uniformes, une division en alleux nobles et roturiers, de tous points semblable à celle qui s'était établie entre les fiefs et les censives (*suprà n° 19*).

Le régime féodal ne devait pas s'arrêter en chemin. Jusquelà, il n'avait pas directement attaqué le principe de l'allodialité. Les alleux disparaissaient bien devant lui, mais en *fait*, non en *droit ;* et quand il y avait contestation sur la nature d'une terre, on la présumait plutôt alleu que fief (1). C'était assez reconnaître que le caractère allodial était le droit commun, et le caractère féodal ou censuel l'exception ; mais cela ne devait pas durer. En effet, au moment où les progrès de la royauté restreignirent leurs droits politiques, les seigneurs cherchèrent à étendre leurs droits pécuniaires ; et la féodalité en décadence tenta de faire admettre en principe l'universalité de la *directe seigneuriale.* En d'autres termes, elle tenta de faire admettre que *toute* terre devait être fief ou censive, et par suite payer les droits féodaux ou censuels au seigneur féodal ou justicier dans les limites duquel elle était enclavée. Cette théorie, qui mettait en question, comme on le voit, le *principe* même de l'allodialité, est devenue célèbre sous le nom de *théorie de la directe universelle.* Elle a été admise entièrement par quelques Coutumes, repoussée complètement par quelques autres, conformes sur ce point à la règle des pays de droit écrit et enfin acceptée par le plus grand nombre à titre de simple présomption, permettant la preuve contraire. C'est dire que ce quatrième effort de la féodalité réussit en partie. Avant d'indiquer les résultats obtenus et leurs conséquences, voyons comment la campagne a été engagée et conduite.

Nous avons constaté plus haut (*suprà n° 9*) qu'à l'exception des alleux souverains que nous laissons de côté, tous les alleux étaient soumis quant à la justice à une « supériorité » : celle du roi pour les alleux hauts-justiciers, celle du seigneur haut-justicier du lieu pour les alleux simples et les alleux justiciers

---

(1) Cfr. Cujas, *op. cit.*, t. VIII, col. 854. — Il faut excepter la Coutume de Beauvoisis (*suprà*, n° 12).

qui ne possédaient qu'une justice inférieure. En principe donc, aucune terre ne pouvait se soustraire à la juridiction d'un seigneur supérieur ; c'est ce qu'on exprimait en disant : « *Nulle terre sans seigneur* (1). » — A l'origine cette règle fameuse s'appliquait uniquement à la justice. Elle était faite pour le seigneur *justicier* qui seul pouvait l'invoquer, pour revendiquer sur tout alleu enclavé dans son « détroit », non pas le domaine direct, mais simplement la justice et les droits qui en découlaient. Ces droits étaient d'ailleurs importants. C'était d'abord la juridiction dont nous n'avons pas à parler ici ; puis divers droits qui permettaient au seigneur haut-justicier de devenir dans certains cas propriétaire de l'alleu. Le fait se réalisait notamment : — 1° lorsque l'alleutier mourait sans héritier (droit de *déshérence*) (2) ; — 2° lorsque l'alleutier était un bâtard, qui décédait intestat, ne laissant ni conjoint, ni enfants légitimes (droit de *bâtardise*) (3) ; — 3° lorsque l'alleutier commettait quelque délit pouvant entraîner la confiscation (droit de *confiscation*) (4). Sans doute, « par irrévérence, l'alleu ne tombait pas en commise » (5), comme le fief en pareil cas ; mais la commise et la confiscation étaient deux choses différentes. La commise appartenait au seigneur *féodal ;* il n'en pouvait donc être question pour l'alleu. La confiscation au contraire appartenait au seigneur *haut justicier* (ou au roi dans certains cas); tous les alleux pouvaient par suite s'y trouver soumis (6).

(1) Divers auteurs des siècles derniers semblent attribuer l'introduction de cette règle au chancelier Duprat, mort en 1535. La règle existait bien avant le xvi⁰ siècle; mais peut-être Duprat trouva-t-il la *formule.* Cfr. Boulainvilliers, *Hist. de l'ancien gouv. de la France*, t. I, p. 45 ; — Dubos, *Hist. crit. de l'établiss. de la monarchie franç.*, Disc. prélim., p. 52 ; — Mézeray, *Abrégé chronol.*, t. IV, p. 584 ; — Furgole, *op. cit.*, p. 198 ; — Hervé, *ibid.*, p. 105 ; — etc...

(2) Cfr. Loisel, *op. cit.*, liv. II, tit. V, règle 26 ; — Bourjon, *op. cit.*, p. 251, nᵒˢ 36 à 38 ; — Bouhier, *ibid.*, n° 32 ; — etc...

(3) Cfr. Jacques d'Ableiges, *Grand Coutumier de France*, liv. I, ch. 3 ; — Loisel, *op. cit.*, liv. I, tit. I, règle 47 ; — Bourjon, *ibid.*, nᵒˢ 39-42 ; — La Poix de Fréminville, *ibid.*, p. 5 ; — etc...

(4) Cfr. Bourjon, *ibid.*, p. 250, nᵒˢ 26-35.

(5) Galland, *op. cit.*, p. 10.

(6) Ce droit de confiscation fut de bonne heure disputé aux seigneurs

Il importe en effet de bien le constater, les droits précités se rattachent à la *justice*, et nullement au domaine *direct*. La « supériorité » à laquelle les alleux sont soumis ne met point obstacle à leur franchise (1). Ils continuent à ne relever, quant à la *propriété*, d'aucun seigneur féodal ou censier. Les auteurs sont sur ce point unanimes ; et au XIVᵉ siècle, la définition de l'alleu reste ce qu'elle était auparavant, à ceci près que la distinction entre le domaine et la justice s'y trouve plus nettement marquée. Ainsi Jean Desmarés, opposant l'alleu au fief, dit que le fief est tenu de quelqu'un, et l'alleu de personne (2), sauf quant à la justice (3). En 1388, Jacques d'Ableiges dans le *Grand Coutumier de France* s'exprime de même : « Franc-alleu est un héritage tellement franc qu'il ne doit point de fonds de terre, ne d'icelluy n'est aulcun seigneur foncier, et ne doit vest, ne devest, ne ventes, ne saisine, ne autre servitude à quelque seigneur : mais quant est à justice, il est bien subject à la justice ou jurisdiction d'aulcun (4). » De même encore, vers la fin du XVᵉ siècle, le jurisconsulte Guillelmus Benedictus définit ainsi l'alleu : « L'alleu est le patrimoine propre de quelqu'un, qui n'est tenu de personne, et ne reconnaît point d'autre maître que Dieu ; qui ne doit aucun service personnel ou pécuniaire ; qu'on

hauts-justiciers par le roi. En 1341, un alleu enclavé dans une châtellenie du comte de Bar étant tombé en forfaiture, le comte de Bar prétendit le confisquer ; mais le procureur du roi intervint et réclama l'alleu pour le fisc. Pour trancher la contestation, Philippe VI déclara par une ordonnance que la terre étant tenue en franc-alleu devait lui revenir ; « car forfaiture de franc-alleu, quelque part que ce soit en nostre royaume, doit nous appartenir ». (Du Cange, *op. cit.*, p. 199, col. 1.) On saisit là le germe des théories absolutistes qui prévaudront sous Louis XIV. Cfr. Hervé, *ibid*, t. IV, p. 184.

(1) Cfr. La Thaumassière, *op. cit.*, p. 6 *in fine*.

(2) Desmarés, *Décis.* 371 : « *Allodium* est terra libera, hoc est talis terra de qua nemini servitium nec census, nec tenetur ab aliquo domino, et per hoc differt à feudo quia tenetur ab aliquo et ipsius ratione cognoscitur superior ; et mutato domino oportet solvere, et in allodio nihil. »

(3) Desmarés, *Décis.* 17 : « Nisi quoad ressortum. »

(4) Jacques d'Ableiges, *Grand Cout.*, II, 33. — Dans ses *Instit. cout.* (II, 1, règle 19), Loisel exprime la même idée d'une façon plus concise et plus énergique : « Tenir en franc-alleu est tenir de Dieu tant seulement, fors quant à la justice. » Cfr. Bouteiller, *op. cit.*, p. 490.

appelle franc, comme n'étant soumis de droit à aucune servitude; et auquel on ne peut imposer de charge sans le consentement du possesseur. » C'est encore « un héritage que son possesseur peut vendre, ou donner, ou transporter par tout autre mode, à une personne quelconque » ; c'est la pleine propriété, « sur laquelle le prince n'a point d'autre droit qu'un droit de protection ou de juridiction suprême (1) ». Mais le roi a toujours au moins cette juridiction suprême ; Benedictus n'admet pas d'alleux souverains : « De tels alleux ne peuvent pas exister dans le royaume (2). » Mais, pour être sujets à la justice et souveraineté du roi, les alleux n'en sont pas moins libres, « parce que autre chose est la propriété, autre chose la juridiction : il suffit en effet à l'essence et à la substance de l'alleu, qu'il ne reconnaisse aucun seigneur quant à la pleine propriété, et qu'il ne doive de service à personne, quoique la juridiction appartienne à autrui (3) ».

Ces textes prouvent surabondamment que la maxime « Nulle

(1) Guillelmus Benedictus (cité par Ginoulhiac, *op. cit.*, p. 417-418) : « Et sunt *allodia* bona propria alicujus quæ proprie dicuntur bona sua : quia allodium ita est proprium alicujus patrimonium, quod a nemine alio tenetur, nec recognoscitur nisi à solo Deo ; ita quod nulli facit servitium personale aut pecuniarium ; idcirco dicitur Francum, quia sui juris est nulli subjacens servituti ; et cui onus imponi non potest sine consensu possessoris...., subjungens ibi, quod allodium dicitur hereditas quam quisque illam habens vendere aut donare potest, vel quovis alio modo in quemcumque transferre, et sic dicitur sua propria, quasi omnimodo proprietas... in quibus nullum jus princeps habet nisi protectionis et supremæ jurisdictionis... »

(2) Guillelmus Benedictus : « Si de tali *alodio* nemini quam Deo subdito loquantur officiarii Regii, certe verum dicunt, quod talia *alodia* in regno esse non possunt ; sed capiendo alodium, pro re libera et franca, respectu proprietatis, quæ a nullo tenetur nec recognoscitur, et pro qua nullum debetur servitium personale vel pecuniarium, est tamen subjecta jurisdictioni regiæ, quoad ressortum justitiæ, saltem supremæ, alodia esse in regno possunt. » (Cité par La Thaum., *ibid.*, p. 6.)

(3) Guillelmus Benedictus : « Nec minus dicuntur res alodiales, quod in districtu, territorio, seu jurisdictione Imperatoris, vel Regis sunt sita, cum aliud sit rei quamvis libera proprietas, et aliud jurisdictio : sufficit enim ad essentiam *alodii*, et ejus substantiam, quod à nemine, quoad plenam proprietatem sit recognitum, et nulli faciat servitium, licet jurisdictio sit alterius. » (Cité par La Thaum, *ibid.*, p. 7.)

terre sans seigneur » devait s'entendre de la justice et non du domaine direct. C'est encore au xvi° siècle la doctrine formellement énoncée par Dumoulin (1). Il faut donc « distinguer avec soin le domaine direct et la juridiction (2) », et conclure avec Furgole, que « la maxime *Nulle terre sans seigneur* est bien vraie à l'égard de la juridiction…, mais non à l'égard des fiefs et des devoirs seigneuriaux, dont cette maxime n'entend point parler (3) ». En d'autres termes, comme le dit encore Furgole, la maxime s'oppose à ce que la justice « puisse être tenue en franc-alleu », mais n'empêche nullement la terre à laquelle cette justice est annexée d'être elle-même un alleu. C'est ce qu'explique assez clairement La Thaumassière : « Quoique, dit-il, nous ayons dit que le franc-alleu noble est celuy qui a justice, néanmoins il ne faut pas de là inferer que la justice puisse estre allodiale, car il passe pour certain qu'elle ne peut estre tenue qu'en fief… (4); parce qu'encore qu'elle soit annexée à un franc-alleu, elle ne fait pas néanmoins partie de la propriété et du domaine de l'héritage, mais subsiste d'elle-même et n'a rien de commun avec la propriété, et relève toujours en fief du Roy nostre souverain seigneur, quoy que l'héritage auquel elle est unie, soit libre et alodial (5). »

(1) Dumoulin, *op. cit.*, § 1, glose 6, n° 12 ; — et § 3, glose 4, n° 15 : « Multa enim sunt feuda non dependentia a rege sed ab allaudiis quæ a nullo moventur, nec a rege quidem ; sed nullus est locus in hoc regno qui non subsit supremæ jurisdictioni et majestati regiæ, nec sacer quidem. Aliud jurisdictio et majestas regia, aliud dominium directum feudale vel censuale et eorum recognitio. »

(2) D'Espinay, *op. cit.*, p. 105.

(3) Furgole, *op. cit.*, p. 146. — *Adde* Jean Bobé, *Coutume de Meaux*, Paris, 1683, in-4°, pp. 389-390; — Le Grand, *Cout. de Troyes*, Paris, 1737, in-f°, t. I, p. 161; — Caseneuve, *ibid.*, liv. II, ch. I, n°° 8 et 9.

(4) Cfr. J. B. de Buridan, *Cout. de Vermandois*, art. 133 ; — et Pocquet de Livonière, *Traité des fiefs*, Paris, 1733, in-4°, p. 560. — Hervé fait des réserves (*ibid.*, t. VI, p. 400 et suiv.).

(5) La Thaumassière, *op. cit.*, p. 7. — On lit cependant dans la Coutume de Nivernais, tit. 1°°, art. 10 : « Justice étant en franc-alleu est exempte du Prince. » Mais ce passage qui a induit plusieurs auteurs en erreur, notamment Ragueau et Laferrière. (*Hist.*, *op. cit.*, t. IV, p. 102), a une signification locale qui lui ôte toute portée. Guy Coquille et La Thaumassière (*ibid.*, p. 7) déclarent en effet que les justices dont

28. SECOND SENS DE LA RÈGLE ; EFFORTS DES SEIGNEURS POUR LE FAIRE PRÉVALOIR. — Cette distinction subtile ne fut pas goûtée par les seigneurs. L'esprit féodal était trop antipathique aux alleux pour ne pas chercher à les soumettre à ce domaine direct, dont ils étaient restés exempts. Que fallait-il faire pour cela? Simplement étendre à la terre ce qui était dit de la justice, et à l'aide d'une habile confusion entre la seigneurie directe et la seigneurie justicière, appliquer à la première comme à la seconde la règle *Nulle terre sans seigneur*, ainsi détournée pour les besoins de la cause de son sens primitif (1). C'est précisément ce que firent les seigneurs féodaux ; et c'est par ce moyen que s'entama la dernière lutte de la féodalité contre l'allodialité.

Déclarée ouvertement au xv⁰ siècle, la guerre se poursuivit au xvi⁰ avec des alternatives de succès et de revers. La résistance fut vive sur certains points ; et les seigneurs échouèrent ou durent pour triompher y revenir à deux fois. Ainsi en 1440, ils avaient réussi à faire insérer dans la Coutume de Bretagne, le pays féodal par excellence, la règle « Nulle terre sans seigneur », considérée comme s'appliquant à la directe. En 1539, juste un siècle plus tard, une réaction eut lieu, et l'article fut effacé. Mais les seigneurs revinrent à la charge lorsqu'on réforma la Coutume en 1580, et parvinrent, contrairement à

veut parler la Coutume de Nivernais sont celles qui appartiennent à l'Église ou à ses vassaux, et qui sont du ressort de Saint-Pierre-le-Moutier. Ces justices-là sont « exemptes du Prince, c'est-à-dire du duc et prince de Nivernois. » Il ne s'agit ici, bien entendu, que des justices *privées ;* car les justices *publiques* de l'Eglise et des villes sont évidemment allodiales (Hervé, *ibid.*, p. 380 et suiv.).

(1) « On peut, dit La Thaumassière, entendre cette règle de deux sortes : la première que l'on ne peut tenir terre qui ne reconnoisse la justice d'un seigneur, ou celle du Roy ; la deuxième que l'on ne peut posséder terre sans en faire foi et hommage ou reconnoissance en cens à quelque seigneur direct. En la prenant de la première sorte, la règle est véritable, générale et universelle dans le Royaume, parce que tous héritages sont sujets à la justice du Roy, ou à celle des seigneurs, en premier ressort et sous la souveraineté du Roy ;... que si l'on entend de la seconde façon, elle n'est véritable qu'ez Coutumes qui rejettent le Franc-aleu sans titre, etc... » (*Ibid.*, p. 28.) — Cfr. Boucheul, *loc. cit.*, n° 4 ; — Taisand, *loc. cit.*, p. 154-155 ; — etc.

l'opinion de Dumoulin, conformément à celle de d'Argentré, à faire entrer définitivement dans la Coutume bretonne la proscription de l'alleu (1). — C'est surtout au moment de la rédaction des diverses coutumes que les seigneurs essayèrent par leurs protestations de faire attribuer à la directe seigneuriale un caractère universel. Ils comprenaient bien qu'une fois reconnue par des textes sanctionnés par le roi, l'allodialité n'aurait plus rien à craindre des empiètements de la féodalité, et qu'entre les deux principes, le principe de liberté et le principe de sujétion, la limite serait pour longtemps inflexiblement tracée.

Aussi en 1509, quand il s'agit de rédiger la Coutume de Troyes, les seigneurs champenois, auxquels se joignirent quelques membres du clergé, protestèrent-ils contre l'article qui reconnaissait les alleux ; mais ils finirent par abandonner leur opposition, et l'article passa (2). A Chaumont-en-Bassigny, mêmes protestations, même insuccès (3). — En 1534, l'opposition fut si vive en Nivernais que l'article qui consacrait l'allodialité ne fut voté qu'à grand'peine, et que le judicieux Guy Coquille, en ayant apparemment l'esprit troublé, se laisse aller à critiquer et même à refuser d'appliquer l'article discordé, au nom d'une théorie historique, pour le moins singulière (4). — Cinq ans après, en Berry, ce fut encore pis. Bien que l'allodialité y fût certainement de droit commun (5), la Cou-

(1) D'Argentré signale à diverses reprises « l'imprudente *omission* » faite dans la Coutume de 1539; cfr. ses *Commentarii in patrias Britonum leges*, 4° éd., Paris, Nicolas Buon, 1628, in-f°, col. 1331 : « Quod vetus consuetudo expresserat cap. 224 : *Homme ne peut tenir sans seigneur*, mirum est ab reformata esse omissum; » — et col. 1423 : « Nam in totum alaudia nulla sunt, quod veteri expressum, cap. 224, incaute in nova omissum est. » — Cfr Henrion de Pansey, *Répertoire*, v° *Enclave*; — Denizart, *op. cit.*, v° *Fief*, § V, tome VIII, p. 591.

(2) Cfr. le *Procès-verbal de la réd.*, 1509, dans B. de Richebourg, *ibid.*, t. III, p. 260-261 ; et Merlin, *op. cit.*, v° *Franc-alleu*, § 4, tome V, p. 328. Cfr. *infrà* n° 25.

(3) Cfr. le *Procès-verb. de la réd.*, 1509, dans B. de Richebourg, *op. cit.*, t. III, p. 356 ; — et Merlin, *ibid.*, § 5, p. 324.

(4) Cfr. Guy Coquille, *Cout. de Niv.*, ch. VII, art. 1, dans ses *Œuvres*, nouvelle éd., Bordeaux, 1703, in-f°, t. II, pp. 119-120. — Cfr. *infrà* n° 25.

(5) Divers actes de vente, publiés par La Thaumassière et portant

tume, telle qu'elle fut rédigée, garda le plus profond silence
sur la question des alleux. En vain les gens du tiers-état
remontrèrent aux commissaires royaux que « tous héritages
étoient francs et allodiaux, s'il n'apparoissoit du contraire, et que
de ce ils avoient joüy immemorialement »; les commissaires
décidèrent seulement que les gens du tiers-état « informeroient
de leur dire par forme de turbe », et que les résultats de l'enquête seroient mis sous les yeux du Parlement de Paris ; mais
ils se refusèrent à rédiger l'article réclamé, jusqu'à ce qu'il
en eût été « autrement ordonné par la dite cour (1) ». Le Parlement de Paris, le 8 juin 1540, statua sur les oppositions faites
au procès-verbal; mais sur la question soulevée par le tiers-
état, son arrêt ne renferme qu'une disposition purement dila-
toire : « A ordonné et ordonne ladite cour, qu'avant que faire
droit sur ladite requeste, lesdits gens du tiers état écriront
plus amplement leurs faits, causes, raisons et moyens, qui
seront communiqués aux gens du premier et second états
pour y répondre, le tout dedans un mois, et à deux mois après
informeront, *hinc inde*, et respectivement, *super modo utendi*,
et immemoriale joüissance prétenduë, et sera le tout commu-
niqué aux officiers du roy et de la duchesse de Berry, etc... (2). »
L'affaire en resta là; et plus tard, il faudra l'érudition de La
Thaumassière pour prouver à grand renfort d'arguments et
de parchemins que le silence de la Coutume ne pouvait rien
changer au *statu quo*, et qu'il fallait après comme avant 1539
présumer l'allodialité des héritages jusqu'à preuve du contraire (3). — A Auxerre, la question ne présenta pas autant de
difficulté : malgré la protestation faite en 1561 par les seigneurs

sur des alleux, déclarent que le vendeur s'engage à garantir l'acquéreur
de toute exaction « *secundum usus et consuetudines Bituricenses* ». Cfr.
chartes de juin 1222, sept. 1222, avril 1230, juillet 1231, nov. 1242,
janv. 1250, mars 1250, juillet 1254, juillet 1255, 24 déc. 1259, etc. (Dans La
Thaumassière, *Franc-alleu, ibid.*, p. 46 et s.).

(1) *Procès-verbal de* 1539, dans La Thaumassière, *Nouv. comm. sur les
Cout. gén. de Berri*, nouv. édit., Bourges, Cristo, 1701, in-f°, p. 681.

(2) *Arrêt de* 1540, dans La Thaumassière, *ibid.*, p. 687.

(3) C'est dans ce but que La Thaumassière écrivit son traité : *Le franc-
alleu de la province de Berry ou Traité de la liberté des personnes et héritages de Berry*, Bourges, Cristo, 1700 (2e éd.), 54 p. in-f°. La première
édition est de 1667.

et le clergé, l'allodialité, déjà consacrée par la Coutume de 1507, fut formellement maintenue(1).

Les seigneurs tentèrent un suprême effort en 1577; ils essayèrent de faire consacrer par les États généraux réunis à Blois, et cette fois pour tout le royaume, sauf le Dauphiné, la règle « Nulle terre sans seigneur (2) ». Cette prétention ne manquait pas d'audace, surtout à l'égard des pays de droit écrit. Beaucoup de ces derniers, en effet, plus habiles ou plus prudents que les pays de Coutumes, avaient autre chose à opposer aux seigneurs que des arguments historiques ou juridiques, qui n'étaient pas tous assez incontestables pour n'être pas contestés : ils avaient des textes législatifs, des ordonnances royales, qui avaient confirmé à diverses reprises leurs libertés et leurs privilèges.

Le Languedoc notamment pouvait s'appuyer sur plusieurs documents de ce genre (3). D'abord en 1250, saint Louis avait reconnu le franc-alleu de Languedoc, en défendant d'imposer des lods et ventes aux alleux des Albigeois (*suprà n°* 10). Ensuite en 1483, les députés des trois états de Languedoc aux États généraux ayant présenté à Charles VIII un cahier, dont un article demandait que les terres allodiales fussent maintenues dans leur franchise, et qu'on empêchât les commissaires des francs-fiefs d'étendre leur commission aux terres tenues en franc-alleu, le roi fit une réponse favorable à cet article; et peu après par lettres patentes déclara que les habitants du Languedoc n'auraient rien à payer pour les terres « tenues et possédées par eux de toute ancienneté franches de censives ». Enfin en 1501, le procureur du roi et quelques seigneurs de fiefs ayant contraint des alleutiers à leur payer des tributs, Louis XII défendit, « sur certaines et grandes peines à lui à appliquer », d'imposer aux terres tenues en pur et franc-alleu par les habitants du Languedoc, aucunes taxes, « fors celles qui sont et seront trouvées être dues par ancienne jouys-

---

(1) Cfr. Merlin, *ibid.*, § 9, p. 337; — et *infrà n°* 25.

(2) Cfr. Collet, *Usages de Bresse*, Lyon, 1698, in-f°, p. 43 ; — Merlin, *ibid.*, § 26, p. 354; — Denizart, *loc. cit.*, p. 592; — Viollet, *op. cit.*, p. 600.

(3) Cfr. Caseneuve, *op. cit.*, liv. I, ch. XIII, n° 9, et ch. XIV en entier.

sance, par lettres, instrumens et autres bons et loyaux titres et enseignements (1) ».

De même pour le Dauphiné, les confirmations royales ne manquaient pas : d'abord en 1349, lors de la cession au roi de France, la liberté naturelle des terres delphinales avait été garantie ; en 1367, une déclaration de Charles V la confirma à nouveau, en même temps que tous les privilèges des habitants du Dauphiné (2). En 1381, Charles VI confirma à son tour les privilèges accordés par Humbert II, seigneur du Dauphiné, aux habitants du Briançonnais ; il est question dans ses lettres de terres *franches*, qui peuvent être données en emphytéose (3). Enfin le 15 janvier 1555, Henri II rendit une ordonnance qui admettait formellement le franc-alleu. Le doute n'était donc pas possible : le Dauphiné était terre allodiale ; aussi lorsqu'aux États de Blois la noblesse demanda, dans les articles qu'elle présenta au roi le 30 janvier 1577, que « toutes les terres du royaume fussent déclarées féodales ou censuelles », eut-elle soin d'excepter le Dauphiné.

Malgré cette restriction, la prétention des seigneurs ne pou-

(1) *Lettres du* 9 *oct.* 1501, Lyon : « ... les gens des trois estats de nostre pays de Languedoc... nous ayant fait exposer que les manants et habitants de nostre dit pays de Languedoc, qui est gouverné par droit escrit, selon lequel toutes choses sont franches, s'il n'appert qu'elles ayent esté asservies en quelques charges, tiennent et ont accoustumé tenir plusieurs terres et possessions, en *pur et franc-alleu*, mais ce neantmoins nostre procureur..., et pareillement plusieurs seigneurs de fief, en plusieurs endroits de nostre dit pays de Languedoc, ont voulu et veulent contraindre, et de fait ont contraint plusieurs nos subjets à recognoistre, imposer et mettre tributs nouveaux sur leurs terres et possessions, que de tous temps et d'ancienneté ont tenues et possédées franches et libres et mesmement en payant nos tailles et subsides, etc... » (*Ordonn. des rois de France*, t. XXI, p. 294-295.)

(2) *Lettres de* 1367 ; *ibid.*, t. V, p. 42 ; — ou dans Isambert, *op. cit.*, p. 290-291. — Cfr. notamment l'art. 15, un peu obscur, mais qui semble bien se référer aux alleux, où il permet de bâtir des forteresses.

(3) *Lettres du* 25 *juillet* 1381, Crécy-en-Brie, § 11 et 19 ; dans les *Ordonn. des rois de France*, t. VII, p. 727. — L'emphytéose *proprement dite*, dont le nom était beaucoup plus répandu que ne l'était la chose elle-même, ne pouvait s'appliquer qu'aux alleux ; cfr. la démonstration de ce point dans Emile Chénon, *op. cit.*, p. 51-52.

(4) Cfr. Merlin, *ibid.*, § 26, p. 354.

vait être admise, parce qu'elle contrevenait trop directement
aux principes reçus dans certaines provinces, de droit écrit ou
de coutumes. Elle fut donc repoussée et la règle que toute terre
devait être fief ou censive ne fut pas transformée en loi générale. Les seigneurs réussirent seulement, en 1580, à la faire
rétablir dans la Coutume de Bretagne, qui après l'avoir admise
en 1440 l'avait « omise» en 1539. Ce fut là le plus éclatant de
leurs succès. Mais malheureusement pour la liberté du sol,
ils avaient remporté sur divers points du territoire des vic-
toires partielles. Il est temps maintenant de rechercher, dans
les textes des Coutumes et les ouvrages des commentateurs,
les résultats de la lutte, après en avoir indiqué les principales
péripéties.

Aussi bien, l'époque où nous sommes parvenu est éminemment favorable pour une pareille enquête. La lutte entre les
seigneurs et les propriétaires d'alleux est en effet terminée.
La féodalité, énergiquement combattue par la royauté, décline
et désarme. L'allodialité a donc reçu du pouvoir central un
secours efficace, bien qu'indirect. Seulement, elle ne put lui
en avoir une longue reconnaissance ; car ces armes que le roi
a arrachées aux seigneurs féodaux, il va les ressaisir et s'en
servir à son tour. A la lutte contre la théorie de la directe
seigneuriale universelle va succéder la lutte contre la théorie
de la directe *royale* universelle. Toutefois entre le moment où
la féodalité cesse la guerre, et le moment où le roi la reprendra pour son propre compte, il doit s'écouler une période de
calme relatif, qui correspond à peu près au règne d'Henri IV.
Or à cette époque les Coutumes sont toutes rédigées et même
réformées ; la question de l'allodialité s'y trouve tranchée à
l'égard des *seigneurs ;* et comme elle ne se pose pas encore, au
moins franchement, à l'égard du roi, le moment, nous le répétons, est tout à fait propice pour nous arrêter un instant,
afin d'embrasser dans un coup d'œil d'ensemble l'état de la législation, de la jurisprudence et de la doctrine en matière
d'alleux, à la fin du XVIᵉ siècle.

CHAPITRE III

LES ALLEUX D'APRÈS LES COUTUMES

SECTION I

De la présomption d'allodialité

Étant données la variété et la confusion inhérentes au droit coutumier, il va de soi qu'on ne saurait trouver dans les Coutumes un système uniforme sur l'allodialité. Pour se reconnaître plus facilement au milieu de leurs dispositions souvent peu claires, il est nécessaire de distinguer deux questions différentes. Il faut rechercher d'abord de quelle manière les différentes Coutumes ont réglé le conflit entre le principe féodal et le principe allodial (*section I*). Il faut voir ensuite de quelle manière elles ont traité les alleux (*section II*). — La première question est celle dont les feudistes se sont le plus occupés ; c'est en effet la question capitale. Elle revient à se demander quelle *présomption* admettaient les Coutumes lorsque la qualité d'une terre était inconnue ou contestée. La présumait-on allodiale, ou, au contraire, soumise à une directe (féodale ou censuelle)? En d'autres termes, à qui incombait le fardeau de la preuve? Était-ce au seigneur qui prétendait la directe, ou au propriétaire qui la repoussait? Dans bien des cas, la question était, pour l'alleu, une question de vie et de mort. Elle mérite donc d'être étudiée en détail.

Or si l'on consulte les Coutumes, on s'aperçoit vite qu'un certain nombre seulement tranchent la question d'une façon explicite. De là la nécessité de distinguer ici, comme sur beaucoup d'autres points, les Coutumes expresses ou semi-expresses, et les Coutumes muettes (1). Les premières se subdivisent à leur tour en trois groupes : 1° Quelques-unes (Coutumes *anti-allodiales*) suppriment toute difficulté en supprimant les alleux, c'est-à-dire en appliquant dans son sens détourné, et d'une façon absolue, à titre de présomption *juris et de jure*, la maxime : « Nulle terre sans seigneur » ; 2° d'autres (Coutumes *allodiales*) admettent la règle inverse : « Nul seigneur sans titre » ; 3° enfin les dernières (Coutumes *censuelles*) admettent la règle : « Nul alleu sans titre » ; c'est-à-dire la règle : « Nulle terre sans seigneur », à titre de présomption *juris tantum*, permettant la preuve contraire (2). — Après avoir vu quelles Coutumes ou quels pays faisaient partie des trois groupes, *anti-allodial*, *allodial*, et *censuel*, nous rechercherons quel système était suivi ou devait être suivi dans les ressorts des Coutumes *muettes* (3).

(1) Cfr. Claude de Ferrière, *Traité des fiefs*, 2ᵉ édit., Paris, 1680, in-4, p. 537, nᵒ 6 ; — Bobé, *op. cit.*, p. 392 ; — Hervé, *ibid.* p. 237-242.

(2) Nous suivons la division indiquée par Duplessis, *op. cit.*, p. 167-168. — La plupart des anciens auteurs distinguent seulement deux sortes de Coutumes : allodiales et censuelles (cfr. : Ferrière, *ibid.* ; — Bobé, *ibid.* ; — Auroux des Pommiers, *op. cit.*, *addit.*, p. 41 ; — Pocquet de Livonière, *op. cit.*, p. 558 ; — Bouhier, *ibid.*, p. 253, nᵒˢ 21 à 23 ; — Guyot, *op. cit.*, t. I, p. 211 et suiv.) — Hervé, *ibid.*, distingue au contraire cinq groupes différents : coutumes allodiales expresses ; coutumes mentionnant les alleux sans s'expliquer sur la présomption d'allodialité ; coutumes anti-allodiales expresses (subdivisées en coutumes anti-allodiales absolues et coutumes simplement censuelles) ; enfin coutumes entièrement muettes. Il est facile de ramener cette division à la division identique au *fond*, mais plus simple en la *forme*, de Duplessis. Nous tiendrons compte, du reste, dans les pages qui vont suivre, des distinctions d'Hervé.

(3) En *Allemagne*, on suivait un système beaucoup plus simple et plus rationnel, celui du droit civil ; quand il y avait procès sur la nature allodiale ou féodale d'une terre, c'était toujours au *demandeur*, quel qu'il fût, à faire la preuve. (Garsonnet, *op. cit.*, p. 314.)

§ I. — Revue des pays anti-allodiaux

24. COUTUMES DE BRETAGNE, SENLIS, BLOIS, ET BOULENOIS. — Parmi les Coutumes anti-allodiales, figure au premier rang la Coutume de *Bretagne*. L'article 224 de la rédaction de 1440 formulait expressément, nous l'avons vu, la règle : « Nulle terre sans seigneur », laquelle au contraire fut omise dans la rédaction de 1539 (*suprà* n° 23). Malgré cela l'esprit féodal était si puissant en Bretagne (1), que Bertrand d'Argentré, le représentant classique de cet esprit, soutenait, même sous l'empire de la Coutume de 1539, que l'allodialité ne pouvait être reconnue dans la province. « Il est même faux, disait-il, de considérer les choses comme libres par droit primaire, naturel et primordial, au point de les réputer, là où existent des alleux, allodiales plutôt que féodales. S'il y a quelque part de tels alleux, certainement en Bretagne il n'en existe point (2) ; bien plus, il est partout de vérité banale que tout domaine, toute possession, pour tout possesseur et quelle qu'en soit la provenance, sont tenus en fief; ce que l'ancienne Coutume avait exprimé à l'article 224 : *Homme ne peut tenir terre sans seigneur.* Il est étonnant que lors de la réformation, l'on ait omis cet article, qui entraîne de nombreuses conséquences. On n'aurait pas dû l'omettre, parce qu'il est vrai et appliqué en fait (3). » D'Argentré émettait là une doctrine à la fois inexacte

---

(1) Cfr. Laferrière, *Hist.*, *op. cit*, t. V, p. 598-599.

(2) D'Argentré ferait mieux de dire qu'il n'en existait *plus ;* car nous avons trouvé de nombreux alleux en Bretagne dans la période dite cependant de la féodalité *absolue* (*suprà*, n° 12).

(3) D'Argentré, *op. cit.*, col. 1331. — D'Argentré continue ainsi : « Quod tamen omitti non debuit, cum de facto verum sit, et hoc jure utamur, quod et olim in regesta cameræ computorum relatum Mollinœus notat, et de facto in multis locis non esse verum dicit propter frequentiam alaudiorum. » — Dumoulin dit mieux : il dit qu'ayant interrogé sur ce fait, mis en circulation par G. Benedictus, plusieurs magistrats de la Chambre des comptes, ils lui avaient répondu qu'ils n'avaient jamais vu sur leurs registres la prétendue maxime : « Nulle

et fort dure. Néanmoins elle fut acceptée par la nouvelle Coutume de Bretagne, réformée en 1580 sous l'influence des doctrines du fameux sénéchal de Rennes (1). L'article 328 est en effet ainsi conçu : « Nul ne peut tenir terre en Bretagne sans seigneur, parce qu'il n'y a aucun franc-aleu en iceluy pays. » Les articles 289 et 290 déterminent la quotité du cens à percevoir, « nonobstant longue tenue », c'est-à-dire malgré toute prescription alléguée par ceux qui se prétendraient exempts ; le seigneur « en peut user comme sur les autres hommes ès lieux circonvoisins ». L'exemption prétendue, pour être admise, doit être prouvée par titre (2). Donc en Bretagne, toutes les terres sont fiefs ou censives au regard des seigneurs. Quant au roi, d'Argentré ne lui donne pas de prérogatives plus étendues qu'aux autres seigneurs féodaux. Il n'aura de domaine direct que sur les terres enclavées dans ses fiefs, bien qu'il ait *jure coronæ* la souveraineté sur le territoire. D'Argentré distingue avec raison le *jus supremi ressortûs* du *dominium directum* (3).

A la Coutume de Bretagne, il faut joindre la Coutume de *Senlis*, qui s'exprime de la même façon dans son article 262 : « Aucun ne peut tenir terre sans seigneur (4). » Cet article dont

---

terre sans seigneur. » (Dumoulin, *Cout. de Paris*, art. 46, n° 12.) — Cfr. Caseneuve, *loc. cit.*, liv. II, ch. 11, n°° 1-3.

(1) Cfr. Caseneuve, *ibid.*, ch. 1, n° 7.

(2) *Cout. de Bretagne* de 1580, articles 289-290 : « Quand aucun seigneur a accoustumé lever et user d'aucuns subsides en sa seigneurie, et qu'un ou plusieurs des demeurans et estans entre les metes dudit seigneur, et en sa seigneurie, prétendent exemption desdits subsides, ils sont tenus de prouver le tiltre de leur exemption : ores qu'ils diroient qu'ils, ne leurs prédécesseurs ou autheurs n'en auroient jamais payé aucune chose. — Et à faute de prouver leur tiltre d'exemption, le seigneur en pourra user comme sur les autres hommes ès-lieux circonvoisins, nonobstant longue tenue. » — Cfr. *Anc. Cout. de* 1539, art. 277, même rédaction.

(3) Cfr. d'Argentré, *op. cit.*, sur l'article 328 : « Ita ut princeps non magis potest se prætendere fundatum in dominio directo rei, quam quilibet alius, licet supremi ressortus jus ad eum pertineat jure coronæ ; sed dominium directum ex probationibus pendet, prout quisque reperitur fundatus in loco, et terminis, et territorio loci cujusque particulariter. »

(4) Dans B. de Richebourg, *op. cit.*, t. II, p. 731.

le sens absolu n'est pas contesté, ne fait que reproduire le passage précédemment cité de Beaumanoir, qui doit en être regardé comme le commentaire anticipé (1). — Vient ensuite la Coutume de *Blois*, dont l'article 33 est ainsi libellé : « Au comté et bailliage de Blois et ressort d'iceluy, y a trois droits seigneuriaux recognitifs de seigneurie : c'est à savoir fief, cens et terrage : lesquels s'appellent seigneuriaux, pour ce qu'aucun ne peut tenir héritage esdit comté, bailliage et ressort, sinon qu'il le recognoisse tenir d'aucun seigneur à l'un des trois droits, si lesdits heritages n'estoient bien et deuement amortis, et que les seigneurs y prétendant censive, terrage ou féodalité, eussent été payés de leurs indemnitez (2) ».

Dans le *Boulenois*, la question de la présomption d'allodialité ne se posait pas; car dans ce pays, semblable en cela à la Bretagne, « il n'y avait pas d'alleux (3). »

Telles étaient les Coutumes anti-allodiales, heureusement rares, comme on le voit. Dans ces Coutumes, toute terre était fief ou censive, et dépendait de la seigneurie qui l'enclavait. Si par hasard elle n'était enclavée dans aucun territoire seigneurial, elle n'était pas pour cela déclarée libre; la directe appartenait alors au roi, comme suzerain universel de tous les fiefs de son royaume (4). L'alleu de *concession* n'était pas même

(1) Cfr. *suprà*, n° 12; — et le commentaire de De Saint-Leu, *Cout. du bailliage de Senlis*, Paris, Villery, 2° édit., in-4, 1703, p. 391. Cet auteur semble être moins rigoureux que Beaumanoir et admettre la preuve de l'allodialité par titres exprès, mais non par possession même immémoriale.

(2) Dans B. de Richebourg, *op. cit.*, t. III, p. 1049-1050. — Cet article fut discordé par les gens d'Église, qui en appelèrent. — Une difficulté existait relativement à cinq châtellenies du Berry : Vatan, Selles, Levroux, Saint-Aignan et Menetou-sur-Cher, qui avaient été annexées sous Louis XII au comté de Blois. Devaient-elles être régies par la Coutume de Blois ou par la Coutume de Berry ? Voir sur ce point : Chopin, *Cout. de Paris*, Paris, Jacques d'Allain, 1662, in-f°, p. 54, n° 26.

(3) Le Roy de Lozembrune, *Comm. de la Cout. de Boulenois*, dans le *Coutumier de Picardie*, Paris, nouvelle édit., in-f°, 1726, t. II, p. 103. — La *Coutume de Poitou*, qu'Hervé (*ibid.*, p. 344) range parmi les Coutumes anti-allodiales, à cause de son article 52, est en réalité une Coutume censuelle ; cfr. *infrà*, n° 32.

(4) Argou, *Instit. au droit français*, Paris, 1771, t. I, p. 157.

admis dans ces Coutumes. La concession d'un titre d'affranchissement par un seigneur, disait Poullain-Duparc, amènerait simplement la dévolution au fief supérieur, c'est-à-dire ne produirait l'affranchissement que d'une façon relative, au regard du concédant seulement (1). Cette règle a paru bien rigoureuse à Hervé, qui n'ose cependant en contester l'exactitude, mais qui propose d'admettre à titre de tempérament équitable, là possibilité de créer des alleux de concession, même en Bretagne, avec l'autorisation du roi (2). D'autres auteurs vont plus loin. Malgré « les termes généraux et impératifs » des Coutumes anti-allodiales, ils prétendent que l'allodialité y peut être prouvée par *titres*. Quelques-uns exigent la représentation du titre *primitif* de concession de l'alleu (3). Ceux qui assimilent les Coutumes anti-allodiales aux Coutumes simplement censuelles, se contentent même de titres *déclaratoires*. Mais une pareille solution est certainement contraire aux textes.

§ II. — Revue des pays allodiaux

25. COUTUMES ALLODIALES EXPRESSES : TROYES, SEZANNE, CHAUMONT, METZ, VERDUN, LANGRES, AUXERRE, ET NIVERNAIS. — En regard des Coutumes anti-allodiales, il faut placer les Coutumes où l'allodialité était reconnue de la façon la plus large, c'est-à-dire celles qui repoussaient expressément la règle : *Nulle terre sans seigneur*, en tant qu'appliquée à la *directe*, et qui se faisaient un honneur de proclamer la règle inverse : *Nul seigneur sans titre*. Dans ces Coutumes, toute terre était réputée allodiale, à moins que le seigneur qui prétendait sur elle la directe féodale ou censuelle ne prouvât sa prétention par *titre*. L'alleutier n'avait même pas besoin d'alléguer sa possession ; il n'avait qu'à dire à son adversaire :

(1) Poullain-Duparc, *Principes*, t. I, p. 75.
(2) Hervé, *ibid.*, p. 348.
(3) Duplessis, *ibid.*, p. 168.

« Prouvez (1). » En d'autres termes, l'allodialité y était le *droit commun* (sinon le *fait* commun), et la féodalité l'exception.

L'une des Coutumes les plus nettes à cet égard est la Coutume de *Troyes*. — Après avoir indiqué qu'il existait plusieurs sortes d'héritages : alleux, fiefs, censives, etc... (art. 50), elle ajoute (art. 51) : « Tout héritage est franc, et réputé franc-alleu, qui ne le montre estre serf et redevable d'aucune charge : posé qu'il soit assis en justice d'autrui, et qu'il n'en ait tiltre (2). » Ainsi, il n'est pas besoin qu'un alleutier, même enclavé, ait un titre pour prouver la franchise de sa terre ; c'est au contraire au seigneur qui prétend avoir une directe, à fournir ses preuves. La Coutume admet donc les alleux d'origine et de prescription, aussi bien que les alleux de concession fondés sur un titre. Sur ce point, l'article 51 est d'une netteté énergique, si l'on peut s'exprimer ainsi (3). Lorsqu'on le rédigea en 1509, il s'était bien produit quelques protestations de la part des nobles et de quelques membres du clergé ; mais ces protestations, assez timides d'ailleurs, ne prévalurent point. Voici au surplus, comment la scène est racontée par le procès-verbal de la rédaction : « Les nobles et aucuns des gens d'Église ayant haute justice, estant en ladite assemblée, ont dit que de ce il n'y en a point de coutume, et que si les gentils-hommes tenant fiefs sont tenus, pour raison d'iceux, faire envers le roi, la foi et hommage, aller au ban et arrière-ban, et faire service : pour plus forte raison un roturier qui tient terres en leur justice, est tenu leur payer quelque censive ou redevance ; et ne les peuvent tenir sans seigneur ; autrement, terres roturières seroient plus privilégiées que féodales. Les gens d'Église non ayant justice, praticiens et autres bourgeois disant au contraire, que toute servitute vienne à restreindre et abolir, et toute liberté à soutenir, et qu'aussi de droit toutes terres sont franches. Et parce que celui qui y peut prétendre cens ou servitude le doit monstrer et faire apparoir, *alias*, ou faute de

(1) Hervé, *ibid.*, p. 258-262.
(2) Dans B. de Richebourg, *op. cit.*, t. III, p. 243.
(3) Cfr. Merlin, *op. cit.*, v° Franc-alleu, p. 323 : « ... Il n'y a pas de coutume en France plus énergique pour le franc-alleu. »

ce, ledit héritage ou terre doit estre dite et réputée franche.
Vu lequel différend, qui n'estoit seulement audit bailliage de
Troyes, mais ès-bailliages de Chaumont et de Vitry (lesquels
avoient été remis à la Cour), nous avons ordonné que lesdits
gens d'Église, nobles, et praticiens, inscriroient et produiroient
ce que bon leur sembleroit; afin d'en faire rapport à la Cour,
pour par icelle en estre ordonné; et que cependant, les gens
d'Église et nobles useront, quant à cet article, sur leurs sujets,
de tels droits qui leur peuvent compéter et appartenir; en
réservant à leurs sujets leur défense au contraire. Et pour plus
amplement déclarer le fait dudit franc-alleu, a semblé à tous
les assistants que l'on devoit mettre l'article qui suit (1) »,
c'est-à-dire l'article 51. En présence de cet article, toute discussion devenait superflue; aussi les opposants finirent par se
désister, et la jurisprudence ne put faire autrement que de
constater et maintenir d'une façon constante l'allodialité dans
la Coutume de Troyes, en exigeant toujours la preuve de la
seigneurie directe (2). Les anciens auteurs sont unanimes à
approuver cette jurisprudence.

Plus tard, il est vrai, le domaniste Galland, dont nous aurons
à reparler plus d'une fois, et qui fut un antagoniste passionné
du franc-alleu, soutint que l'allodialité de la Coutume de Troyes
était une innovation introduite lors de la rédaction du
XVIᵉ siècle (3). « Mais il commettait à cet égard, dit M. Laferrière, une erreur de fait et de droit. Le coutumier de Champagne, qui est du XIIIᵉ siècle, mentionne dans les articles 8, 9
et 55, les successions d'*alœuf* ou d'*alués* (4); et l'ordonnance de
Louis X, de mai 1315, qui rappelait les plus anciens usages de
la Champagne pour les maintenir ou les modifier, contient
également des dispositions relatives aux alués (5). L'antiquité

(1) Dans B. de Richebourg, *ibid.*, p. 260-261.

(2) Merlin cite en ce sens divers arrêts des 20 nov. 1554, 5 janv. 1603,
13 mai 1621, 22 août 1669, 17 août 1673, 7 sept. 1784 (*loc. cit.*). Dans le
procès de 1673 est impliqué le cardinal de Retz.

(3) Galland, *op. cit.*, p. 113.

(4) Les *Coutumes de Champagne et de Brie*, à la suite de la *Cout. de
Troyes*, par Le Grand, *ibid.*, p. 349.

(5) Art. 3; dans les *Ord. des rois de France*, t. I, p. 571.

du caractère allodial des coutumes de Champagne est donc incontestable (1) : « En notre coutume, dit Le Grand dans son savant commentaire sur la Coutume de Troyes (2), la présomption a toujours été pour les détenteurs que les héritages sont francs et allodiaux, si les seigneurs ne montrent le droit de cens ; c'est-à-dire que nous présumons qu'*originairement* et de *toute antiquité* les héritages ont été possédés franchement et allodialement (3). » En fait, toutefois, Le Grand avoue qu'il y avait peu d'héritages allodiaux au ressort de Troyes, « excepté proche et aux environs des bonnes villes, » à cause de la multiplicité des baux à cens, plus ou moins volontaires (4).

Tout près de Troyes, la petite Coutume locale de *Sezanne, Treffou et Chantemarle*, au ressort de Meaux, disait avec une grande précision de termes : « Par la coustume gardée esdites chastellenies,... tout héritage est franc de censive, s'il n'appert du contraire, supposé qu'il soit assis en la haute justice d'aucun haut justicier (5). » — La Coutume de *Chaumont-en-Bassigny*, également limitrophe de celle de Troyes, disait de même (art. 62) : « L'on tient audit bailliage que tout héritage est réputé franc, qui ne le prouve être redevable d'aucune charge, quelque part qu'il soit assis (6). » Donc un héritage, même enclavé dans une seigneurie circonscrite, est présumé allodial, jusqu'à preuve du contraire. « Tout héritage est ici réputé franc, dit Delaître, commentateur de la Coutume de Chaumont, s'il n'appert du contraire, c'est-à-dire que la présomption est toute en faveur du tenancier ; une possession de franchise lui suffit, et il n'a besoin d'aucun titre pour l'établir. » Comme en beaucoup d'autres endroits, l'art. 62 de la Coutume de Chaumont n'avait pas passé sans protestation lors de la rédaction.

---

(1) Cfr. *suprà* n° 12.

(2) Le Grand, *op. cit.*, p. 162.

(3) Laferrière, *Hist.*, *op. cit.*, t. VI, p. 66-67. — La Coutume de *Troyes* est en outre une des rares coutumes qui distinguent d'une façon expresse les alleux nobles et les alleux roturiers. Nous aurons à revenir sur ce point (*infra* n° 41).

(4) Le Grand, *ibid.*, p. 160 et 162.

(5) Dans B. de Richebourg, *ibid.*, t. III, p. 403.

(6) Dans B. de Richebourg, *op. cit.*, t. III, p. 356.

Les nobles prétendirent qu'il introduisait un droit nouveau (1), et firent si bien qu'il fut renvoyé à la Cour; mais leur opposition n'eut aucun résultat, car l'article, tel qu'il était rédigé, fut toujours observé dans le ressort de la Coutume (2), et consacré à diverses reprises par le Parlement de Paris lui-même (3).

La Coutume générale de la ville et cité de *Metz*, celle de l'évêché de *Verdun*, et les Coutumes locales de *Langres* (art. 4), sont également formelles. — « Terre prétendue feudale, dit la Coutume de Metz (4), doit estre recognue ou prouvée telle par tiltre, autrement elle sera tenue allœudiale (5). » — La Coutume de *Verdun* impose au seigneur désavoué par son vassal ou son censitaire la preuve de son droit (6), d'où il faut conclure qu'elle présume l'alleu. — La coutume de *Langres* dit de même: « Au pays de Langres, ne sont dus cens, lods, ventes, ni amendes au seigneur de justice foncière, soit de menu cens ou gros cens, *excepté* ès terres et seigneuries, esquelles les seigneurs ont titre et sont en possession. » La Coutume n'admet donc la censive qu'à titre d'exception; elle admet par conséquent très clairement la présomption d'allodialité (7).

La Coutume d'*Auxerre* et la Coutume de *Nivernais* se font encore remarquer par la précision de leurs termes. — L'art. 23 de la Coutume d'Auxerre, réformée en 1561, s'exprime ainsi : « Tous héritages sont réputez et tenus pour francs et libres de censive, s'il n'appert du contraire (8). » Cet article 23 était conforme à l'article 135 de la Coutume de 1507 (9). En 1507, les membres du clergé et de la noblesse présents à la rédaction

(1) *Ibid.*, p. 367.

(2) Cfr. Caseneuve, *ibid.*, liv. II, ch. III, n° 6.

(3) Cfr. Merlin, *op. cit.*, v° Franc-alleu, p. 324. — Cet auteur cite divers arrêts des 6 sept. 1658, 8 janv. 1659, 7 mars 1665, rendus contre des seigneurs qui prétendaient se prévaloir de la règle : *Nulle terre sans seigneur*, dans le ressort de Chaumont.

(4) Tit. III, des fiefs et franc-allœufs, art. 16 ; dans B. de Richebourg, *op. cit.*, t. II, p. 339. — Cfr. tit. XIV, art. 5 et 7.

(5) Cfr. Laferrière, *op. cit.*, t. V, p. 32.

(6) Verdun, tit. I, art. 12 (dans B. de Richebourg, *ibid.*, p. 427).

(7) Cfr. Hervé, *ibid.*, p. 289.

(8) Dans B. de Richebourg, *op. cit.*, t. III, p. 595.

(9) *Ibid.*, p. 577.

avaient bien protesté contre ce dernier article, mais il n'en fut pas moins observé comme conforme au droit naturel et commun. En 1561, ils renouvelèrent leur opposition, et tentèrent de faire insérer dans la Coutume l'article suivant rédigé par leurs officiers : « L'on ne peut tenir aucuns héritages en justice haute, moyenne et basse d'un seigneur, sans payer audit seigneur la censive, ou à celui qui est seigneur censier, s'il n'y a titre au contraire. » Le tiers-état à son tour réclama vivement ; et les commissaires chargés de présider à la réformation de la Coutume remirent la décision à la fin de leurs séances. L'article 23 fut alors voté à la pluralité des voix ; et le franc-alleu de la Coutume d'Auxerre consacré à nouveau. Cela n'empêcha pas Galland de soutenir plus tard, que l'article 23 ne devait pas tirer à conséquence, parce qu'il avait été « non librement conçu ou arrêté, mais arraché dans le tumulte d'une assemblée confuse ». A quoi Caseneuve répondit victorieusement en objectant la disposition conforme de la Coutume de 1507 (1).

En Nivernais, l'article 1 du chapitre VII de la Coutume générale était conforme à l'article 23 de la Coutume d'Auxerre : « Tous héritages sont censez et présumez francs et allodiaux, qui ne montre du contraire (2). » Cet article avait été si vivement contesté par les nobles nivernais, lors de la réformation de 1534, qu'il avait dû être remis à la cour (3). Guy Coquille, auteur défavorable à l'allodialité, prend texte du fait pour soutenir que l'article 23 n'est pas une coutume arrêtée en Nivernais, et pour trancher la question en faveur des seigneurs. Il en arrive à mettre à la charge des alleutiers la preuve de la franchise de leurs terres, preuve qu'ils feront « ou par titre,

---

(1) Pour plus de détails, cfr. Galland, *op. cit.*, p. 117 ; — Caseneuve, *ibid.*, n° 9 ; — et Merlin, *loc. cit.*, p. 337.

(2) Dans B. de Richebourg, *op. cit.*, t. III, p. 1134.

(3) *Procès-verbal de 1534* : « Au premier article, les officiers de Madame la comtesse (Marie d'Albret), requérant que ledit article demeure à la disposition du droit commun, l'état de l'Eglise a dit qu'il accorde qu'il soit rayé, parce qu'il est conforme au droit commun ; l'état de la noblesse a requis qu'il soit rayé simplement ; et le tiers-état requiert qu'il demeure comme coutume ancienne et utilité. Sur quoi ouïes les parties sur ledit débat et requête, sont renvoyées et remises à la Cour pour en ordonner. » (*Ibid.*)

ou par possession immémoriale». Guy Coquille admet toutefois un tempérament. Le seigneur pourra bien imposer aux terres dont la liberté ne sera pas prouvée, un cens, mais non une de « ces grosses prestations qui ont quelque correspondance aux fruits, comme sont les bordelages, emphytéose, et autres telles ; à l'égard d'icelles faut employer l'opinion... que tout héritage soit présumé libre à l'égard de telles grosses redevances » (1). Cela revient à dire que Guy Coquille ne savait à quoi se résoudre. Plus tard, Galland reprendra sa théorie à l'égard du Nivernais ; mais plus logique, il supprimera le tempérament de Coquille, et soutiendra même que la possession immémoriale ne serait pas suffisante à prouver le franc-alleu en Nivernais (2). Caseneuve, adversaire de Galland, contestera au contraire l'exactitude des allégations de Guy Coquille, en même temps que la logique de son tempérament (3). Quoi qu'il en soit d'ailleurs de cette controverse, *en fait*, le Nivernais suivit toujours la règle « Nul seigneur sans titre », et offrit ainsi le spectacle assez singulier d'une province où la Coutume était favorable à la liberté des terres, et admettait en même temps pour les personnes le dur servage de corps et poursuite (4). — La Coutume locale de *Thevé*, dans le Bas-Berry, était plus libérale ; elle admettait au même titre la franchise des personnes, et l'allodialité des terres : « Tous héritages estans au dedans de la terre et justice dudict Thevé sont réputés franchs, s'il n'appert lesdits heritages estre chargés et redebvables de charge, rente ou cens (5). »

26. Autres coutumes allodiales : Bourbonnais, Auvergne, Haute-Marche. — A ces Coutumes, dont l'allodialité, expressément proclamée, ne peut laisser aucun doute, il faut ajouter toutes celles, qui, sans s'expliquer formellement, contiennent cependant des dispositions incompatibles avec

---

(1) Guy Coquille, *op. cit.*, t. II, p. 119-120.
(2) Galland, *op. cit.*, p. 115.
(3) Caseneuve, *ibid.*, n° 7.
(4) Pour plus de détails, cfr. Merlin, *op. cit.*, p. 338.
(5) Thevé, art. 37 ; dans La Thaumassière, *Cout. locales du Berry*, *op. cit.*, p. 211.

la règle « Nulle terre sans seigneur » considérée comme s'appliquant à la directe (1) ; *par exemple*, la prescriptibilité des droits censuels par le censitaire. « Il n'en faut pas davantage, dit Merlin, pour décider que le franc-alleu naturel forme le droit commun du pays (2). » On peut dire que toute Coutume qui admet la prescription du cens (3) présente par là même un caractère non équivoque d'allodialité.

« Cela est si vrai, disait en 1786 le jurisconsulte Babille dans une consultation délibérée pour les habitants de Moulins, cela est si vrai que, parmi les Coutumes qui reçoivent la maxime *Nulle terre sans seigneur*, il n'en est pas une seule qui admette la prescriptibilité du cens ; quelque longue qu'ait été la cessation de reconnaissance ou de payement de la part du censitaire, fût-elle même de cent ans, on l'assujettit rigoureusement à la redevance commune, ou à la représentation d'un titre, d'après la règle : *Nul franc-alleu sans titre*, qui a lieu dans ces Coutumes, et se confond avec celle-ci : *Nulle terre sans seigneur*. — Au contraire, dans les Coutumes qui admettent la prescription du cens contre le seigneur, il n'est pas nécessaire d'avoir un titre pour posséder son héritage en franc-alleu puisqu'on le peut contre les titres mêmes du seigneur, en vertu de la prescription. Cette règle : *Nul franc-alleu sans titre*, n'a donc pas lieu dans ces Coutumes ; on ne peut donc pas les mettre dans la classe des Coutumes censuelles, nécessairement et universellement gouvernées par la maxime *Nul franc-alleu sans titre*, ou *Nulle terre sans seigneur*. — Dans les Coutumes où l'exemption du cens est prescriptible, il ne suffit pas au seigneur d'avoir un titre ; il ne suffit pas même que ce titre soit valable ; il faut en outre, qu'il ne soit point prescrit, que le tenancier n'ait pas une possession contraire. Tout cela suppose que c'est au seigneur qu'est imposée l'obligation de justifier sa demande. Ce n'est donc pas la maxime *Nulle terre sans*

---

(1) Cfr. Hervé, *ibid.*, p. 289.

(2) Merlin, *ibid.*

(3) Il s'agit bien entendu de la proscription du *droit au cens* lui-même, et non pas des *arrérages du cens*, ni même de la *quotité du cens*, qui sont partout prescriptibles, tandis que le droit au cens est généralement imprescriptible. (Duplessis, *ibid.*, p. 164-166; etc...)

seigneur qui régit ces Coutumes ; c'est la maxime contraire : *Nul seigneur sans titre*, etc. (1). »

D'après ces principes, il faut regarder comme allodiale la Coutume de *Bourbonnais*, qui admettait la prescriptibilité du cens dans une large mesure. D'après l'art. 22, il suffisait en effet de posséder un héritage à titre allodial pendant trente ans pour prescrire le cens contre un seigneur laïque, et pendant quarante ans pour le prescrire contre l'Église (2). Aussi Babille n'hésite pas : « L'art. 22, dit-il, serait détruit sans retour si le système de la censualité prévalait dans cette province. Tous les héritages en effet qui auraient été affranchis par la prescription, et pour lesquels le tenancier n'aurait point de titres, rentreraient par cela seul sous la mouvance du seigneur dans l'enclave duquel ils seraient situés ; et dès lors le tenancier ne pourrait plus prescrire ni s'affranchir..... L'art. 22 de la Coutume se trouverait donc par le fait entièrement abrogé. » Babille invoque en outre l'autorité des commentateurs de la Coutume de Bourbonnais, « qui depuis plus de deux cents ans attestent unanimement et sans contradiction l'allodialité du Bourbonnais, comme ayant formé le droit primitif et constamment soutenu des habitants de cette province ». En effet le président Daret disait déjà au XVIᵉ siècle « qu'on tenait pour règle que tout seigneur qui alléguait sa qualité de seigneur était tenu de la prouver, qu'il fût demandeur ou défendeur ».

---

(1) Babille, *Consult. de* 1786, reproduite dans Merlin, *ibid.*, p. 339. — Hervé se montre moins affirmatif ; il n'admet pas qu'il y ait dans la prescriptibilité du cens une « règle certaine » d'allodialité ; mais il reconnaît qu'elle en est « un des caractères *ordinaires* » (*ibid.*, p. 295-296). Il faut ajouter qu'une Coutume allodiale peut néanmoins déclarer le cens imprescriptible. La conséquence sera simplement qu'une fois *prouvé* par un acte d'une date quelconque, le cens est dû, quelque prescription qu'on allègue. Il ne pourra donc y avoir dans ces Coutumes que des alleux d'*origine* ou de *concession*.

(2) *Cout. de Bourbonnais* (de 1521), art. 22 : « Cens portant directe seigneurie et autres devoirs annuels sont prescriptibles par l'espace de trente ans contre gens laiz, et contre l'Église par l'espace de quarante... » (Dans B. de Richebourg, *op. cit.*, t. III, p. 1233.) — L'art. 31 réserve, comme dans l'ancienne Coutume, le cas des devoirs *féodaux* : « Droit de fiefs ne se peut prescrire par le vassal contre le seigneur féodal... »

En 1654, Potier commentait ainsi l'art. 392 : « Les allodiaux sont reçus en cette Coutume, c'est-à-dire que les héritages y sont francs et tenus pour tels s'il n'appert du contraire (1). » Auroux des Pommiers, le principal commentateur de la Coutume, s'exprimait dans des termes analogues (2), et Duplessis, sur la Coutume de Paris, rangeait expressément le Bourbonnais parmi les provinces dont l'allodialité était certaine (3). — Au surplus la jurisprudence du Parlement de Paris était constante en ce sens. Un arrêt de 1668 avait proclamé le principe contre le roi lui-même, agissant comme seigneur particulier, et représenté par le fermier de la châtellenie de Moulins. En 1713, un nouvel arrêt déclara de même qu'en Bourbonnais il n'y avait pas de seigneurie sans titre. En 1749, le Parlement, jugeant encore contre le fermier d'une seigneurie domaniale, le débouta de sa demande en proclamant l'allodialité complète de la Coutume de Bourbonnais ; cet arrêt est d'autant plus remarquable que le fermier du roi prétendait faire une distinction entre les seigneurs ordinaires et le roi, distinction qui à cette époque n'était pas chose nouvelle, et qui compliquait depuis plus d'un siècle le régime des alleux (cfr. infra Ch. iv). Enfin en 1786, un dernier arrêt fut rendu au profit des habitants de Moulins, qui s'étaient portés parties intervenantes dans un procès particulier où le principe de l'allodialité de leur Coutume était en jeu (4).

(1) Jacques Potier, *Coustumes du pays et duché de Bourbonnois*, Paris in-4, 1654, p. 361.

(2) Auroux des Pommiers, *op. cit.*, p. 180 : « La Coutume de Bourbonnais est une Coutume allodiale ; les héritages y sont présumés francs et tenus pour tels, s'il n'appert du contraire. C'est au seigneur féodal, qui prétend que tel héritage est dans sa mouvance féodale, de le justifier par aveu, dénombrement et autres titres de la tenure des fiefs, et au seigneur censier à prouver sa censive par le titre primitif et originaire de la constitution du cens, ou par d'autres titres équivalents. » — Cfr. *ibid.*, *addit.*, p. 45.

(3) En Bourbonnais, « tout héritage est naturellement estimé franc et allodial s'il n'y paraît du contraire ; de sorte qu'en cette Coutume, c'est la mouvance féodale ou censuelle qu'il faut prouver et c'est le *franc-alleu* qu'il ne faut point justifier. » (Duplessis, *op. cit.*, p. 168.) — *Adde* Guyot, *Traité des fiefs*, t. 1, p. 285 et suiv. ; etc...

(4) C'est à l'occasion de ce procès que Babille délibéra la consulta-

La province de Bourbonnais avait pour limite au sud la province d'*Auvergne*, comprise également dans le ressort du Parlement de Paris, et renfermant quelques enclaves de droit écrit. Comme sa voisine, la Coutume d'Auvergne doit être rangée parmi les Coutumes allodiales, et cela, dit Henrion de Pansey, « par les mêmes motifs, c'est-à-dire l'usage, la jurisprudence, le suffrage des auteurs, et différents articles de la Coutume, qui, sans être nécessairement exclusifs de la règle : *Nulle terre sans seigneur*, peuvent cependant être regardés comme supposant la règle contraire : *Nul seigneur sans titre* (1). » Divers articles en effet mentionnent le franc-alleu (2), ce qui prouve que tout au moins la Coutume le tolère. Quant aux commentateurs, ils sont unanimes. Sans remonter jusqu'à Masuer, qui écrivit sa *Practica Forensis* vers 1440, longtemps avant la rédaction de la Coutume d'Auvergne, et qui déjà semble exiger des seigneurs la preuve de leur directe, on peut citer successivement : — Aymon, qui s'exprime ainsi : « Tous les biens sont présumés libres et allodiaux, s'ils ne sont prouvés être féodaux (3) ; » — Basmaison, qui déclare que « tout héritage de sa première nature est franc et allodial, et que la Coutume maintient en cette liberté naturelle les héritages situés dans son district, etc... » ; — Dapchon, qui écrit : « Quant au seigneur qui prétend cens, directe, fief ou autres charges, il faut qu'il montre titre et droit constitué ; autrement le bien ou héritage demeurera franc, quitte et allodial ; etc... ; » — enfin Chabrol, qui, tout seigneur qu'il fût de plusieurs terres considérables situées en Auvergne, n'a pas émis le moindre doute sur l'allodialité de sa province et a cherché au contraire à la mettre en relief. — La jurisprudence

tion citée plus haut. — Les arrêts mentionnés au texte sont rapportés par Babille, dans Merlin, *ibid.*, p. 341 ; — et Hervé, *op. cit.*, p. 301-302. — *Adde* Merlin, *Questions de droit*, Paris, Garnery, in-4, t. VI (1820), v° *Terrage*, p. 238.

(1) Henrion de Pansey, *Dissert. féod.*, v° Alleu, § 24 ; — Merlin, *ibid.*, p. 236.

(2) Par ex., ch. XVI, art. 19 ; ch. XVII, art. 19 ; ch. XXXI, art. 2 ; dans B. de Richebourg, *op. cit.*, t. IV, p. 1173, 1175 et 1190.

(3) « Omnia bona præsumuntur libera et allodialia, nisi probentur feudalia. »

d'Auvergne, au témoignage de Chabrol, se conforma constam_
ment à cette opinion ; et de plus divers arrêts du Conseil
du roi décidèrent (notamment en 1739 et 1740) (1) que ce
n'était pas aux propriétaires d'alleux à prouver la franchise de leurs terres. — Un dernier argument à invoquer en faveur de l'allodialité de la Coutume d'Auvergne, c'est qu'elle
admettait la prescription du *cens* par trente ans même contre
l'Église (2) ; et que de plus « le droit écrit y était qualifié de
droit commun, pour la partie même qui se régit par le droit
coutumier » ; il fallait donc lui appliquer la règle que nous
trouverons pratiquée en général dans les pays de droit écrit,
à savoir : *Nul seigneur sans titre* (3).

La Coutume de la *Haute-Marche* ressemble sur bien des
points à la Coutume d'Auvergne ; elle admet comme elle la tenure en « franchise (4) », et la prescription du *cens*, par trente
ans contre les seigneurs laïques, et par quarante ans contre
l'Eglise (5) ; aussi ses commentateurs la tiennent-ils pour allodiale (6). — Il y avait en particulier à l'est d'Aubusson toute

---

(1) Arrêts du 10 juin 1739, et 8 mars 1740.

(2) *Coutume d'Auvergne*, ch. XVII, art. 2. — Mais les droits de fiefs ne
se prescrivaient pas (*ibid.*, art. 12).

(3) Pour plus de détails, cfr. Merlin, *ibid.*, p. 235-237. — L'allodialité
de la Coutume d'Auvergne fut contestée par Dubost, *Jurispr. du Conseil sur les droits de franc-fief*, t. II, p. 493, ainsi que celle de Bourbonnais (p. 493). Mais Merlin déclare que Dubost est un auteur fiscal,
dont il y a lieu de se défier. Dubost invoque, il est vrai, un arrêt du
Conseil de 1737, qui aurait décidé, contrairement à ceux de 1739 et
1740, que la Coutume d'Auvergne n'était point allodiale ; à quoi Merlin
répond spirituellement qu'en matière fiscale, deux arrêts qui chargent
ne prouvent pas autant qu'un arrêt qui décharge, et qu'ici la proportion est renversée. — Un arrêt de la Cour de cassation du 23 vendém.
an XIII, rendu sur les conclusions conformes de Merlin, a admis que
la *Coutume d'Auvergne* était *purement allodiale* (*ibid.*, p. 241). *Adde* un
autre arrêt semblable du 3 juin 1838, dans Dalloz, *Répert.*, v° *Prop.
féod.*, p. 374, note 1.

(4) *Coutume de la Marche*, art. 181 : « La chose tenue en fief, censive,
ou *franchise...* » (B. de Richebourg, *ibid.*, p. 1118.)

(5) *Ibid.*, art. 91 ; loc. cit., p. 1107. — Mais « le droit de fief ne se peut
prescrire contre le seigneur par le vassal » (art. 95).

(6) Barthél. Jabely, *Les Coutumes de la Marche*, édit. Guyot, Paris,
Jean de Nully, 1744, in-12, sur l'art. 150.

une région nommée le *Franc-alleu*, où l'allodialité avait opposé à la féodalité une résistance énergique. Les villes de Belle-
garde et de Sermur étaient au centre de ce pays privilégié (1).

**27. SUITE ; LORRAINE ET BARROIS, VITRY, CHALONS-SUR-
MARNE, SENS.** — Parmi les Coutumes contenant des dispositions
incompatibles avec la règle « Nulle terre sans seigneur », il
faut encore signaler les Coutumes de *Lorraine* et de *Barrois*,
où le cens était prescriptible. La Coutume locale de *Gorze*
admettait de plus qu'il était rachetable (tit. XII, art. 23) ; et
la Coutume d'*Epinal* qu'il pouvait être transféré d'une terre
sur une autre : toutes dispositions conduisant évidemment à
imposer au seigneur la preuve de sa directe. Les commentateurs des Coutumes de Lorraine et de Barrois sont du reste
d'accord pour admettre leur allodialité. Canon sur la Coutume générale de Lorraine (tit. V, art. 15), et Le Paige sur la
Coutume de Bar-le-Duc (art. 52) déclarent, à peu près dans les
mêmes termes, qu'en Lorraine et dans le duché de Bar-le-Duc,
« les terres sont présumées franches, selon le droit commun,
s'il ne paraît point de titre qui assujettisse l'héritage ». Le
Paige, maître à la Chambre des comptes de Bar, ajoute qu'il
y a « un acte de notoriété, donné au bailliage de Bar, le
15 novembre 1620, qui prouve la franchise des terres du même
bailliage (2) ». Il résulte de là que toute la partie nord-est de
l'ancienne France suivait les mêmes principes que la Coutume
expressément allodiale de Metz (3).

Que dire maintenant de la grande Coutume champenoise de
Vitry, dont nous n'avons pas encore parlé ? Était-elle allodiale
comme ses voisines, les Coutumes de Troyes et de Chaumont-

---

(1) Cfr. Louis Duval, *Chartes communales de la Marche*, introd. p. 38,
dans les *Mémoires de la Soc. des sciences naturelles et archéol. de la
Creuse*, année 1877.

(2) Pour plus de détails, cfr. Merlin, *ibid.*, p. 324-325. — La franchise
des terres Barroises fut cependant contestée vers la fin par quelques
auteurs, se fondant sur un arrêt du Parlement de Paris, du 20 janv.
1779, rendu en faveur du comte de Rutant, seigneur d'Illoud ; mais
Merlin démontre que le comte de Rutant n'a eu gain de cause que
parce qu'il avait produit les *titres* de sa seigneurie.

(3) Cfr. et rectif. Laferrière, *Histoire*, op. cit., t. V, p. 32.

en-Bassigny? Sur cette question, « on a, dit Merlin, écrit des volumes de part et d'autre (1). » Lui-même consacre neuf pages in-4 à indiquer les arguments *pour* et *contre*, et à exposer la jurisprudence ancienne. On peut heureusement aller plus vite. Parmi les arguments présentés par ceux qui contestaient à la Coutume de Vitry son caractère allodial, il en faut laisser de côté un certain nombre entièrement en dehors de la question. Les deux seuls à retenir sont les suivants : 1° la Coutume de Vitry reconnaît les alleux ; mais elle ne s'explique pas sur la présomption de droit *pour* ou *contre*, et de plus elle s'exprime comme la Coutume de Paris qui n'est point allodiale ; donc elle n'admet pas la présomption *pour;* 2° l'article 16 de la Coutume, qui établit la prescriptibilité du cens, a été contesté et remis à la cour (2), qui ne s'est point prononcée ; donc il ne peut servir à prouver l'allodialité. Il faudrait pour cela un texte exprès, ou la preuve d'un affranchissement général des habitants. — Ces arguments n'eussent eu quelque valeur qu'en partant de ce principe que la liberté des terres est contraire au droit naturel ; mais même en restant sur le terrain des faits et des textes (nous arriverons plus tard aux principes), il était facile de montrer que dans la Coutume de Vitry la présomption était en faveur des alleux. En 1224 en effet, le comte de Champagne, Thibaut, avait fait rédiger les coutumes du pays ; et le châtelain de Vitry, son vassal, avait assisté à cette rédaction. Or l'article 50 des anciennes Coutumes était ainsi conçu : « Générale coutume est en Champagne, que quiconque met la main à l'héritage et le saisit, soit pour cause de fief ou défaut de censive, ou de coutume, ou de terrage, il n'en doit ôter sa main, se on ne lui noye (nie) son droit ; et se on ly noye, *il le doit recroire et prouver;* et se il prouve son droit, il emporte l'héritage ; et cil qui a fait noy, le perd ; et ainsi en use l'en. » L'obligation de prouver la directe était donc à la charge du seigneur, ce qui est un caractère très net d'allodialité. Sans doute, depuis le XIIIᵉ siècle, il eût pu y avoir des changements ; mais ces changements ne s'étaient pas

---

(1) Merlin, *ibid.*, p. 326.
(2) Cfr. à ce sujet le procès-verbal de la rédaction de la Coutume, dans B. de Richebourg, *ibid.*, t. III, p. 332.

encore produits en 1481 ; car les usances du bailliage de Vitry, rédigées à cette date, en vertu de lettres patentes données par le roi Louis XI, reproduisent précisément la disposition précitée des anciennes Coutumes de 1224 (1). Est-ce donc dans les vingt-huit années qui ont séparé la rédaction des usances de 1481 de la rédaction de la Coutume de 1509 que se serait introduite la règle : *Nulle terre sans seigneur ?* Il suffit de lire l'article 40 de la Coutume pour être convaincu du contraire ; car de cet article, il ressort encore que chaque fois qu'un vassal ou un censitaire désavoue le seigneur, c'est à ce dernier à *prouver son droit* (2) ; sans compter l'article 16 qui admettait la prescriptibilité du cens, et qui, bien que remis à la cour, n'en conservait pas moins sa force obligatoire tant qu'il n'était pas réformé (3).

En présence de ces arguments, la jurisprudence fut long-temps constante en faveur de l'allodialité de la Coutume de Vitry. Caseneuve, Guyot et Merlin citent de 1556 à 1733, plus de vingt arrêts du Parlement de Paris, qui mettent toujours à la charge des seigneurs prétendant directe féodale ou cen-suelle, la preuve de leur droit, et infirment toutes les sen-tences rendues contrairement à ce principe par les juges de ces seigneurs ou par le bailliage de Vitry (4). Merlin commente

---

(1) *Art.* 103 : « Quiconque fait saisir héritage pour cause d'hommage non fait, ou pour défaut de censive, de terrage, de coutume non payée, il n'en doit point ôter sa main, si on ne lui nie son droit ; et s'il lui est nié, il en doit ôter sa main et *prouver* son droit ; et icelui prouvé, il emporte ledit héritage et le perdra celui qui lui aura mis en ny sondit droit. »

(2) *Art.* 40 *de la Cout. de* 1509 : « Où le seigneur féodal fait saisir le fief de son vassal, et ledit vassal nie que ledit fief soit mouvant dudit seigneur, et ledit seigneur *le prouve,* ledit vassal perd son fief ; mais en terre de censive, quand le détenteur ou le propriétaire nie au sei-gneur son cens, et le seigneur *le prouve,* le détenteur ne perd pour ce sadite terre. »

(3) Pour plus de détails, cfr. Hervé, *op. cit.,* p. 309 à 327 ; — et Merlin, *ibid.,* p. 326 à 330.

(4) Caseneuve, *ibid.,* liv. II, ch. III, n° 3 ; — Guyot, *op. cit.,* t. II, p. 62 à 66 ; — Merlin, *op. cit.,* p. 330-333. — Il est vrai qu'à partir de 1680 on trouve une douzaine d'arrêts qui paraissent défavorables à l'al-lodialité de Vitry, mais Guyot qui les cite (*ibid.,* p. 66 à 93) avoue que

longuement ces arrêts, « parce que, dit-il, la question se renouvelle tous les jours (1) ». — Elle se renouvela en effet, vers 1743, entre le seigneur et les habitants de Damery et de Cumière, le premier contestant, les autres invoquant l'allodialité de la Coutume de Vitry. L'affaire fut portée à la cinquième chambre des enquêtes du Parlement de Paris, laquelle provoqua une assemblée générale du Parlement. Après avoir examiné la question, les chambres réunies arrêtèrent, le 21 mai 1743, que le roi serait supplié de nommer des commissaires à l'effet de rédiger à nouveau les articles de la Coutume de Vitry, qui pouvaient y avoir rapport. Le roi expédia en effet le 27 juillet des lettres patentes pour faire procéder à une révision de la Coutume. Les trois États de la province furent assemblés le 27 avril 1744 à Vitry, et les commissaires désignés par le roi rédigèrent le procès-verbal dont ils étaient chargés. Mais on s'aperçut, quelque temps après, qu'on avait oublié de convoquer à l'assemblée les habitants de certaines seigneuries et paroisses, qui dépendaient des bailliages de Châlons, Reims, et Soissons, mais qui étaient soumises à la Coutume de Vitry. Pour réparer cette omission, le roi délivra en 1747 de nouvelles lettres patentes, en vertu desquelles une nouvelle assemblée se tint à Vitry le 29 avril 1748 et un second procès-verbal fut rédigé. Les deux procès-verbaux contenant les dires respectifs du clergé, de la noblesse et du tiers-état furent remis au greffe du Parlement, où ils restèrent ; quarante ans après, toute la partie assez considérable de la Champagne que régissait la Coutume de Vitry attendait encore un arrêt définitif (2) ! — Cette incertitude, déjà déplorable par elle-même, eut pour effet de rendre encore plus indécise la jurisprudence. En 1767 et 1769, deux arrêts du Parlement de Paris furent rendus, qui, contrairement au système qui avait maintes fois triomphé depuis 1556, se prononçaient contre l'allodialité

la plupart de ces arrêts décident d'après les *titres* fournis par les seigneurs, et non d'après le texte seul de la Coutume. — Cfr. Brillon, *loc. cit.*, n° 15, qui donne des détails sur un arrêt rendu en 1698, après les conclusions de l'avocat général d'Aguesseau.

(1) Merlin, *ibid.*, p. 330.

(2) Hervé, *ibid.*, p. 308 ; — et Merlin, *ibid.*, p. 326.

de la Coutume de Vitry (1). Mais plus tard, en 1784 et 1785, deux autres arrêts rendus contre le roi en faveur des habitants du village de Passavant et de la seigneurie d'Autry, vinrent rétablir la jurisprudence sur ses premières bases. Ces deux arrêts sont fort intéressants. Dans les deux cas, l'administrateur général du domaine n'avait assigné qu'un petit nombre des habitants de chaque seigneurie ; mais il s'était produit aussitôt une intervention en masse du reste des habitants prenant fait et cause pour les assignés, et protestant hautement du caractère allodial de la Coutume de Vitry. Ce fait donne aux arrêts de 1784 et 1785 une importance particulière (2).

Quant à la Coutume de *Châlons-sur-Marne*, dont le ressort était presque entièrement enclavé dans celui de la Coutume de Vitry, son allodialité était également contestée ; mais on pouvait, comme pour la Coutume de Vitry, la fonder sur divers articles. Outre ceux où il était question des alleux, ce qui prouvait qu'en tout cas la Coutume les admettait, il y avait l'article 123, qui semble considérer les censives comme formant en *droit* l'exception ; et surtout l'art. 200, qui déclare qu'un vassal n'est tenu d'avouer ou de désavouer son seigneur que lorsque celui-ci a fait la preuve de sa mouvance, disposition conforme à la règle : *Nul seigneur sans titre* (3). Malgré la présomption favorable aux alleux, il paraît *qu'en fait*, dans le ressort de la Coutume de Châlons, il y en avait très peu ; mais cela ne fait rien quant à la question de *droit* (4).

La Coutume de *Sens*, autre coutume champenoise, était, à vrai dire, muette sur la question des alleux. En 1555 cepen-

---

(1) Cfr. Merlin, *ibid.*, p. 330. — Ces arrêts sont du 28 août 1767 et 28 août 1769.

(2) Cfr. Merlin, *ibid.*, p. 333-335. — Les arrêts sont du 7 sept. 1784, et 2 août 1785.

(3) « Dans les Coutumes où tout héritage est réputé franc-alleu si le seigneur ne justifie du contraire, le vassal n'est point obligé d'avouer ou désavouer jusqu'à ce que son seigneur lui ait justifié de sa mouvance. » (*Dictionn. de droit*, v° *Aveu*, cité par Merlin, *ibid.*, p. 336.)

(4) Pour plus de détails, cfr. Merlin, *ibid.*, p. 335-336 ; — Louis Godet, *Les Cout. de Châlons*, dans le *Coutumier de Vermandois*, Paris, 1728, in-fol., t. I, sur l'art. 165 de la Cout. ; — Louis Billecart, *ibid.*, p. 130 ; — et Hervé, *ibid.*, p. 303 et suiv.

dant des réclamations s'étaient élevées à ce propos, quand on avait discuté, lors de la réformation, les articles 20, 21, et 225. Par l'organe de leurs procureurs, les habitants d'un certain nombre de villes, notamment de Sens, Tonnerre, Chablis, Marigny, Mussy-l'Evêque, Saint-Just, Clesles, Bagneux, etc., avaient déclaré qu'au bailliage de Sens il existait des alleux, et avaient demandé qu'un article réglât leur condition. Les commissaires royaux n'avaient pas cru devoir obtempérer à cette demande, et la Coutume était restée muette (1). Mais la jurisprudence suppléait à son silence. On cite notamment un arrêt du Parlement du 11 mars 1552, comme ayant jugé, après enquête, que dans la Coutume de Sens, comme dans celle de Langres (2), les héritages étaient réputés libres (3).

28. SUITE; FRANCHE-COMTÉ, BOURGOGNE, BRESSE ET BUGEY. — Avant de passer aux pays de droit écrit, il faut encore signa-ler comme allodial le *duché de Bourgogne*, qui formait la majeure partie du ressort du Parlement de Dijon. Au duché de Bourgogne, on peut joindre dès à présent la *comté de Bour-gogne*, ou *Franche-Comté*, qui devait être réunie à la France en 1678, et dont l'allodialité n'était pas sérieusement discutée (4). Dans le duché de Bourgogne, les commentateurs de la Coutume prétendaient, à la mode des pays de droit écrit, rattacher le franc-alleu de la province au *jus italicum* (5), et s'accordaient d'ailleurs pour montrer qu'au moyen âge la liberté des héri-tages avait toujours été le droit commun. Plusieurs mémoires, rédigés vers la fin du XVIIe siècle, et publiés par Taisand (6),

---

(1) Cfr. le *Procès-verbal* de la réformation dans B. de Richebourg, *op.*, *cit.*, t. III, p. 548, 549 et 557.

(2) Cfr. *supra* n° 25, p. 120.

(3) B. de Richebourg, *ibid.*, p. 523 en note.

(4) Cfr. Dunod, *Traité des prescriptions*, Paris, 1753, part. III, ch. x, p. 346; — Taisand, *op. cit.*, p. 137; — et un arrêt de la Cour de cassa-tion, ch. civ., du 15 mars 1824, dans Dalloz, *op. cit.*, v° *Propr. féod.*, p. 370, note 1.

(5) « Les habitants de la Bourgogne, dit M. Laferrière (*ibid.*, t. V, p. 101), s'appliquaient la loi du Digeste *De censibus*: Lugdunenses Galli juris italici sunt. » Cfr. en effet, Taisand, *ibid.*, p. 140, 142, 151.

(6) Taisand, *op. cit.*, p. 134 à 155. — Cfr. pour les détails, *infra*, n° 48.

invoquent en ce sens divers actes, par lesquels les ducs de Bourgogne, depuis l'année 1022 jusqu'au xv° siècle, avaient acheté à prix d'argent aux habitants de la province la mouvance de leurs terres, ce qui prouve bien que les ducs de Bourgogne ne prétendaient point avoir la directe universelle (1). Il n'en est pas question du reste dans les registres de la Cour des comptes de Dijon (2), ni dans le texte de la Coutume (3). Les ducs n'avaient même en Bourgogne que très peu de directes particulières, et leurs papiers terriers ne mentionnaient qu'un petit nombre de censives (4). — A cet ensemble d'arguments, on objectait que la Coutume ne s'exprimait pas d'une façon formelle. L'art. 1 du titre *des Cens* disait, il est vrai, qu'en matière de cens « il n'y avait point de coutume générale (5) » ; mais fallait-il en conclure avec Dumoulin que cet article imposait par là même au seigneur la production d'un titre ? C'était au moins douteux. — A quoi on répondait, d'abord que le silence de la Coutume rédigée n'avait pas pu détruire une allodialité qui préexistait à sa rédaction (6) ; et ensuite qu'en Bourgogne à défaut de la Coutume, c'était le droit romain, reçu à titre *supplétif*, qui devait être appliqué ; or le droit romain présumait certainement la liberté des héritages (7).

Cette réplique ne manquait pas d'une certaine force ; aussi les commentateurs admettaient-ils tous que le franc-alleu, soit noble, soit roturier (8), était naturel en Bourgogne. — L'un des premiers, Chassaneuz, disait formellement : « Tous les fonds sont présumés libres et allodiaux, à moins qu'on ne justifie du contraire, parce que de droit naturel toutes choses sont franches. » — « Tous les héritages, ajoutait Bouvot, sont

---

(1) Cfr. Taisand, *op. cit.*, p. 135, 141, 149, etc...

(2) *Ibid.*, p. 135.

(3) *Ibid.*, p. 138.

(4) *Ibid.*, p. 141, 142, 149, etc...

(5) Les mémoires publiés par Taisand invoquent presque tous cet article en leur faveur ; mais ils le citent fort mal, et le rendent beaucoup plus précis qu'il ne l'est en réalité. — Cfr. not. Taisand, *ibid.*, p. 142 ; et Hervé, *ibid.*, p. 297.

(6) Taisand, *ibid.*, p. 141.

(7) *Ibid.*, p. 135, 139, 142 *in fine*, 146, 150.

(8) *Ibid.*, p. 148.

réputés de franc-alleu en Bourgogne, et le possesseur n'a pas
besoin de faire apparoir de titre pour prouver sa franchise ;
c'est au seigneur de |vérifier que l'héritage n'est pas de franc-
alleu (1). » — Benedictus disait déjà la même chose sous
Louis XII (2) ; Dumoulin, Bannelier (3), et Galland lui-même,
« le plus fort adversaire du franc-alleu (4) », la répétèrent
après lui. — L'opinion des commentateurs fut sanctionnée par
une jurisprudence constante du Parlement de Dijon (5), et par
divers arrêts du Parlement de Paris et du Grand Conseil,
jugeant sur évocation (6).

Dans le reste du ressort du Parlement de Dijon, c'est-à-dire
dans les pays de *Bresse*, *Bugey*, *Gex*, et *Valromey*, qui appartenaient à la région du droit écrit, les mêmes principes étaient
suivis en quelque sorte *a fortiori*. Le président Bouhier rapporte à ce propos une consultation du fameux Samuel
Guichenon, délibérée à Bourg-en-Bresse le 15 février 1661, et
établissant par des raisons de valeurs diverses, l'allodialité de
ces anciennes terres d'Empire (7). Philibert Collet, qui ne
ménage pas Guichenon, conclut dans le même sens que lui (8).
L'allodialité de la Bresse et des pays adjacents fut d'ailleurs
formellement reconnue par le Parlement de Dijon et le Conseil
du roi (9).

---

(1) Cfr. *ibid.*, p. 143, 146, 153, etc...

(2) Benedictus (cité *ibid.*, p. 143) : « Unaquæque res libera præsumitur
et franca, et sic allodialis, nisi feudalis probaretur aut emphyteuticaria,
præsertim in *Burgundia*. »

(3) Bannelier, sur *Davot*, éd. de 1765, t. VIII, p. 83 : « Le franc-alleu
naturel est celui qu'on reconnaît dans le pays pour être de droit commun, et qui dès lors n'a besoin ni de titres ni de possession. Il est
tel en Bourgogne et dans presque tous les pays de droit écrit, où l'on
dit : Nul seigneur sans titre. »

(4) Taisand, *ibid.*, p. 143, 147, 148, 153. — Cfr. Galland, *op. cit.*, p. 35.

(5) Arrêts des 21 mars 1580, 4 mai 1584, 2 juin 1592, 6 mai et 12 août
1611, 16 mars 1689, (Taisand, *ibid.*, p. 140.) — Cfr. p. 136.

(6) *Ibid.*, p. 145.

(7) Bouhier, *op. cit.*, p. 255-257. — Cfr. Merlin, *Répert.*, *op. cit.*, v° Franc-
alleu, p. 344-345.

(8) Collet, *op. cit.*, p. 44-45.

(9) Arrêt du Parlement de Dijon du 23 mars 1672 ; — Arrêt du Conseil
du 16 mai 1691. — Cfr. Taisand, *ibid.*, p. 153-154.

29. PAYS ALLODIAUX DE DROIT ÉCRIT : MACONNAIS ET LYONNAIS, DAUPHINÉ, LANGUEDOC, ROUERGUE. — « Nul seigneur sans titre », telle était la règle générale, mais non pas absolue, des pays de droit écrit (1), que nous abordons avec la *Bresse*, le *Bugey*, le pays de *Gex*, et le *Valromey*, par l'extrémité nord-est. — A côté de ces pays dépendant du Parlement de Dijon, se trouvaient les pays de droit écrit situés dans le ressort du Parlement de Paris : le *Mâconnais* et le *Lyonnais*, subdivisé en *Beaujolais*, *Forez*, et *Lyonnais proprement dit*. « C'est une maxime certaine, dit Merlin, que dans ces provinces, tous les héritages sont réputés de franc-alleu. » C'est ce qui résulte en effet d'une sentence du sénéchal de Lyon, du 10 juillet 1700, confirmée par arrêt rendu en la quatrième chambre des enquêtes le 31 mars 1703 (2).

Le *Dauphiné*, réuni au domaine royal en 1349, était le pays allodial par excellence. Là, la franchise naturelle des terres était si fortement établie, et avait été si souvent consacrée par des ordonnances royales, qu'en 1577 la noblesse n'avait pas osé la contester aux États de Blois (3), et que Louis XIV lui-même la reconnut formellement par un édit d'octobre 1658 (4). Les jurisconsultes du Dauphiné, notamment Salvaing, expliquaient cette allodialité « qu'on n'avait jamais révoquée en doute », en disant que le Dauphiné était régi par le droit écrit suivant lequel tous les fonds et héritages sont réputés francs et allodiaux, et qu'en outre le Digeste faisait une mention particulière du Dauphiné sous le nom de Viennois, dans cette fameuse loi de Paul qu'on invoquait aussi en Bourgogne :

---

(1) Cette règle se trouve déjà énoncée dans une ordonnance de Louis XII, de 1501, citée *supra*, p. 108, en note.

(2) Cfr. Merlin, *ibid.*, p. 345. — *Adde* Bretonnier sur Henrys, t. I, p. 717; — Hervé, *ibid.*, p. 244; — et un arrêt de la Cour de cassation du 16 avril 1838, dans Dalloz, *ibid.*, p. 369, note 4.

(3) Cfr. *supra* n° 23.

(4) « Dans notre province de Dauphiné, le droit de franc-alleu a lieu suivant l'usage de tout temps observé en icelle, et tel déclaré, non seulement par les anciens dauphins, mais encore par les lettres de Charles V du 27 mars 1367, et d'Henri II du 15 janv. 1555, registrées en nos cours de Parlement et Chambre des comptes dudit pays, etc... » (Dans Merlin, *ibid.*, p. 355.)

« Lugdunenses Galli, item Viennenses in Narbonensi juris
italici sunt (1). » Tous en outre, « Guy Pape, Expilly, Salvaing, qui représentaient, dit M. Laferrière, la jurisprudence
des xv°, xvi°, xvii° siècles, tiraient de là cette grave conséquence, reçue dans l'usage du pays, mais controversée dans
les autres parties de la France, même le Midi, que le vassal
peut prescrire contre le seigneur, par la prescription centenaire, le domaine direct, la foi, la liberté du fief, qui reprend
alors le caractère d'alleu, et revient à sa nature primitive de
propriété libre ou romaine (2). » Malgré cela, au xvii° siècle,
quelques seigneurs hauts justiciers voulurent contraindre par
force leurs justiciables à leur reconnaître une directe universelle ; mais le procureur général du roi intervint, et à sa
requête, le 16 décembre 1649, le Parlement de Grenoble rendit
un arrêt de règlement extrêmement net, par lequel il procla-
mait aussi fortement que possible l'allodialité naturelle des
terres du Dauphiné, et les conséquences diverses de cette
allodialité (3).

Dans le *Languedoc*, y compris le *Velay*, le *Gévaudan* (4), et le
Vivarais (5), le franc-alleu naturel, à l'époque de Henri IV,
n'était pas non plus contesté. On a vu précédemment que de
Louis IX à Louis XII, les rois de France eux-mêmes avaient
fréquemment reconnu l'allodialité des terres languedociennes
(*supra n° 23*). — Une difficulté, toutefois, mais plus apparente
que réelle, existait pour certaines parties du Languedoc. Au
xiii° siècle, dans les territoires d'*Alby*, de *Carcassonne* et de
Béziers, auxquels il faut joindre le *Rouergue* qui faisait partie
de la Guyenne, Simon de Montfort après la défaite des Albigeois
avait infligé aux vaincus des lois contraires à la liberté des
terres. Mais ces lois de Simon de Montfort, imposées en 1212,

(1) Salvaing, *Usage des fiefs, op. cit.*, ch. LV. — Cfr. Collet, *op. cit.*,
p. 41-42.
(2) Laferrière, *ibid.*, t. V, p. 109.
(3) Voir le texte dans Merlin, *ibid.*, p. 355-356. — Cet arrêt fut confirmé à nouveau en 1653. (Brillon, *loc. cit.*, n° 9.)
(4) Cfr. Laferrière, *op. cit.*, t. V, p. 558.
(5) Pour le Vivarais, cfr. un arrêt de la Cour de cass. du 15 fév. 1842,
dans Dalloz, *ibid.*, p. 372, note 1.

étaient restées lettre morte dès l'année 1220 (1) ; et on les avait oubliées depuis longtemps, lorsque Galland les découvrit aux archives de Carcassonne, dans un registre intitulé : *Arca Franciæ*. Il les publia en 1629, en émettant la prétention de prouver par là qu'en Albigeois et dans les autres pays conquis par Montfort, l'allodialité ne devait pas se présumer, et que notamment à l'égard du roi, on ne pouvait pas invoquer la règle : « Nul seigneur sans titre (2) ». Mais, fait très justement observer M. Laferrière, « vouloir au XVIIᵉ siècle donner aux lois de Simon de Montfort une vie nouvelle et rétroactive qui aurait effacé la pratique des quatre siècles précédents, c'était singulièrement abuser de la faculté qu'exerçaient les officiers du domaine (3) de rechercher et revendiquer les biens, droits et titres de la couronne (4). » Les territoires d'Alby, de Carcassonne et de Béziers, ainsi que le *Rouergue*, doivent donc être regardés comme pays allodiaux (5). — Pour le comté de *Toulouse*, la même difficulté ne se présentait pas ; car Simon de Montfort avait juré, le 8 mars 1215, de défendre les citoyens de Toulouse dans leurs personnes et leurs biens (*in personis et rebus*) (6). Aussi de tout temps, les Coutumes de Toulouse admirent-elles le principe de la liberté des héritages, s'il n'existait pas de titres contraires. Ces Coutumes toutefois avaient le double tort de ne pas s'expliquer d'une façon claire(7), et de contenir une disposition qui pouvait conduire à beaucoup d'abus (8). En vertu de cette

(1) Laferrière, *ibid.*, p. 342.

(2) Laferrière, *ibid.*, p. 336.

(3) *Auguste Galland*, conseiller d'État, était commissaire du roi dans le Languedoc, et procureur général du domaine de Navarre.

(4) Laferrière, *ibid.*, p. 343. — Caseneuve, qui a le tort de prendre trop au sérieux l'argument de Galland, lui fait une longue réponse, au milieu de laquelle il intercale sur les *Établissements de saint Louis*, qu'il prend pour une Coutume parisienne, une digression évidemment sans portée (*ibid.*, liv. II, ch. IV, V et VI).

(5) Pour le Rouergue, cfr. un arrêt de la Cour de cass., du 10 avril 1839, dans Dalloz, *ibid.*, p. 371, note 3.

(6) Cfr. Laferrière, *ibid.*, p. 289.

(7) Elles ne contiennent même pas le mot *alleux*, et appellent les terres franches : *immobilia libere possessa*.

(8) *Cout. de Toulouse*, liv. IV, ch. I, art. 7.

disposition, le seigneur féodal pouvait exiger de son vassal qu'il exhibât ses titres et lui donnât des extraits ou copies de tous les actes qu'il pouvait avoir entre les mains ; mais auparavant, la qualité de vassal devait être avouée ou prouvée, et par conséquent en principe la règle ne pouvait nuire aux alleutiers. Elle avait surtout pour utilité de venir au secours des seigneurs qui auraient perdu leurs titres, ce qui arriva souvent pendant les désordres des guerres privées du moyen âge. Galland n'était donc pas autorisé à en conclure qu'à Toulouse toute terre était fief, si le possesseur ne justifiait pas du contraire par un titre (1). « Cette induction forcée et fausse dénaturait le sens du texte » ; mais Galland n'y regardait pas de si près (2).

80. Suite ; Roussillon, Foix, Couserans, Comminges, Gascogne, Soule, Bordelais, Limousin, etc... — Les pays limitrophes du Languedoc jouissaient en matière d'alleux de la même liberté. Pour le *Roussillon* notamment, la franchise naturelle des terres avait été maintes fois reconnue par des ordonnances des rois d'Aragon, et toujours maintenue par la jurisprudence (3). Quand le Roussillon fut réuni à la France après le traité des Pyrénées (1659), Louis XIV confirma par deux fois, « quant au fond et quant à la forme, » tous ses droits, usages et privilèges, au nombre desquels se trouvaient notamment la jouissance de la règle : *Nul seigneur sans titre* (4). — Les habitants du comté de *Foix* pouvaient invoquer la même règle, en vertu de différents titres, confirmés par Henri IV en 1611 (5). — Dans le *Couserans,* situé à la fois dans la Gascogne et dans le ressort du Parlement de Toulouse, l'alleu était éga-

---

(1) Galland, *op. cit.*, p. 178, 179. — Cfr. Hervé, *ibid.*, p. 248.

(2) Laferrière, *ibid.*, p. 287 ; — Caseneuve, *op. cit.*, ch. VII.

(3) Cfr. les nombreux jugements cités et analysés par Merlin, *op. cit.*, p. 358-359. — Hervé cependant hésite à admettre l'allodialité du Roussillon (*ibid.*, p. 251 à 255) ; il ne se décide (p. 339) que par une raison générale applicable à tous les pays de droit écrit.

(4) Ces confirmations sont de 1660 (6 janv.) et de 1662. — Cfr. Merlin, *ibid.*, p. 360.

(5) Merlin, *op. cit.*, p. 351. — Hervé trouve ces titres équivoques; peut-être ne s'appliquaient-ils qu'à la ville de Pamiers (*ibid.*, p. 247).

lement présumé (1). — De même, le comté de *Comminges*, ancien alleu souverain, devenu en 1244 fief mouvant du comté de Toulouse, et incorporé d'une façon absolue au Languedoc en 1444, se trouva participer naturellement au droit de cette dernière province. Mais on sait que Louis XI l'en détacha en 1469, pour le donner en apanage à son frère Charles, qui l'année précédente avait déjà reçu la Guyenne. Que devint alors l'allodialité du comté de Comminges ? S'il faut en croire Merlin, sa séparation d'avec le Languedoc n'influa pas sur les droits acquis à ses habitants ; et bien que ce ne fût pas la règle généralement suivie en Guyenne, ceux-ci continuèrent à pratiquer la règle du Languedoc : « Nul seigneur sans titre (2). » Cela après tout n'a rien d'anormal ; car l'union du comté de Comminges avec la Guyenne fut une union purement théorique, qui n'entraînait pas nécessairement soumission du premier de ces pays aux Coutumes de l'autre (3).

Le territoire d'*Auch*, l'*Armagnac*, la ville d'*Aire* et son territoire, et la *Gascogne* proprement dite, étaient, comme le Couserans et le Comminges, pays de franc-alleu naturel. Sous ce rapport, la domination anglaise qui sévit en Aquitaine au moyen âge, n'avait pu triompher des traditions antérieures (4). — Le pays de *Soule* était également allodial (5). — Dans la Guyenne, au contraire, on n'admettait la règle « Nul seigneur sans titre » que dans certaines régions. On se souvient de

(1) Laferrière, *op. cit.*, t. V, p. 468.

(2) Merlin, *ibid.*, p. 356-357. — Hervé soutient que le Comminges a cessé d'être allodial en 1244 (*ibid.*, p. 250 et 339) ; mais il oublie qu'en inféodant son comté, le comte de Comminges ne pouvait en aucune façon porter atteinte à la liberté des alleux qui pouvaient s'y trouver renfermés.

(3) Il n'en fut pas de même pour certaines parties du territoire de Montauban, jadis dépendant de la sénéchaussée de Toulouse, rattachées ensuite à la Guyenne avec le reste du territoire. Bien qu'à un point de vue strict, les habitants des parties annexées eussent dû conserver leurs usages, en fait, et malgré leurs réclamations, ils n'en furent pas moins soumis à ceux de la Guyenne.

(4) Laferrière, *ibid.*, p. 555.

(5) Cfr. pour la Soule plusieurs arrêts de la Cour de cass., du 27 fév. 1809, 29 janv. 1829, et 5 mars 1839, dans Dalloz, *ibid.*, p. 404, note 2 ; p. 370, note 2 ; p. 371, note 2.

l'enquête qu'Édouard III, roi d'Angleterre, avait fait faire en 1273, pour connaître les fiefs et les alleux de sa province (*suprà* n° 12). Dans cette enquête, le maire et les jurats de *Bordeaux* étaient venus déclarer « que les terres et les vignes des citoyens de Bordeaux étaient pour la plupart allodiales; que la cité avait joui dès son berceau du droit de liberté; qu'elle l'avait conservé même au temps des Sarrasins; que tous les hommes et toutes les terres étaient libres de leur nature; que toute servitude était contre le droit commun; et que, les choses et les personnes étant dans une telle condition de liberté, les citoyens de Bordeaux devaient compter sur l'immutabilité de leurs droits (1) ». Mais, fait observer M. Laferrière, « si la cité de Bordeaux, par l'organe du maire et de ses jurats, professait des principes généraux dont l'application pouvait se faire à toute l'Aquitaine, elle ne réclamait spécialement et ne pouvait réclamer que pour son territoire, le Bordelais proprement dit (2). » Aussi dans la suite le *Bordelais*, y compris le *Médoc*, fut bien regardé comme pays naturellement allodial (3), mais il n'en fut pas de même dans le reste de la Guyenne.

Pour en finir avec les pays de droit écrit qui admettent la règle « Nul seigneur sans titre », il ne reste plus à citer que le *Limousin* (4); mais pour en finir avec les pays allodiaux d'une façon générale, il faut encore signaler certaines villes, qui, bien que situées en pays censuel, étaient déclarées allo-

(1) *Coutumes du ressort du Parl. de Bordeaux*, Bordeaux, 1769, t. II, p. 303 et 305; — Garsonnet, *op. cit.*, p. 306, 307.

(2) Laferrière, *ibid.*, p. 558.

(3) Au moins à l'égard des seigneurs; car à l'égard du roi, l'événement prouvera plus tard aux citoyens de Bordeaux qu'ils avaient eu tort de « compter sur l'immutabilité de leurs droits. » — Cfr *infra* n° 44, *in fine.* — Sur l'allodialité du Bordelais, voir Arnold Ferron, *Cout. de Bordeaux*, Lyon, Gryphius, 1585, petit in-fol., tit. VIII, § 7 (p. 267); — Bernard Automne, *Cout. génér. de Bordeaux*, Bordeaux, 1728, in-fol., p. 485; « Est à noter qu'en Bordelois toutes choses sont censées libres, et le pays en franc-alleu,.... tellement que c'est au seigneur à montrer de ses droits, autrement les biens sont censés libres. »

(4) Laferrière, *ibid.*, p. 558; — Garsonnet, *ibid.*, p. 307; — Louis Duval, *ibid.*, p. 34.

diales en vertu d'un privilège local fondé sur des textes plus ou moins probants. — Ainsi pour repousser la règle « Nulle terre sans seigneur », les habitants de *Tournay* invoquaient un article de leur charte de commune de 1187 (1). — Les habitants de *Saint-Quentin* s'appuyaient de même sur la charte que leur avait accordée en 1195 le roi Philippe-Auguste. Cette charte déclarait dans son article 3 que les habitants seraient désormais *quieti et liberi cum omnibus rebus suis*. En 1775, le receveur général des domaines prétendit que le mot *rebus* ne devait s'entendre que des biens mobiliers, et par suite que la charte n'établissait pas l'allodialité dans la ville de Saint-Quentin ; mais un arrêt du Conseil du roi, intervenu sur cette contestation, déclara la ville franche et allodiale (2), en se fondant précisément sur le texte controversé (3). Au cours du procès, les habitants de Saint-Quentin avaient invoqué un arrêt conforme rendu en faveur des habitants d'Ahun en 1684. — Les habitants d'*Ahun* avaient en effet reçu en 1268 du comte de la Marche une charte, dont un article était à peu près rédigé comme l'article 3 de la charte de Saint-Quentin. En 1679, alors que le comté de la Marche était depuis longtemps réuni au domaine de la couronne, le roi fit confectionner le papier terrier de la généralité de Moulins, dans le ressort de laquelle Ahun se trouvait enclavé. Le commissaire à ce délégué, Jacques Buisson, prétendit comprendre parmi les censives les héritages d'Ahun, et fit blâmer par l'intendant de Moulins la déclaration contraire des consuls d'Ahun. Mais ceux-ci appelèrent du jugement de l'intendant au Conseil du roi, qui déclara par un arrêt du 1er juillet 1684 que « les habitants de la ville d'Ahun, Mas d'Auriolle, et banlieue de ladite ville étaient exempts de lods et ventes pour les héritages contenus dans ladite franchise (4) ». — Les habitants de *la Souterraine*, dans la Basse-Marche, prétendaient également « tenir leurs héritages fran-

(1) Cfr. *supra* n° 12.

(2) Cfr. Merlin, *ibid.*, p. 346-347. — Une partie du plaidoyer de l'avocat des habitants de Saint-Quentin est rapportée par Merlin.

(3) Cfr. Hervé, *op. cit.*, p. 289.

(4) Cfr. Merlin, *ibid.*, p. 346. — La ville d'Ahun faisait du reste partie de la Haute-Marche où l'allodialité était présumée (*supra* n° 26, *in fine*).

chement et allodialement »; ils s'insurgèrent même à différentes
reprises pour obtenir le respect de leurs privilèges (1).

Enfin en Provence, pays censuel quoique de droit écrit,
l'allodialité était encore présumée dans certains territoires
privilégiés, par exemple, dans l'île de la *Camargue* entre les
deux rives du Rhône, dans les villes d'*Arles* et d'*Aix*, et dans
celle de *Marseille*, dont les habitants pouvaient invoquer en
leur faveur l'article 36 du traité de paix qu'ils avaient conclu
en 1257 avec Charles d'Anjou, comte de Provence (2). Peut-
être faut-il ajouter à cette liste la ville d'*Apt*, dont la charte,
octroyée en 1152, déclarait que les seigneurs de Simiane ne
pourraient exiger ni recevoir les lods et le trezain d'un citoyen
d'Apt, à raison de ses possessions *libres*, soit dans la ville, soit
dans le territoire (3); mais cette disposition n'est pas absolument
formelle.

81. Preuve de la directe dans les coutumes allodiales ;
théorie de l'enclave. — Dans tous les pays que nous venons
de parcourir, c'était au seigneur qui prétendait avoir sur une
terre donnée la directe féodale ou censuelle, qu'incombait la
preuve de son droit. Comment pouvait-il faire cette preuve?
Quels titres étaient regardés par l'ancienne jurisprudence
comme nécessaires ou comme suffisants? C'est là une question
qui intéresse le régime des fiefs et des censives plutôt que le
régime des alleux, mais dont il est nécessaire cependant de
dire quelques mots. — Il est évident que le seigneur fournissait une preuve complète de son droit, lorsqu'il rapportait
l'acte original d'inféodation ou d'accensement. A défaut de
l'acte original, on se contentait de deux reconnaissances conformes passées par les véritables propriétaires, de papiers terriers en règle, ou même d'une seule reconnaissance suivie de
prestations (le tout sous réserve de la prescription du cens

(1) Cfr. Louis Duval, *loc. cit.*, p. 38, qui cite un terrier de la prévôté
de la Souterraine de 1539.
(2) Laferrière, *ibid.*, t. V, p. 156-157.
(3) Laferrière, *ibid.*; — Statuts d'Apt, dans Giraud, *Essai sur l'Histoire du droit français au moyen âge*, Paris, Videcoq, 1846, in-8, t. II,
p. 142.

dans les Coutumes qui l'admettaient) (1). Mais quelques auteurs allaient plus loin. Ils prétendaient que si le seigneur « était fondé en territoire circonscrit », c'est-à-dire s'il prouvait que dans un territoire déterminé, borné de façon certaine, la *plupart* des terres relevaient de lui en fief ou en censive, il était *présumé* avoir les mêmes droits sur *toutes* les terres enclavées dans ce territoire. C'était alors aux alleutiers à prouver à leur tour que cette présomption était fausse. En d'autres termes la présomption générale d'allodialité établie par la Coutume cédait à la présomption spéciale tirée de l'enclave (2).

Cette théorie, bien connue sous le nom de *théorie de l'enclave*, a été élevée par Dumoulin à la hauteur d'un principe fondamental (3). Elle a été acceptée en outre par un grand nombre d'auteurs (4), et par diverses juridictions, notamment par le bailliage de Bourges (5), et le Parlement de Toulouse (6). — Mais malgré ces autorités, nous tenons avec Le Grand et Bobé (7) que la théorie de l'enclave était inadmissible dans les

(1) Pour plus de détails, cfr. La Thaumassière, *op. cit.*, ch. XXIII et XXIV; Le Grand, *ibid.*, p. 163 et suiv.; — Merlin, *op. cit.*, p. 360-361; — Hervé, *ibid.*, p. 262 à 282.

(2) On exigeait toutefois que l'enclave fût *parfaite*; c'est-à-dire que le territoire fût bien circonscrit, « non coupé », que ce ne fût pas en un mot « un fief volant ». Cfr. Guyot, *op. cit.*, p. 99; — et Hervé, *ibid.*, t. I, p. 419, et t. VI, p. 283.

(3) Dumoulin, *Cout. de Paris*, art. 48, n° 6 : «... quod habens territorium limitatum in certo jure sibi competente in illo territorio, est fundatus in jure in qualibet parte sui territorii; etc... » Dumoulin ajoute modestement que sa distinction est la *clef* de la question.

(4) Notamment : Pontanus, *Cout. de Blois*, 2ᵉ éd., Paris, 1677, in-f°, p. 179-181, qui avoue que la question est controversée ; — Chopin, *Cout. d'Anjou*, Paris, Jacques d'Allin, 1662, in-f°, p. 121; — Brodeau *op. cit.*, p. 482 ; — Auzanet, *Cout. de Paris*, Paris, 1708, in-f°, sur l'art. 124; — La Thaumassière, *ibid.*, ch. XXII; — Guyot, *op. cit.*, p. 98-99; — Hervé, *op. cit.*, t. I, p. 417-422, t. VI, p. 283; — etc.

(5) Arrêts cités dans La Thaumassière, *ibid.*

(6) Arrêt du 7 fév. 1623 : «... Omnia teneri a domino territorii, si territorium ex antiquo limitatum fuerit ; est enim territorium universitas agrorum intra fines loci... » (Cambolas, *Déc. notables du Parl. de Toulouse*, 5ᵉ éd., Toulouse, 1735, liv. IV, ch. 48; — Brodeau sur Louët, *ibid.*, C., n° 21 (p. 237) ; — Brillon, *ibid.*, n° 12).

(7) Le Grand, *op. cit.*, p. 162; — Bobé, *ibid.*, p. 302.

Coutumes *allodiales*. Il va de soi en effet qu'une pareille doctrine est en contradiction avec le principe même de ces Coutumes ; car elle conduit à restreindre la présomption d'allodialité à certaines terres seulement, à celles qui sont en dehors d'un territoire seigneurial circonscrit (1), c'est-à-dire précisément à celles qui ne seront pas inquiétées par les seigneurs, et qui auront le moins besoin de la présomption. En outre le texte des Coutumes expresses est absolument réfractaire à la théorie de l'enclave : « Tous héritages sont présumés francs et allodiaux, s'il n'appert du contraire », disent ces Coutumes ; la règle est donc la même pour *tous* les héritages. La Coutume de Châlons va jusqu'à ajouter (art. 165) : « Quelque part qu'ils soient assis. » N'est-ce pas la condamnation formelle de la théorie de l'enclave ? Tout ce qu'on peut admettre, c'est que la théorie peut se soutenir dans les Coutumes *muettes* (2) ; mais elle ne le peut pas dans les Coutumes reconnues allodiales (3).

Une dernière question s'élevait sous l'empire de ces Coutumes : celle de savoir si dans le doute l'alleu devait être présumé noble ou roturier. Sur ce point, il ne pouvait y avoir de bien grandes difficultés. En effet, d'après les définitions données plus haut, on sait que la qualité de noble était attachée pour les alleux à certaines circonstances *positives :* annexion de la justice, ou mouvance d'un fief ou d'une censive. La noblesse ne pouvait *donc* être présumée et devait être prouvée (4). La question fut portée au Conseil du roi, en 1723, par les fermiers des droits de francs-fiefs, qui désiraient dans un intérêt fiscal voir présumer la noblesse. Un premier arrêt fut rendu en leur faveur le 13 septembre, contre les possesseurs d'alleux roturiers de la province de Berry. Mais les maires et échevins de Bourges, Issoudun, Vierzon, la Châtre, et autres villes de

---

(1) Dumoulin l'admet dans ce cas seulement (*ibid.*, n° 7).

(2) En ce sens : Pallu, *Coustumes de Touraine*, 2° éd., Tours, 1681, in-4, p. 199 ; — et Bobé, *ibid.*, p. 392. — Cfr. *infra* p. 103.

(3) *Contra :* Hervé, *ibid.*, t. I, p. 420 : « Il faut rejeter la distinction de certains auteurs qui admettent la preuve tirée de l'enclave dans les Coutumes non allodiales, et ne l'admettent pas dans les Coutumes allodiales, etc... »

(4) Bacquet, *op. cit.*, p. 831 ; — Claude de Ferrière, *op. cit.*, col. 1008.

Berry, se pourvurent contre cet arrêt; et le 15 novembre 1724, un second arrêt, mieux justifié, décida définitivement que la présomption était pour la roture (1).

§ III. — Revue des Pays censuels.

82. Coutumes censuelles expresses : Péronne, Meaux, Melun, Poitou, Angoumois, Saintonge, Hainaut, Cambrésis. — Entre les trois Coutumes de Bretagne, de Senlis, et de Blois qui proscrivaient les alleux, et les pays plus nombreux qui au contraire les présumaient, il y avait place pour un système intermédiaire. On pouvait ne pas proscrire les alleux, mais on pouvait aussi ne pas les présumer, et partir de ce principe, historiquement insoutenable, que toute terre devait être dépendante, sauf à son possesseur à prouver par un titre explicite qu'elle avait été affranchie à un moment donné. Dans un pareil système, il ne pouvait pas exister d'alleux d'*origine*, ni même d'alleux de *prescription* (2), mais seulement des alleux de concession : c'était une manière adoucie d'appliquer à la *directe* la règle « Nulle terre sans seigneur », qui n'aurait dû s'entendre que de la *justice*. Ce système était évidemment illogique ; et cependant un assez grand nombre de Coutumes le consacraient, les unes d'une façon formelle, les autres d'une façon implicite. Ces Coutumes présumaient donc le fief et surtout la censive, d'où le nom de *censuelles* qu'on leur donne fréquemment.

Parmi ces Coutumes censuelles, celles de *Péronne*, de *Meaux*, et de *Melun* se distinguent par leur netteté. — « Nul n'est fondé en franc-alleu, s'il n'en fait apparoir », dit l'art. 102 de la Coutume de *Péronne* (3). — La Coutume de *Meaux* (art. 189)

---

(1) Cfr. Merlin, *Répert.*, *op. cit.*, vᵒ Franc-fief, t. V, p. 367-368 ; — et *infra* p. 164.

(2) Réserves faites au sujet de la possession *centenaire* (*infra* nᵒ 35).

(3) Dans B. de Richebourg, *op. cit.*, t. II, p. 692. — L'art. 101 déclare que « le seigneur haut justicier est fondé en droit de *seigneurie* en tout ce qui est au dedans de son territoire, enclave et limites d'icelle seigneurie, s'il n'appert du contraire ». Mais il ne s'agit pas ici de la sei-

dit de même : « Par ladite coutume, franc-aloy par tout ledit
bailliage et ancien ressort d'iceluy, ne peut être tenu ou possédé sans tiltre particulier (1). » — La Coutume voisine de
Melun, rédigée en 1506 et réformée en 1580, après avoir défini
le franc-alleu, ajoute aussitôt : « Mais ne peult estre dit héritage en franc-alleu par possession et faut avoir titre exprès (2). »

Les Coutumes de *Poitou*, d'*Angoumois*, et de *Saintonge* admettent également d'une manière expresse la règle « Nulle terre
sans seigneur », dans son sens abusif, c'est-à-dire comme s'appliquant à la directe (3). — L'art. 52 de la Coutume de *Poitou*,
qui est fort long, s'exprime dans les termes suivants : « Le
seigneur féodal, n'eût-il que jurisdiction foncière, peut demander et avoir foy et hommage, devoir ou redevances, pour
raison des choses qui sont en son fief, supposé que paravant
luy ne les siens ne les avoient euz : car aucun ne peut tenir
en alleu, s'il n'est homme d'Église ;... et autres que gens
d'Église ne peuvent tenir sans en faire devoir ou redevance, par
quelque tenement qu'ils en ayent fait, si par privilege et
usance ancienne de tel et si longtemps qu'il n'est mémoire du
contraire, ils n'avoient accoutumé d'ainsi le faire... (4). » On
voit qu'en principe la Coutume de Poitou prohibe les alleux,

gneurie directe, comme on pourrait le penser; il s'agit seulement de la
seigneurie justicière. L'article, dit la Villette (*Cout. de Péronne*, Paris, 1726,
in-f°, sur l'art. 101), doit s'entendre *quoad jurisdictionem*, et non *quoad
ullum dominium*. Il n'en faut donc pas conclure que la directe doive
appartenir au haut justicier ; elle sera attribuée, sauf preuve contraire,
au seigneur *féodal* dans les limites duquel se trouve l'alleu prétendu.

(1) *Ibid.*, t. III, p. 396. — Cfr. Bobé, *ibid.*, p. 389.

(2) Art. 97, Cout. de 1506; art. 105, Cout. de 1580 (*ibid.*, t. III, p. 419
et 441). — Cfr. Sevenet, *Cout. du bailliage de Melun*, Sens, Tarbé, 1768,
in-4, p. 99-100. Cet auteur cite un arrêt du 13 août 1588, qui admet
comme étant un *titre exprès* suffisant, un titre simplement déclaratoire,
soutenu d'une possession d'environ quatre-vingts ans.

(3) M. Laferrière attribue la censualité de ces Coutumes à l'influence
des *Établissements dits de saint Louis* qui gardent en matière d'alleux
un silence au moins regrettable. Cfr. Laferrière, *op. cit.*, t. VI, p. 247, et
aussi p. 105.

(4) Dans B. de Richebourg, *op. cit.*, t. IV, p. 779-780. — Cfr. l'art. 37
de la Coutume de 1514, *ibid.*, p. 746.

c'est ce qui a fait dire qu'elle était *anti-allodiale* (1) ; mais elle admet en même temps deux restrictions, dont l'une doit la faire ranger parmi les Coutumes *censuelles*. — La première exception concerne les gens d'Église, « qui peuvent tenir en alleu, ajoute le même article, s'ils ont tenu par quarante ans franchement sans en faire foy, ne hommage, devoir ne redevances ». Les commentateurs de la Coutume de Poitou s'accordent à déclarer que ce privilège s'applique, non pas à tous les biens que peuvent posséder les gens d'Église, mais seulement à ceux qu'ils possèdent à titre de bénéfices ecclésiastiques(2). Il ne s'agit donc pas d'un alleu proprement dit, mais d'une *franche-aumône* (3) ; nous allons retrouver le mot dans l'usance de Saintes qui admet la même exception (4). — La seconde exception, qui nous intéresse plus particulièrement, consiste à permettre aux laïques eux-mêmes de posséder des alleux, pourvu qu'ils puissent invoquer en leur faveur « privilège et usance ancienne » immémoriale. Les commentateurs discutaient pour savoir ce qu'il fallait entendre au juste par ces mots. Pour tous, le mot *privilège* devait s'entendre d'un titre, et *usance* de la possession. Mais la Coutume exigeait-elle à la fois le titre et la possession immémoriale, ou seulement l'un d'eux ? Certains auteurs soutenaient qu'il suffisait, soit de représenter le titre de *concession* de l'alleu, soit d'avoir une possession immémoriale, qu'on pouvait regarder comme équivalant à un titre (5). D'autres, plus rigoureux, se fondaient sur les mots « Par quelque tenement qu'ils ayent fait », pour rejeter même la possession immémoriale, et exiger à la fois le titre et l'usance ancienne conforme au titre (6). Boucheul admet un système intermédiaire : pour lui le titre primitif suffit, mais la possession immémoriale seule ne suffit pas. Il faut au moins pour la corroborer des titres déclaratoires et

---

(1) Notamment par Hervé, *ibid.*, t. VI, p. 344.

(2) Boucheul, *op. cit.*, p. 163, n° 12.

(3) En ce sens, Henrion de Pansey, dans Merlin, *op. cit.*, v° Franche-aumône, t. V, p. 381.

(4) Cfr. *suprà* n° 11, ce qui est dit de la franche-aumône.

(5) Cfr. Boucheul, *ibid.*, p. 165, n° 29.

(6) *Ibid.*, n° 28.

énonciatifs du franc-alleu, « faisant présumer, dit-il, un titre plus ancien » ; la possession immémoriale supplée alors au défaut de représentation de ce titre présumé. Boucheul cite à l'appui de sa doctrine un arrêt du Conseil du 15 juillet 1679, rendu contre divers habitants de Poitiers qui avaient invoqué une possession immémoriale sans autre titre ; et ajoute que sans doute la Coutume de Poitou n'a pas voulu prohiber l'alleu de *concession*, mais qu'elle a entendu rejeter l'alleu de *prescription* (1). Il faut avouer que si tel est le sens de l'art. 52, il est bien mal rédigé ! — Quoi qu'il en soit, on voit qu'en Poitou, l'alleu pouvait exister, mais n'était jamais présumé (2).

L'*Angoumois*, malgré sa proximité des pays de droit écrit, admet d'une façon formelle la directe seigneuriale universelle, sauf preuve contraire : « Tout seigneur chastelain, ou autre ayant haute justice ou moyenne ou basse, ou foncière, avec territoire limité, est fondé par la Coutume et commune observance du pays et comté d'Angoumois, de soy dire et porter seigneur *direct* de tous les domaines et héritages estans en icelui, qui ne monstre deuement du contraire ; et au moyen d'icelle directe, s'il trouve en ses limites terre possédée sans devoir, peut sur icelle asseoir cens, tel conforme et semblable, qui est assis ès terres voisines de son territoire (3). »— L'usance de *Saintonge* s'exprime d'une façon à peu près semblable, mais moins nette : « Tout seigneur de fief se peut dire et porter sei-

(1) Boucheul, *ibid*,, p. 166, n° 30-32.

(2) La même règle était suivie dans la ville du *Dorat*, bien que sa Coutume locale parût au premier abord plus large et plus libérale que celle de Poitou : « *Art*. 1. En la sénéchaussée du *Dorat*... les gens laiz peuvent tenir en franc-alleu, sans être sujets ni contraints d'en faire devoir ni redevance. » Mais l'art. ne s'explique pas sur la question de présomption; et Boucheul, qui était du Dorat, déclare que la Coutume locale n'y était plus suivie de son temps, n'ayant pas été approuvée par le roi, et que la Cout. de Poitou s'appliquait seule (Boucheul, *ibid*., préface, n° 24.) — Il faut excepter la Souterraine (*supra* n° 30).

(3) Art. 35 ; dans B. de Richebourg, *op. cit.*, t. IV, p. 843. — Cfr. Jean Vigler, *Les Cout. du pays et duché d'Angoumois, etc...*, Paris, Allot, 1650, in-f°, p. 56, n° 1 : « De l'art. 35,... on infère pour conséquence nécessaire qu'en Angoumois il n'y a point de terres allodiales ; le franc-alleu n'y est reçu *ni en usage*. » On y trouvait en revanche des franches-aumônes ; cfr. Valin, *op. cit.*, p. 272, n° 108.

gneur de toutes et chacune les choses situées en son fief, dont
il ne lui est fait hommage, devoir ou redevance, excepté des
choses enclavées en dedans de son dit fief et tenues d'autrui,
ou par gens d'Église en *franche-aumône*, ou *autre titre* particulier (1) ». Ces derniers mots ne peuvent évidemment s'entendre
que des alleux. La Coutume les admet donc à côté de la *franche-aumône*, mais il faut qu'ils soient, comme à Meaux, fondés
sur un « titre particulier » (2). — On remarquera que les deux
Coutumes d'Angoumois et de Saintonge supposent que la terre
dont le caractère allodial est contesté se trouve *enclavée*. Que
faudrait-il dire si elle ne l'était pas ? Présumerait-on l'allodialité ? Les commentateurs soutiennent la négative (3) ; mais la
question était discutée. Nous y reviendrons plus loin.

Dans le *Hainaut*, la question de présomption d'allodialité
avait également été prévue et tranchée par les rédacteurs des
chartes générales du Hainaut. L'article 2 du chapitre 102 des
chartes de 1619 porte en effet que « tous biens immeubles sont
réputés fiefs, si par fait spécial n'appert du contraire » ; ce que
l'article 2 du chapitre 46 corrobore ainsi : « De droit commun
et général, tout est et sera réputé fief, s'il n'y a limitation ou
comprendement du fief, ou fait spécial au contraire (4). » La
Coutume de Hainaut, on le remarquera, ne s'exprime pas de
la même façon que les autres Coutumes censuelles. Elle ne dit
pas que l'alleu doit être prouvé par titre ; elle dit que tout
immeuble est réputé fief, sauf preuve contraire. Or il peut arriver qu'on puisse prouver que tel immeuble n'est point fief,
sans pouvoir prouver qu'il est alleu. Au moins présumera-t-on
subsidiairement cette qualité d'alleu ? Merlin répond catégoriquement que non ; l'immeuble, non féodal, sera réputé main-
ferme (5) plutôt qu'allodial, et ce, en vertu de la règle « Nulle

(1) Art. 18, dans Bourdot de Richebourg, *op. cit.*, t. IV, p. 884. Les
art. 20 et 21 déclarent en outre les droits féodaux et censuels impres-
criptibles.

(2) Cfr. Cosme Bechet, *L'usance de Saintonge*, Bordeaux, Boé, 1701,
in-4°, p. 42-43.

(3) Cfr. Vigier, *loc. cit.*, — et Bechet, *ibid.*, p. 44.

(4) Dans B. de Richebourg, *op. cit.*, t. II, p. 126 et 80.

(5) La main-ferme est une simple variété de la censive en usage dans

terre sans seigneur », qui est évidemment (cela résulte des articles précités) la règle du Hainaut (1). — En *Cambrésis*, la même règle était suivie ; sur ce point l'article 1 du titre II de la Coutume de Cambray est formel et ne peut laisser aucun doute (2).

88. AUTRES COUTUMES CENSUELLES : PARIS, ORLÉANS, LORRIS, CHARTRES, NORMANDIE, MAINE, ANJOU, ARTOIS, AUNIS, VERMANDOIS, REIMS, ETC. — La même règle était encore suivie dans d'autres Coutumes, qui à vrai dire ne la formulaient pas d'une façon expresse, mais qui contenaient des dispositions qui semblaient incompatibles avec la règle « Nul seigneur sans titre ». Ainsi, nous avons vu précédemment (*suprà n° 26*) qu'il fallait ranger parmi les Coutumes allodiales celles qui admettaient la prescription du cens par le censitaire contre [le seigneur, la Coutume de Bourbonnais par exemple (3). Mais la question de savoir si une Coutume admettait ou non la prescription du cens n'était pas toujours facile à résoudre, en présence d'articles souvent peu clairs. Tel était notamment l'article 124 de la nouvelle Coutume de *Paris*.

Dans cette Coutume, trois articles parlent des alleux (4), mais ne disent nullement si dans le doute on doit ou non présumer l'allodialité. Aussi la controverse engagée à ce sujet entre les commentateurs, s'établissait moins sur ces articles que sur l'art. 124. Cet article, ajouté lors de la réformation de

le Hainaut. Cfr. Louis Vrevin, *Les Cout. réf. de Chaulny*, p. 47, dans *Le Coutumier de Vermandois*, Paris, 1728, in-f°, t. II ; — Merlin, *op. cit.*, v° main-ferme ; etc.

(1) Merlin, *op. cit.*, v° Fief, t. V, p. 226-227 ; et v° Franc-alleu, *ibid.*, p. 361-362.

(2) Cout. de Cambray, tit. II, art. 1 : « Tous héritages et biens immeubles, *qui ne sont fiefs*, sont communément appelés, réputés et tenus héritages main-ferme. » En présence de cet article, on se demande vainement comment le commentateur Pinault a pu soutenir que la Coutume de Cambray admettait la présomption de liberté pour les terres. Cfr. Pinault, *Cout. génér. de la ville et duché de Cambray*, Douai, 1691, in-4, p. 102-103.

(3) Nous rappelons que la réciproque n'est pas vraie ; cfr. *supra*, p. 124, note 1.

(4) Cout. de Paris, art. 68, 132, 302.

la Coutume en 1580, était ainsi conçu : « Le droit de cens ne
se prescrit par le détenteur de l'héritage contre le seigneur
censier, encore qu'il y ait cent ans, quand il y a titre ancien,
ou reconnoissance faite dudit cens ; mais se peut la quotité du
cens et arrérages prescrire par trente ans, entre majeurs,
âgez, et non privilégiez. » Cet article semble formel au premier abord ; pour déclarer le cens imprescriptible à Paris ;
mais en y regardant de près, rien n'est moins certain ; et en
fait, quatre interprétations différentes ont été données. —
Pour Ferrière, qui déclare que « l'article ne peut recevoir
d'autre explication », il signifie simplement qu'à Paris le cens
ne peut se prescrire contre le seigneur qui possède un titre,
mais se prescrit très bien contre celui qui n'a pas de titre,
parce qu'on présume dans ce cas que le titre de franc-alleu
s'est perdu (1). Mais alors, semble-t-il, c'est au seigneur à rapporter son titre, et la Coutume de Paris doit être déclarée allodiale. La logique amenait certains auteurs à décider en ce
sens (2). — D'autres, comme Auzanet, hostiles au franc-alleu,
soutenaient qu'il fallait effacer de l'art. 124 les mots : « Quand
il y a titre ancien ou reconnoissance », comme étant contraires au droit commun des Coutumes qui admettent l'imprescriptibilité du cens (3), et comme étant contraires aussi à l'u-
sage bien certain de la Coutume de Paris elle-même (4).
Grâce à cette suppression, assurément commode et fort peu
probante, l'article prenait un sens parfaitement clair. — Mais
tous les auteurs ne se résignaient pas à modifier le texte pour
mieux l'expliquer, et préféraient d'autres interprétations.
Suivant quelques-uns, les mots « détenteur de l'héritage »
devaient s'entendre, non du censitaire, mais d'un seigneur
cherchant à prescrire contre un autre seigneur ; l'art. 124 se
serait occupé d'une prescription *acquisitive*, et non d'une
prescription *libératoire*. Mais, malgré l'approbation de Duplessis, de Ferrière, et de Bourjon, il faut dire que cette explica-

---

(1) Ferrière, *ibid.*, t. II, col. 503, n° 1 ; — et Duplessis, *ibid.*, p. 162-163.
(2) Cfr. Ferrière, *ibid.*, col. 506, n° 6 ; — col. 521, n° 4.
(3) Sans compter les arrêts (cfr. Brodeau sur Louët, *ibid.*, p. 230-231.)
(4) Auzanet, *ibid.*, p. 110-111. — Cfr. Ferrière, *ibid.*, col. 506, n° 7 ; — et
col. 521, n° 8.

tion n'avait aucune valeur (1); car non seulement l'art. 124 eût été mal rédigé, mais encore il eût fait double emploi avec l'art. 123. — Une dernière explication, plus ingénieuse, consistait à dire que les mots « quand il y a titre ancien ou reconnoissance » se référaient seulement à l'incidente « encore qu'il y ait cent ans », dont ils restreignaient la portée. Dans ce système, l'art. 124 était regardé comme établissant en *principe* l'imprescriptibilité du cens, et comme tranchant en outre la question de savoir quel pouvait être l'effet d'une possession centenaire ou immémoriale. D'après Dumoulin, la possession centenaire devait être considérée comme équivalant à un titre (2); par suite, un censitaire pouvait toujours l'opposer au seigneur censier, « même, disait Dumoulin, dans les Coutumes où il faut un titre particulier pour posséder un alleu ». Cette opinion était suivie en pratique à Paris, et c'est précisément pour l'écarter dans le cas où le seigneur avait un titre contraire, qu'on ajouta en 1580 l'art. 124 (3). Cela admis, on voit qu'à Paris, depuis cette date, le cens n'est prescriptible que dans un cas *unique*, le cas où le seigneur n'a pas de titre et où le censitaire peut invoquer la possession immémoriale. — Avec ce système, il devenait impossible de s'appuyer sur l'art. 124 pour fonder l'allodialité de la Coutume de Paris, et les partisans de la règle « Nulle terre sans seigneur » avaient beau jeu. En vain, on leur représenta que « les héritages de leur nature sont allodiaux, francs et libres; et que, par suite, pour les prétendre féodaux ou censuels, il faut titre (4) ». Ils répondirent qu'au contraire « tous les héritages sont naturellement sujets », que la règle *Nulle terre sans seigneur* « est une des plus anciennes et certaines règles du droit coutumier », et que « le franc-alleu ne subsiste que par privilège (5) » ! Le Parlement, par deux arrêts de 1583 et de

---

(1) Duplessis, *ibid.*, p. 163-164 ; — Ferrière, *ibid.*, col. 807, n° 9 ; — Bourjon, *ibid.*, p. 264.

(2) Dumoulin, *ibid.*, n° 18 : «... quia tanti temporis decursus habet vim tituli. » — Cfr. *infra* n° 38.

(3) Cfr. Duplessis, *ibid.*, p. 162-163.

(4) Charondas, *Cout. de Paris*, Paris, 1605, in-fol., sur l'art. 68.

(5) Cfr. Duplessis, *ibid.*, p. 167 ; — etc...

1608, donna raison à cette théorie bizarre (1), admise par la majorité du barreau (2); et Le Camus put écrire que l'usage était devenu si fort qu'il était inutile d'y résister (3).

Comme la Coutume de Paris, la Coutume d'*Orléans* se bornait à définir l'alleu, sans se prononcer sur la présomption d'allodialité. Mais, malgré ce demi-silence, l'application à la directe de la maxime « Nulle terre sans seigneur » n'y était pas contestée. Voici en effet ce que dit Pothier avec sa netteté ordinaire : « Dans notre Coutume où la maxime *Nulle terre sans seigneur* a lieu, celui qui prétend que sa terre est en franc-alleu, doit le justifier, sinon par le titre primordial, tel que serait la concession que le roi aurait faite d'une terre pour être possédée en franc-alleu, au moins par une possession immémoriale de franc-alleu, établie par des actes par lesquels l'héritage aurait été qualifié allodial, surtout si ces titres sont passés avec le seigneur du territoire dans l'enclave duquel est situé l'héritage prétendu allodial. Faute de cette justification, l'héritage sera présumé n'être pas allodial, mais relever du seigneur dans le territoire duquel il est enclavé, aux mêmes droits et devoirs que les autres héritages de ce territoire; ou, s'il n'est pas enclavé dans le territoire d'aucun seigneur particulier, il sera censé relever du roi (4). » — La Coutume générale de *Lorris-Montargis*, rédigée en 1531 et suppléée au besoin par celles de Paris et d'Orléans, rejetait de même le franc-alleu sans titre. « Ainsi, dit La Thaumassière, un de ses commentateurs, la règle « Nulle terre sans seigneur » y est étroitement gardée. Tous les héritages y sont tenus en fief,

(1) Arrêts cités par Ferrière, *ibid.*, t. I, col. 1013, n° 25. — L'arrêt de 1608 fut rendu au profit de l'abbaye de Saint-Germain-des-Prés ; cfr. Brodeau, *Cout. de Paris*, op. cit., p. 481.

(2) Notamment par Tournet, Labbé, Tronçon, Ricard, Brodeau, Auzanet, Duplessis (*ibid.*, p. 169), Ferrière (*ibid.*, col. 1014, n° 13). — Cfr. Merlin, *ibid.*, v° Franc-alleu, t. V, p. 347 ; — Laferrière, op. cit., t. VI, p. 351 ; etc...

(3) Le Camus, *Observ. sur l'art.* 124, n° 5, dans Ferrière, *ibid.*, t. II, col. 521. — Cfr. Hervé, op. cit., t. VI, p. 340-341.

(4) Pothier, *Comm. de la Cout. d'Orléans*, sur l'art. 255, dans ses *Œuvres*, édit. Bugnet, Paris, in-8, t. I, p. 328. — Cfr. Delalande, *Cout. d'Orléans*, 2° édit., Orléans, 1704, in-fol., sur l'art. 255.

censive, champart, terrage, ou autres droits emportant seigneurie directe (1). » Il en était de même dans la Coutume de
Chartres et le *Perche-Gouet* (2). — Le Centre de la France, on
le voit, moins heureux que l'Est et le Midi, avait subi davantage l'action du régime féodal.

Dans l'Ouest, il en fut de même; on peut dire que c'est là
surtout que la féodalité triompha. Sans parler de la Bretagne
et du Poitou, l'allodialité avait eu fort à souffrir dans plusieurs
autres provinces de la même région : la *Normandie*, le *Maine*,
l'*Anjou*, l'*Aunis*, *Saint-Jean-d'Angély* (3). Toutefois on n'alla
pas aussi loin qu'en Bretagne, où l'alleu était proscrit, ni qu'en
Angleterre où la théorie de la directe universelle s'était développée avec tant de rapidité et d'énergie qu'au xiii° siècle déjà
Bracton pouvait dire : « La terre du roi est la *seule* qui ne soit
soumise à personne; car elle ne relève que du Dieu Tout-
Puissant (4). » — En *Normandie* notamment, la classe des alleux
subsista toujours à côté des fiefs, des censives, et d'une tenure
spéciale appelée bourgage ou franc-bourgage, laquelle ressemblait au fief, en ce qu'elle dépendait d'un seigneur, et à l'alleu,
en ce qu'elle ne payait point de droits seigneuriaux (5). Mais
si l'alleu était reconnu, il n'était pas présumé. Basnage, commentant l'article 102 de la Coutume, finit par adopter, après
quelques phrases embarrassées, le système de la censualité, et
par conclure que si un propriétaire ne représente pas son
titre, il décherra véritablement de son droit de franc-alleu. La
seule ressource qu'il puisse avoir, c'est de désavouer le seigneur

(1) La Thaumassière, *Cout. locales*, op. cit., p. 528. — Cfr. Laferrière,
op. cit., t. VI, p. 288-289.

(2) Couart, *Coust. du duché et bailliage de Chartres, pays chartrain, et
Perche Gouet*, Paris, 1630, in-8, p. 189 : « Les alaudiaux... ne se peuvent posséder sans titre en cette coustume, bien qu'il y eust proscription immémoriale ou centenaire. »

(3) Pour Saint-Jean-d'Angély, cfr. un arrêt de la Cour de Poitiers du
29 juin 1836, et un arrêt de la Cour de cass. du 20 déc. 1837 ; dans Dalloz,
ibid., p. 373, note 3.

(4) Cfr. Garsonnet, op. cit., p. 308.

(5) Cfr., l'article 138 de la *Cout. de Normandie*, dans B. de Richebourg,
op. cit., t. IV, p. 64.

qui l'a attaqué (1). Mais comme il sera obligé d'en reconnaître
un autre, le seigneur voisin ou en dernière analyse le roi, le
désaveu n'a pour lui qu'un intérêt secondaire.

Les Coutumes à peu près semblables de *Maine* et d'*Anjou*
contiennent, chacune un article relatif au franc-alleu (Maine,
153; Anjou, 140). Ces articles, rédigés d'une façon identique,
sauf les derniers mots (2), imposent à tout alleutier de venir
au moins une fois à la cour de son seigneur (3), quand il y est
appelé, pour y répondre de bouche qu'il advoue à tenir telle sa
terre en franc-alleu, et s'en aller. Il semble à la lecture de ce
texte que les Coutumes d'Anjou et de Maine se contentent d'une
simple assertion de la part du possesseur d'une terre pour que
cette terre soit présumée allodiale. Malheureusement les
deux articles supposent par leurs termes que l'allodialité est
déjà prouvée, et de plus semblent n'admettre que l'affranchissement comme mode de constitution des alleux (4). Cela suffit
à indiquer l'esprit et la portée de ces articles. Ils n'ont pas pour
but de trancher la question qui nous occupe; ils se bornent à
imposer aux alleutiers une certaine obligation (5); et par
suite, il ne faut pas s'étonner si les commentateurs des Coutumes de Maine et d'Anjou, Chopin et Pocquet de Livonière
par exemple, leur appliquent la règle « Nulle terre sans
seigneur ». Pocquet de Livonière, se demandant à propos de
l'article 140 de la Coutume d'Anjou, si « l'assertion du vassal
suffit à faire présumer le franc-alleu », déclare « qu'il faut
dire que non », et ajoute que « bien au contraire, le vassal est
tenu de faire foi et hommage s'il n'a point de titre qui justifie
qu'il ne le doit pas ». La possession immémoriale sans titre
serait même insuffisante, d'après lui, à prouver l'allodialité (6).

(1) Henri Basnage, *Œuvres*, 4ᵉ éd., in-fol., Rouen, t. I (1778), p. 163.
(2) Sur ces derniers mots, cfr. *infra* n° 39.
(3) Il s'agit évidemment ici du seigneur justicier dans le ressort duquel
l'alleu est enclavé.
(4) « Car tel *affranchissement* qui lui est donné, etc... »
(5) Sur la nature spéciale des alleux angevins, cfr. *infra* n° 39.
(6) Cfr. Pocquet de Livonière, *Traité des fiefs*, Paris, Le Mercier, 1733,
in-4, p. 561-562; — et René Chopin, *Comm. sur la coust. d'Anjou*, 2ᵉ édit.,
1662, dans ses *Œuvres*, Paris, Jacques d'Allin, 1663, in-fol., t. 1, liv. II,
p. 121, n° 4.

En *Aunis*, Valin assure qu'on suit « exactement » la maxime *Nulle terre sans seigneur*, à tel point qu'il ne connaît dans la province « aucun franc-alleu laïque », mais seulement des franches aumônes (1), comme dans la Saintonge, le Poitou, et l'Angoumois (2). — La même règle était encore appliquée, au dire des commentateurs, dans le ressort des Coutumes d'*Artois* (3) ; de *Vermandois* (4), sauf Saint-Quentin, mais y compris *Crespy-en-Valois* (5) ; de *Chaulny* (6) ; et de *Reims*, sauf la ville elle-même, ainsi que le jugea en 1588 un arrêt rendu contre le cardinal de Guise (7).

84. PAYS CENSUELS DE DROIT ÉCRIT : PROVENCE, ET GUYENNE EN PARTIE. — Même dans les pays de droit écrit, nous trouvons des provinces où le système des Coutumes censuelles, contraire cependant à l'esprit du droit romain, avait fini par prévaloir ; mais il faut reconnaître que là où elle a eu lieu, cette infidélité à la règle générale du Midi, c'est-à-dire à la règle « Nul seigneur sans titre », s'explique par des motifs particuliers, et en quelque sorte extrà-juridiques. Ainsi en Provence, c'est à la maison d'Anjou, en Guyenne, c'est aux princes anglais qu'on doit l'importation de la règle inverse.

En *Provence* en effet, « il était de jurisprudence, dit M. Laferrière, que lorsque dans un territoire limité, les baux à fief ou les reconnaissances des vassaux embrassaient les plus grandes parties du territoire où le seigneur avait la haute justice, la directe universelle était présumée, et le seigneur avait le

---

(1) Sur la franche aumône, voir *supra*, n° 11.

(2) Valin, *op. cit.*, t. I, p. 260-261, n°° 68-69.

(3) Adrien Maillart, *Cout. génér. d'Artois*, Paris, Debure, 2° édit., 1739, in-fol., p. 444, n°° 2 et 3.

(4) J.-B. de Buridan, *Cout. génér. du bailliage de Vermandois*, col. 313, sur l'art. 133, dans le *Coutumier de Vermandois*, Paris, 1728, in-fol., t. I; — d'Héricourt, *Nouv. observ. sur les Cout. génér. et loc. de Vermandois*, p. 78, sur l'art. 135, *loc. cit.* Ces auteurs toutefois ne citent aucun arrêt à l'appui de leur opinion.

(5) Cela résulte de l'art. 281 des Coutumes de Vermandois.

(6) Louis Vrevin, *op. cit.*, sur l'art. 141.

(7) J.-B. de Buridan, *Cout. de la cité et ville de Rheims*, ouvr. posthume, p. 69, n°° 8-10, dans le *Cout. de Vermandois*, *supra cit.*, t. II.

droit d'exiger services, titres ou dénombrement de toutes les terres de sa juridiction (1). Cette jurisprudence du moyen âge, attestée par les statuts de Provence, fut sanctionnée au XVII° siècle par des arrêts du Parlement des 10 et 20 décembre 1613 (2). La présomption de seigneurie directe et universelle était établie en faveur du seigneur haut-justicier; celui-ci était déchargé de l'obligation de prouver la mouvance; la présomption contraire de franc-alleu ne pouvait lui être opposée (3). Le droit féodal avait donc sous un rapport essentiel, vaincu en Provence le principe libre de la propriété romaine et renfermé le franc-alleu dans d'étroites limites (4). » Déjà au XVII° siècle, Galland avait formellement déclaré que la Provence n'était pas un pays allodial. Caseneuve avait cherché à le réfuter; il avait même prétendu que « les raisonnements de ses adversaires n'étaient pas moins étranges que s'ils disaient, que le jour n'est pas clair parce que la nuit est obscure ». Malheureusement Caseneuve n'opposait pas à ces raisonnements des raisons concluantes (5); et sauf pour certains territoires privilégiés précédemment indiqués (6), on est obligé de constater qu'au point de vue qui nous occupe la Provence ne fut pas favorisée (7).

Il en fut de même pour la majeure partie de la *Guyenne*.

(1) *Statuts de Provence*, Comment. de Mourgues, p. 144.

(2) *Collection féodale*, par De la Touloubre, t. II, p. 55.

(3) *Ibid.*, t. II, p. 12. — Cfr. *Jurisprud. observée en Provence sur les mat. féodales*, 2ᵉ éd., Avignon, Vᵉ Girard, 1756, 2ᵉ partie, tit. I, n° 8 : « La seule qualité de seigneur haut justicier dans un territoire circonscrit et limité ne suffit pas pour réclamer la directe universelle ; mais elle fournit une *présomption* qui, jointe avec celles qui naissent de la propriété ancienne ou actuelle des terres gastes et des nouveaux baux qui affectent des fonds répandus dans les différentes parties du territoire, forme une preuve parfaite » (en ce sens : acte de notoriété, donné en nov. 1727) ; — n° 9 : « Le seigneur qui a la directe universelle est dispensé de justifier par des titres particuliers que le fonds est soumis à sa mouvance ; c'est au possesseur de ce fond *à exhiber le titre d'exemption.* »

(4) Laferrière, *op. cit.*, t. V, p. 155.

(5) Caseneuve, *ibid.*, liv. II, ch. XIV, n° 9. — Cfr. Merlin, *op. cit.*, p. 354.

(6) Cfr. *supra*, n° 30.

(7) Cfr. Boucheul, *op. cit.*, p. 156, n° 33 ; — et Hervé, *ibid.*, p. 248.

Vainement Furgole essaya-t-il, par de longs développements historiques et juridiques (1), de démontrer l'allodialité de la Guyenne: ses arguments se heurtaient aux faits et à des arrêts contraires du Parlement de Bordeaux. Un arrêt, entre autres, du 16 mars 1571, rendu en faveur du seigneur de Sainte-Livrade dans l'*Agenais*, reconnut d'une façon formelle, au moins pour cette région de la Guyenne, que les seigneurs avaient droit de directe universelle (2). En 1664, ce fut au tour des habitants du *Condomois* d'être déboutés de leurs prétentions à l'allodialité (3). En 1746, dans un procès avec le duc d'Aiguillon, les habitants d'Agen, de Condom, de Marmande, de Montréal, de Mozin, et de Vaupillon, essayèrent de faire réformer cette jurisprudence ; mais le Conseil du roi jugea de nouveau contre eux que la directe était universelle dans l'Agenais et le Condomois, sans préjudice toutefois des directes particulières et des privilèges particuliers ; mais « ceux qui les prétendraient seraient tenus d'en justifier par titres bons et valables (4) ». Il en était de même dans le *Quercy* (5), et d'une façon générale dans toute la *Guyenne*, où, suivant Graverol, « la maxime *Nulle terre sans seigneur* s'y entendait au pied de la lettre (6) ». — Ce triste résultat doit être attribué à la domination anglaise et à l'influence des Plantagenet en Guyenne. La directe universelle, qui s'est heurtée en France à de si vives résistances, était en effet en Angleterre un principe incontesté (7). Aussi les alleux, qui, au témoignage d'Hauteserre, étaient encore en grande majorité en Guyenne au commencement du XIIe siècle, diminuèrent rapidement quand la province devint anglaise ; et la règle des Coutumes censuelles finit par s'y introduire, en dépit du droit romain. « C'est, dit

---

(1) Furgole, *op. cit.*, p. 161-194, 200 et suiv.

(2) Cfr. La Poix de Fréminville, *ibid.*, t. I, p. 164 ; — et Merlin, *ibid.*, p. 351.

(3) Brillon, *loc. cit.*, n° 11.

(4) Cfr. le texte de l'arrêt de 1746, dans La Poix de Fréminville, *op. cit.*, t. II, p. 649-650.

(5) Laferrière, *op. cit.*, t. V, p. 558.

(6) Cfr. Boutaric, *Traité des droits seigneuriaux*, 2e éd., Paris, 1746, in-12, p. 288 ; — Hervé, *ibid.*, p. 248.

(7) Garsonnet, *ibid.*, p. 308 ; — et *suprà*, p. 155.

éloquemment Hauteserre, la longue incubation des Anglais qui
a brisé en Aquitaine le droit de l'alleu (1). » La Saintonge en
subit aussi les effets. Seul, le Bordelais parvint à s'y soustraire (2). — Pour le territoire de *Montauban*, une difficulté
se présentait: la plus grande partie de ce territoire, et notamment la ville elle-même, avait toujours fait partie du Quercy,
et par suite subissait comme lui la règle « Nulle terre sans
seigneur »; mais le reste avait dépendu jadis de la sénéchaussée de Toulouse, et prétendait participer à l'allodialité du Languedoc. La question fut soulevée sous le règne de Louis XIV,
c'est-à-dire à une époque peu propice pour les propriétaires
d'alleux, et de plus à propos d'une prétention émise par le fermier du domaine. Ce dernier obtint un arrêt du Conseil du roi
(17 juillet 1669), déclarant d'une façon générale que des terres
ne pouvaient jouir des privilèges du Languedoc qu'à la condition d'en faire actuellement partie, et qu'il ne suffisait pas d'en
avoir autrefois dépendu (3).

85. PREUVE DE L'ALLODIALITÉ DANS LES COUTUMES CEN-
SUELLES ; EFFET DE LA POSSESSION CENTENAIRE, DE L'ENCLAVE,
ETC... — Dans les diverses provinces ou Coutumes que nous
venons de citer, c'était donc à l'alleutier à prouver l'allodialité de sa terre. Mais quels titres exigeait-on de lui pour que
sa preuve fût faite? — A cet égard tous les auteurs distinguaient, avec Dumoulin, deux sortes de titres : le titre *primitif* ou constitutif, et les titres *déclaratoires* ou énonciatifs. Le
titre primitif était l'acte par lequel le roi ou un seigneur avait
affranchi un fief ou une censive de sa mouvance; c'était donc
l'acte même qui avait constitué un alleu de *concession*. Ce titre
naturellement faisait preuve complète (4). — Mais un pareil

_____

(1) Hauteserre, *Rerum Aquit. libri* V, liv. III, ch. XVII (dans ses *Opera
omnia*, Naples, 1777, in-4, t. IV, p. 111) : « Dolendum potius quam
erubescendum allodii jus in Aquitania infractum diutina incubatione
Anglorum. »

(2) Peut-être aussi une partie du *Périgord*, d'après Laferrière, *ibid.*

(3) Cfr. Merlin, *ibid.*, p. 353-354, et *infra*, n° 45.

(4) Quelques auteurs voulaient même l'admettre dans les Coutumes
anti-allodiales, en dépit de leur texte. Cfr. *supra*, n° 24.

acte ne pouvait pas toujours être rapporté. Il n'existait pas notamment pour un alleu d'*origine* ou de *prescription;* il pouvait avoir été perdu pour un alleu de *concession.* Aussi en principe, on ne demandait pas à l'alleutier la représentation de ce titre primordial, ce qui l'eût souvent mis dans l'impossibilité de prouver son droit. Il fallait être aussi excessif que l'était La Poix de Fréminville pour avoir une pareille exigence (1). Les autres auteurs se contentaient de titres déclaratoires, c'est-à-dire d'actes énonçant simplement la qualité allodiale de la terre litigieuse, pourvu que ces actes provinssent du seigneur intéressé, ou qu'ils fussent soutenus d'une possession suffisamment prolongée, remontant par exemple à 60 ou 70 ans (2). Un arrêt, souvent cité, fut rendu en ce sens en 1640 par la première chambre des enquêtes du Parlement de Paris (3).

Quelques auteurs allaient plus loin et admettaient comme une preuve suffisante l'allégation d'une possession *centenaire* ou immémoriale, qu'ils regardaient comme équivalant à un *titre.* Dumoulin disait formellement : « La possession immémoriale suffit parfaitement pour prouver la qualité d'alleu, même dans les lieux dans lesquels la Coutume exige un titre particulier ou exprès pour posséder allodialement, parce qu'un si long laps de temps a force de *titre* (4). » La Coutume de Bouillon (ch. XXV, art. 5) disait de même : « Possession de si long temps qu'il n'y a mémoire du contraire a force de titre. » Tel était encore l'avis de Buridan, de La Thaumas-

(1) La Poix de Fréminville, *ibid.*, t. I, p. 160.

(2) Cfr. Dumoulin, *ibid.*, n° 13 ; — Bobé, *ibid.*, p. 390; — Basnage, *ibid.*, p. 164, col. 1; — Duplessis, *ibid.*, p. 169 ; — Pocquet de Livonière, *ibid.*, p. 562 ; — Claude de Ferrière, *ibid.*, t. I, col. 1016, n° 27 ; — Valin, *ibid.*, p. 278; — Hervé, *ibid.*, p. 342 ; — etc.

(3) Duplessis, *ibid.* ; — Pocquet de Livonière, *ibid.* ; — Ferrière, *Traité des fiefs, op. cit.*, p. 540 ; — etc.

(4) Dumoulin, *ibid.*, n° 15 : « Omnino sufficit possessio temporis immemorialis, in qualitate alaudii, etiam in locis in quibus consuetudo requirit titulum particularem vel expressum ad possidendum jure alaudii quia tanti temporis decursus vim habet tituli. » — Cette doctrine paraît dériver d'un fragment du Digeste, XLIII, 20, loi 3, § 4 : « Ductus aquæ, cujus origo memoriam excessit, *jure constituti* loco habetur. » Cfr. Dig., XXXIX, 3, loi 2, pr.

sière (1), et de Pothier, qui écrit ceci : « La possession centenaire qu'on appelle aussi immémoriale équivaut à un titre,
et établit le domaine de propriété qu'on a d'une chose aussi
pleinement et aussi parfaitement que si l'on rapporte un titre
d'acquisition en bonne forme (2). » En Normandie il n'était
même pas nécessaire d'alléguer la possession centenaire. En
effet un article de la Coutume, discordé, il est vrai, par le
clergé et la noblesse, admettait comme preuve suffisante la
possession de 40 ans ; mais Basnage fait observer que cela
n'empêchait pas la Coutume d'être censuelle, parce que cette
possession, comme ailleurs la possession de cent ans, équiva-
valait à un *titre* (3). — Mais il faut se garder de croire que
cette doctrine fût générale. Quelquefois le texte de la Coutume était contraire. Ainsi Boucheul, on l'a vu (*suprà n*° 32),
enseigne sur l'art. 52 de la Coutume de *Poitou* que la possession immémoriale pure serait insuffisante à prouver l'allodialité d'une terre, et qu'elle doit être corroborée par un titre.
Bobé soutient la même doctrine pour la Coutume de *Meaux*, dont
l'art. 189 exige pour prouver l'alleu « un titre particulier (4) ».
Pocquet de Livonière déclare aussi que la possession immémoriale est insuffisante en *Anjou* (5). Couart ne l'admet pas
non plus pour la Coutume de *Chartres* (6). Duplessis la re-
pousse sans distinction (7). Enfin on sait qu'à *Paris*, l'art. 124

(1) Buridan, *Cout. de Reims, ibid.*, p. 581 ; — La Thaumassière, *ibid.*, p. 8.
(2) Pothier, *Traité de la prescription*, n° 278. — Cfr. toutefois n° 285.
(3) Basnage, *op. cit.*, p. 162, col. 2. — Les Coutumes allodiales d'Auvergne et de la Haute-Marche allaient encore plus loin. Pour elles, la
prescription de trente ans tenait lieu de titre. *Cout. d'Auvergne*, ch. XVII,
art. 4 : « Et tient lieu ladite prescription (de trente ans) de titre et
droit constitué, et a vigueur de temps immémorial ; » — *Cout. de la
Marche*, art. 91 : « ... Et tient lieu ladite prescription (de trente ans,
contre laïques, et quarante ans contre l'Église) d'un titre et droit constitué, et a vigueur de temps immémorial. »
(4) Bobé, *ibid.*, p. 390-391. — *Contra* : Dumoulin, *ibid.*, n° 15. —
Bobé admet toutefois la possession immémoriale pour les alleux qui
ne sont enclavés dans aucune seigneurie.
(5) Pocquet de Livonière, *ibid.*, p. 561.
(6) Couart, *ibid.*, p. 189.
(7) Duplessis, *ibid.*, p. 169. — Cfr. Brodeau, *Cout. de Paris, ibid.*, p. 481.

de la Coutume de 1580, moins large que Dumoulin, ne l'accepte que dans le cas où l'adversaire de l'alleutier ne rapporte lui-même aucun titre (*suprà* n° 33).

Quand la preuve n'était pas administrée par l'alleutier, la règle « Nulle terre sans seigneur » s'appliquait ; et par suite, sa terre devait reconnaître un seigneur. Mais quel seigneur? Pour répondre à cette question, il faut distinguer trois hypothèses. — Si la terre dont la franchise n'était pas démontrée, se trouvait enclavée dans le territoire d'un seigneur *féodal* ou *censier*, et si ce territoire était bien circonscrit, il n'y avait pas de difficulté. En vertu de la règle de *l'enclave*, dont il a été question déjà (*suprà* n° 31), la terre est présumée relever du seigneur de ce territoire, et ce dernier peut lui imposer les mêmes redevances qu'aux héritages circonvoisins (1). Les Coutumes d'Angoumois et de Saintonge font une application expresse de ce principe (2). — En second lieu, la terre peut ne pas être enclavée dans le fief d'un seigneur *féodal*, mais seulement dans le ressort d'un seigneur *justicier*. Dans ce cas la Coutume d'*Angoumois* est précise : le seigneur justicier peut encore se porter seigneur direct de la terre (3). Bobé pour la Coutume de *Meaux* adopte ce système sous certaines conditions (4). Il était encore suivi, également sous certaines conditions, par le Parlement de *Provence* (5). La Coutume de *Sainonge* au contraire n'attribue le droit d'enclave qu'au « seigneur de fief ». Il faut en conclure qu'elle le refuse au seigneur justicier, en vertu du principe « Fief et justice n'ont rien de commun », formulé par diverses Coutumes (6), et professé par la majorité des auteurs (7). « Le seigneur justicier, disent expressément les Coutumes d'Auvergne et de la Marche, n'est

(1) Cfr. Dumoulin, *ibid.*, n° 6 ; — Pocquet de Livonière, *ibid.* p. 550 ; — Pothier, *Cout. d'Orléans, ibid.* ; — Bobé, *ibid.*, p. 303 ; — etc.

(2) Angoumois, art. 35 ; — Saintonge, art. 18. — Cfr. *supra*, n° 32.

(3) Angoumois, art. 35 ; cfr. *supra*, n° 32.

(4) Bobé, *ibid.*, p. 393.

(5) *Jurisprud. obs. en Provence, loc. cit.*, n° 8.

(6) Blois, art. 68 ; — Berry, ch. v, art. 57 ; — Marche, art. 5 ; — Bourbonnais, art. 1 ; — Auvergne, ch. ii, art. 4 ; — etc.

(7) Loisel, *op. cit.*, liv. II, tit. 2, règle 44 ; — Dumoulin, *ibid.*, n° 1.

fondé à cause de sa justice de soy dire seigneur féodal des choses situées en icelle (1). » Il n'y peut réclamer que la justice (2). Le seigneur justicier étant ainsi écarté par le droit commun, il n'y a plus que le roi qui puisse réclamer la directe, et c'est en effet à cette solution qu'aboutissent Pocquet de Livonière et Pothier (3). — *A fortiori*, si la terre n'est enclavée ni dans un territoire féodal, ni dans un territoire justicier, la directe appartient au roi.

La directe dont il s'agit sera tantôt une directe féodale et tantôt une directe censuelle : cela dépendra des titres que pourra fournir le seigneur. Mais bien souvent, le seigneur n'aura point de titres; ce sera, suivant l'expression des auteurs, « la Coutume elle-même qui lui en servira » (4). Dans ce cas, on peut se demander comment sera traitée la terre non allodiale; sera-t-elle présumée fief ou censive ? Les commentateurs s'accordent à décider qu'on doit la présumer censive plutôt que fief, par trois motifs : parce qu'en matière de fief il est anormal de ne pas avoir de titres, parce que les censives sont plus nombreuses que les fiefs, et enfin parce que leur condition est plus douce (5). Cette règle était suivie en pratique, sauf dans le Hainaut et le Cambrésis, où toute terre était, on l'a vu, tenue pour féodale jusqu'à preuve du contraire (6).

Les mêmes principes étaient appliqués à tout bail dont la nature était inconnue, à toute redevance dont le caractère était douteux. La présomption de droit était toujours pour le bail à cens, et pour la redevance seigneuriale, dans les pays *censuels;* pour le bail à rente foncière, et pour la redevance

---

(1) Auvergne, ch. II, art. 5 ; — Marche, art. 179.

(2) L'art. 101 de la Cout. de Péronne qui semble contraire a été expliqué en ce sens, *supra*, p. 148, note 3.

(3) Pocquet de Livonière, *op. cit.*, p. 559; — Pothier, *ibid.* — Quelques auteurs, notamment Dumoulin (*ibid.*, n° 6), auraient voulu que dans ce cas on présumât l'allodialité; cfr. *infra*, n° 37.

(4) Bobé, *ibid.*, p. 389.

(5) Duplessis, *ibid.*, p. 169-170; — Ferrière, *Cout. de Paris*, *ibid.*, col. 1016, n° 28 ; — Bourjon, *ibid.*, p. 148, n° 4; — Hervé, *ibid.*, p. 343. — On présumait de même l'alleu *roturier* plutôt que *noble* ; cfr. *supra* n° 31 *in fine.*

(6) Cfr. *supra* n° 32 *in fine.*

non seigneuriale, dans les pays *allodiaux* (1). La Cour de cassation a eu à différentes reprises à s'inspirer de cette règle (2).

§ IV. — Cas des Coutumes muettes.

86. OPINIONS DIVERGENTES DES ANCIENS AUTEURS ; LES COUTUMES D'AMIENS, BERRY, TOURAINE, ETC. — Pour en finir avec la grave question, si diversement résolue suivant les lieux, du caractère présumé des héritages, il reste à rechercher quel système était suivi dans les provinces, où ni les textes, ni l'histoire de la Coutume, ni la jurisprudence, ni la doctrine ne se prononçaient d'une façon certaine. Jusqu'ici, nous nous sommes borné à des constatations, nous avons exposé ce *qui était*. Pour les Coutumes entièrement *muettes*, où les précédents historiques, les arrêts, et les opinions des auteurs locaux font défaut ou se contredisent, la question passe du terrain des *faits* sur celui des *principes ;* il faut voir ce qui *devait être*. Entre les trois systèmes, l'un proscrivant, le second présumant, le troisième tolérant simplement les alleux, quel était le système de droit commun, quel était le système d'exception ? Pour les jurisconsultes du xix° siècle, il n'y a pas là en droit un problème sérieux : la liberté des terres doit être évidemment le principe ; leur sujétion, l'exception. Le système des pays allodiaux était donc seul juste et logique. Pour les jurisconsultes des siècles précédents, la question était loin d'être aussi simple. Ils étaient bien d'accord sans doute pour repousser le système absolu des Coutumes anti-allodiales; mais ils ne savaient auquel des deux autres donner la préférence. Il s'établit à cet égard une longue controverse : les uns tenant pour les Coutumes allodiales, et se recommandant du droit écrit ; les autres tenant pour les Coutumes censuelles, et se recommandant du droit commun coutumier. Du xvi° au xviii° siècle, il est bien peu de jurisconsultes qui n'aient pas été obligés de prendre parti sur

(1) Cfr. Merlin, *Répert.*, *op. cit.*, v° Cens, § 5 ; — Merlin, *Questions de droit*, *op. cit.*, v° Terrage, t. VI, p. 234 ; — Dalloz, *loc. cit.*, n°° 182 et 437.

(2) Arrêts du 11 germ. an XIII, 14 juin 1814, 16 avril 1838, etc..., dans Dalloz, *ibid.*, p. 377, note 1 ; n° 438 ; page 369, note 4.

le caractère restrictif ou extensif de la règle « Nulle terre sans
seigneur ». Comme le dit M. Serrigny, « c'est la question
capitale qui a occupé les feudistes (1) ». On en arriva à compter
les voix ; divers auteurs dressent la liste de leurs partisans,
et s'efforcent de la grossir ; aussi on a parfois la surprise de
voir les mêmes noms figurer sur des listes contraires (2). C'est
une preuve de plus que la question, qui aurait pu être si
claire, était devenue singulièrement embrouillée.

Beaucoup parmi ces auteurs ne font que commenter leurs
Coutumes, et accepter purement et simplement le principe en
vigueur dans leur ressort ; mais quelques-uns élargissent la
question, et la traitent à un point de vue plus général. Parmi
ces derniers, on peut citer : Caseneuve, Furgole, La Thaumassière, Hervé, etc..., partisans déterminés de l'allodialité ; et
Galland, Bacquet, Duplessis, La Poix de Fréminville, etc..., ses
adversaires résolus. Encore est-il juste de faire observer que
certains de ces auteurs ont pu subir l'influence du milieu où
ils écrivaient, que d'autres avaient un but intéressé. Ainsi Caseneuve et Furgole sont des jurisconsultes du midi ; ils tiennent
pour le droit écrit. Galland et La Poix de Fréminville sont des
écrivains domanistes ; et nous verrons plus loin que les
écrivains domanistes étaient naturellement hostiles au franc-
alleu.

Abstraction faite des motifs de la lutte, la lutte n'en existait
pas moins ; elle ne prit fin qu'à la Révolution. Pratiquement
donc, elle n'a pas eu de résultat ; et en fait, les provinces où
la Coutume était « muette » ont dû se partager comme les jurisconsultes eux-mêmes. Quelques-unes ont dû suivre le régime
admis dans les provinces voisines. C'est ainsi par exemple que
les habitants de *Vézelay* et de *Varzy*, ressortissants de la Coutume d'Auxerre, s'empressèrent, lorsqu'on discuta en 1807 l'article 144 de l'ancienne Coutume, d'invoquer en faveur de l'allo-

---

(1) Serrigny, *op. cit.*, § 4.
 (2) Il est très curieux de comparer à cet égard les listes fournies par
Galland, *op. cit.*, p. 97 et suiv. ; — par Caseneuve, *op. cit.*, liv. II, ch.
VIII, IX et X ; — par La Thaumassière, *Franc-alleu*, *op. cit.*, ch. XXX ;
— par Merlin, *ibid.*, p. 321-323 ; — etc...

dialité de leurs terres « l'usage ès bailliages circonvoisins » (1).
Il est probable en sens inverse que l'influence de la Coutume de
Paris a dû faire adopter le système censuel dans les petites Coutumes limitrophes de *Mantes et Meulant, Montfort-l'Amaury,
Dourdan, Etampes,* qui toutes furent rédigées en 1556 sur le
modèle de celle de Paris. La ressemblance est trop frappante
pour qu'elles aient pu s'écarter de leur modèle sur un point
aussi important. Il en est de même de la Coutume de *Calais,*
qui a été copiée sur celle de Paris, et dont l'article 22 dit en
outre que « pour le droit des fiefs » il faut s'en référer à la
Coutume de Paris. Peut-être en pourrait-on dire autant des
Coutumes de *Ponthieu* et d'*Amiens,* trop « serrées » en quelque
sorte entre des Coutumes censuelles ou même anti-allodiales,
pour n'en avoir pas subi l'influence. Mais de pareilles inductions
ne sont pas entièrement légitimes, et de plus elles ne sont pas
toujours possibles.

Que dire par exemple de la Coutume de *Berry ?* Elle est
bornée à la fois par la Coutume anti-allodiale de Blois, par les
Coutumes censuelles de Poitou, Orléans, et Montargis, et par
les Coutumes allodiales de Nivernais, Bourbonnais, Auvergne,
et Haute-Marche, avec lesquelles elle a d'incontestables affi-
nités. Quel système le Berry suivait-il ? Au xiiiᵉ siècle, on y
trouvait beaucoup d'alleux ; au xviᵉ siècle, on n'en fait point
mention dans la Coutume rédigée officiellement ! Le tiers-état
proteste, mais le Parlement met la preuve à sa charge. Le
tiers-état ne la fournit pas, et la Coutume reste *muette* (*suprà
nᵒ 23*). La jurisprudence alors se divise : les juridictions locales,
et même le Parlement de Paris jusqu'au xviiᵉ siècle, tiennent
pour l'allodialité (2), mais le Grand Conseil en 1740 et la grand'-
chambre du Parlement de Paris en 1744 et 1784 admettent la
censualité (3). Les auteurs ne s'entendent pas mieux : les jurisconsultes du Berry, et surtout l'érudit La Thaumassière, qui,
en 1667, publie un traité spécial sur la matière (4), accumulent

---

(1) Cfr. B. de Richebourg, *op. cit.,* t. III, p. 583.
(2) V. les arrêts cités par La Thaumassière, *op. cit.,* p. 11-12.
(3) Cfr. Merlin, *Répert., ibid.,* p. 337-338. — Les arrêts sont des
8 mars 1740, 17 juillet 1744, 27 avril 1784.
(4) Déjà, en 1662, Nicolas Catherinot avait adressé à « Messieurs du

les arguments historiques, juridiques, et même philosophiques, pour démontrer la franchise des terres berruyères. Mais ces arguments ne réussissent à convaincre : ni M. de Laverdy, conseiller au Parlement de Paris, qui les trouve « peu déterminants », et déclare que « l'allodialité prétendue du Berry n'est qu'une vraie chimère destituée de tout fondement (1) » ; — ni Hervé, qui malgré un désir évident de conclure en faveur de la franchise des terres, est obligé de dire « qu'en l'état actuel, la provision paraît être pour la maxime *Nulle terre sans seigneur* en Berry (2) » ; — ni Merlin, qui écrit avec une certaine ironie : « Longtemps les propriétaires de la province de Berry ont pensé qu'ils habitaient un pays allodial. La Thaumassière, dans son *Traité du Franc-Alleu*, les confirmait dans cette opinion ; et elle était encore appuyée sur une réclamation consignée dans le procès-verbal de leur Coutume. Les tribunaux de la province avaient adopté ce sentiment, et, aux yeux des personnes intéressées à le soutenir, lui avaient imprimé une sanction inaltérable (3). » Merlin rapporte ensuite et approuve les arrêts du Grand Conseil et du Parlement de Paris, qui naturellement avaient raison en pratique (4). Mais en théorie, la question était plus douteuse.

Que dire encore de la Coutume de *Touraine*, voisine de celle de Berry ? Elle ne mentionne pas les alleux. L'article 145 parle bien des tenures à franc-devoir ; mais les commentateurs expliquent qu'il ne faut pas les confondre avec les tenures en franc-alleu, « qui sont tout autre chose » ; et à ce propos, ils se demandent si en Touraine, on doit présumer ou non l'allodialité des terres. La Coutume ne dit rien ; la jurisprudence ne

---

Présidial de Bourges » une brochure de 88 p. in-4, signé du pseudonyme *Dumoulin I. C.*, et intitulée « Dissertation ou discours sur la qualité des personnes et des héritages ». Il s'attache à y démontrer qu'en principe terres et personnes sont franches. — Cfr. *Nouv. Rev. hist.*, 1883, p. 79.

(1) De Laverdy, *Rapport* reproduit dans Guyot, *ibid.*, p. 82 à 86.

(2) Hervé, *ibid.*, p. 337. — La question de l'allodialité du Berry est exposée *ex professo* par Hervé, p. 328-337.

(3) Merlin, *ibid.*, p. 337.

(4) Malgré cela, beaucoup d'auteurs rangeaient la Cout. de Berry parmi les Coutumes allodiales.

s'est pas prononcée ; et en présence de ce silence, les auteurs se partagent. Étienne Pallu déclare que « la maxime qu'il n'y a terre sans seigneur est combattue par le droit des gens, partant non extensible aux Coutumes qui n'en disposent » (1). Jacquet déclare au contraire que la maxime fait le droit commun des pays coutumiers, en sorte que « tous les héritages sont présumés sujets à des redevances, si l'on excepte quelques Coutumes particulières qui sont allodiales », et que toutes les Coutumes muettes, y compris celle de la Touraine, doivent être considérées comme censuelles (2). — En 1787, la question de savoir si la *Navarre* était ou non allodiale, faisait l'objet d'une instance considérable au Conseil du roi (3).

En présence de ces conflits d'opinions et de ces incertitudes, il est intéressant d'examiner quels étaient de part et d'autre les arguments de *principe* mis en avant par les partisans des deux théories.

87. SUITE ; THÉORIE ALLODIALE ET THÉORIE CENSUELLE. — Pour soutenir que les Coutumes muettes devaient être déclarées allodiales, on invoquait le droit romain, qui reconnaissait la liberté naturelle des héritages (4) ; — on présentait les coutumes où était suivie la règle « Nul seigneur sans titre » comme établissant le principe, et les autres comme admettant une exception ; — on faisait enfin observer que la règle « Nulle terre sans seigneur » n'avait pas pu être la règle primitive, que les terres avaient été libres à l'origine, que par suite les fiefs étaient forcément des alleux asservis, et qu'au contraire les alleux n'étaient pas forcément des fiefs affranchis.

---

(1) Estienne Pallu, *Coustumes du duché et bailliage de Touraine*, 2ᵉ éd., Tours, La Tour, 1661, in-4, p. 198. — Pallu admettrait toutefois la théorie de l'enclave, telle que la formule Dumoulin.

(2) Jacquet, *Abrégé du comment. de la Cout. de Touraine*, Auxerre, Fournier, nouv. éd., 1761, in-4°, t. I, p. 486, nᵒˢ 8 et 9. — En *Loudunois*, « l'alleu était une propriété peu connue » (Pierre Le Proust, *Coust. du pays de Loudunois*, Saumur, 1612, in-4°, p. 244).

(3) Hervé, *ibid.*, p. 286.

(4) C'est pour cela que Caseneuve consacre 60 pages à démontrer que le Languedoc est un pays de droit écrit (*ibid.*, liv. I, ch. I à VI).

On développait la première idée en citant des textes du
Digeste, qui n'avaient que le tort d'être en dehors de la question, ou en se livrant à propos du *jus italicum* et des *res man-
cipi* à des aperçus plus ou moins probants. Par là on gâtait un
argument qui n'était pas sans valeur ; et on fournissait
aux partisans de la censualité des Coutumes muettes une fin de
non recevoir en apparence péremptoire.

Sur le second point, la discussion s'éternisait sans résultat.
Aux Coutumes allodiales on opposait les Coutumes censuelles.
On vantait l'importance territoriale de celles dont le ressort
était suffisamment grand, et l'importance doctrinale de celles
dont le territoire était restreint (1). On s'appuyait de part et
d'autre sur les déclarations des auteurs, chacun essayant de
mettre de son parti par des interprétations plus ou moins ingé-
nieuses ceux qui paraissaient s'en écarter. C'est ainsi que Dumoulin, le « profond Dumoulin », est représenté par les uns
comme un partisan de l'allodialité, ce qui est douteux (2), par les
autres comme un partisan de la censualité, ce qui n'est pas plus
exact (3). En réalité Dumoulin suit un système intermédiaire,
basé sur la théorie de l'enclave. Pour lui, toute terre enclavée
dans un territoire seigneurial doit être présumée *censuelle* ;
toute terre non enclavée doit être présumée *allodiale* (4). Ce
système, auquel Pallu se rallierait en désespoir de cause (5),

(1) Cfr. La Thaumassière, *op. cit.*, p. 32 : « Ceux qui écrivent contre le
Franc-alleu, pour éluder l'autorité des coutumes allodiales, objectent
qu'elles sont en petit nombre, sans force, sans vigueur et sans autho-
rité ; et que les principales coutumes du Royaume déterminent le contraire, et ne reçoivent l'allodialité qu'avec titre..., d'où ils prétendent in-
férer, que suivant la pluralité des coutumes il faut absolument
rejetter des autres le Franc-alleu sans titre. Je veux demeurer d'accord
qu'il y a plus de coutumes contraires au franc-alleu qu'il n'y en a qui
luy soient favorables ; mais aussi doit-on de bonne foy reconnoître,
que celles qui reçoivent l'allodialité sans titre, pour estre en petit
nombre ne sont pas de moindre force, puissance, et autorité que
celles qui la rejettent le sont en leur territoire. »

(2) La Thaumassière, *op. cit.*, p. 34.

(3) Cfr. Galland, *op. cit.*, p. 99.

(4) Dumoulin, *ibid.*, nos 4, 5, 6, 7.

(5) Pallu, *ibid.*, p. 199.

est adopté par Bobé pour les Coutumes *muettes* (1). — Dumoulin n'est pas le seul dont le témoignage ait été ainsi invoqué dans les deux sens (2).

Sur le troisième point, c'est-à-dire relativement à l'antériorité à la fois logique et ontologique de la liberté des terres à leur asservissement, les champions du franc-alleu étaient à leur aise. Aussi l'argument, sous une forme ou sous une autre, revient à chaque instant sous leur plume. La liberté naturelle, le droit des gens, la nature des choses, sont à chaque instant invoqués. « Le franc-alleu, dit La Thaumassière, a esté premièrement introduit par la nature, qui a produit toutes choses libres, franches et exemptes de tout droit de servitude, ce qui a esté suivi par le droit des gens, à quoy les particuliers ont commencé à déroger, après s'estre rendus maîtres des héritages libres, qu'ils n'ont voulu mettre hors de leurs mains, qu'en retenant sur iceux certains droits seigneuriaux inconnus au droit des nations, dont ils se sont fait servir par ceux au profit desquels ils les ont aliénés, pour marque qu'ils en ont esté autresfois les maistres : ce qui fait voir que le franc-aleu est conforme au droit naturel, et les droits seigneuriaux contraires à la liberté naturelle et au droit des gens ; c'est pourquoy tous les héritages sont censés libres et francs, comme ils ont été produits par la nature, si l'on ne fait voir par quelque acte contraire, qu'ils ayent esté privés de leur première et naturelle liberté (3). » Plus loin le même auteur ne craint pas d'ajouter : « Il est certain que de même que par le droit naturel tous les hommes sont francs et libres..., et que la division des personnes en nobles, roturiers, gens de poote, bourgeois et francs, procède de l'ambition et de l'entreprise des hommes: de même les héritages estoient naturellement francs, libres et exempts de tous droits seigneuriaux, service et servitudes, et la division de la seigneurie directe et utile des fiefs, héritages nobles et vilains,

---

(1) Bobé, *ibid.*, p. 392.

(2) Cfr. les listes d'auteurs données par Caseneuve, *op. cit.*, liv. II, ch. VIII à X ; — par Furgole, *op. cit.*, p. 235 ; — par Merlin, *ibid.*, p. 321-323 ; — et le chapitre de la Thaumassière (*ibid.*, p. 32-34) intitulé : *Les docteurs François ne sont contraires au Franc-alleu sans titre.*

(3) La Thaumassière, *op. cit.*, p. 8. — Cfr. Hervé, *ibid.*, t. VI, p. 12 à 19.

procède du droit des gens et de l'invention des hommes ; les droits seigneuriaux sont extraordinaires, et ont été imposez et usurpez par les hommes (1). » — Furgole développe à plusieurs reprises la même idée dans son traité du *Franc-alleu naturel*(2), et conclut qu'on doit dans les Coutumes *muettes* « décider la difficulté par le principe général de la liberté, si l'assujettissement n'est pas prouvé, quoique l'opinion contraire paraisse la plus accréditée comme ayant été embrassée par le plus grand nombre des auteurs » (3). Faisant spécialement l'application de ces principes à la Guyenne, voici ce qu'il écrit : « Pour réduire en forme l'argument que nous prétendons tirer de cette discussion, nous disons que la maxime *Nulle terre sans seigneur* doit être reçue dans le cas qu'il se trouve quelque loi, ou traité, ou révolution, qui ait détruit généralement le franc-alleu, et qui n'ait laissé aucune terre dans sa liberté naturelle, parce que les seigneurs seraient fondés en droit général, et par conséquent la présomption serait pour eux; mais il en doit être tout autrement si la dérogation du franc-alleu n'est pas générale ; parce que les dérogations particulières ne peuvent pas former un droit commun et universel; et que la liberté subsistant dans les héritages qui n'ont pas été assujettis aux fiefs et aux droits seigneuriaux, la présomption seroit pour les possesseurs; etc.,. (4). » — C'est donc très légitimement que Lorry pouvait dire : « Il est assez singulier de voir une recherche laborieuse sur l'origine du franc-alleu ! C'est la nature qui l'a créé. Les héritages sont naturellement libres ; c'est le titre de leur servitude qu'il faut rechercher (5). »

Mais toutes ces raisons qui nous paraissent aujourd'hui incontestables étaient autrefois très contestées, surtout pour les pays coutumiers. Basnage résumait exactement la situation,

---

(1) *Ibid.*, p. 20 et *passim*. — Cfr. Auroux des Pommiers, *ibid.*, p. 41.
(2) Notamment p. 159-160.
(3) Furgole, *op. cit.*, p. 4. — Cfr. Pallu, *ibid*, p. 198.
(4) Furgole, *ibid.*, p. 85. — Cfr. Hervé, *ibid.*, pp. 338-339.
(5) Lorry, Note sur le *Traité du domaine* de Lefèvre de la Planche, liv. III, ch. I, note 8. — Même dans Collet, *op. cit.*, p. 41 : « Il y en a qui se donnent la peine de chercher l'origine (des alleux), comme s'il ne falloit pas plutôt chercher celle de la dépendance, etc... »

quand il disait : « Dans les pays coutumiers, l'établissement
des fiefs semble avoir ruiné la liberté naturelle des terres, et
avoir introduit une servitude universelle, par cette maxime
Nulla terre sans seigneur qui est si ancienne que Joannes Faber
ne l'a point ignorée... Aussi les docteurs français tiennent que
le franc-alleu est un *privilège*, une concession particulière qui
va contre le droit commun, suivant lequel tout héritage est
présumé tenu en fief ou en censive, ce qui s'observe particulièrement en la Coutume de Paris (1). » — Parmi ces docteurs,
Duplessis se fait remarquer par la précision et la netteté avec
laquelle il affirme ce qui n'est au fond qu'une hérésie, à la fois
historique et juridique : « En France, dit-il, si les hommes
sont libres, tous les héritages au contraire sont naturellement
sujets ; et c'est une des plus anciennes et certaines règles de
droit coutumier, *Nulle terre sans seigneur*, ce qui fait que,
pour justifier la seigneurie et la dépendance des héritages, il
ne faut point titre contre le sujet, la seule situation suffit ; et
au contraire, pour prétendre qu'un héritage est en franc-
alleu, il en faut titre ; autrement, il sera réputé, naturellement et de droit commun, tenir du seigneur dans le territoire duquel il est (2). » — Galland, se livrant à une revue
des Coutumes, attaque jusqu'aux prérogatives des pays de
droit écrit. — La Poix de Fréminville, cherchant à justifier par
des arguments historiques la même théorie, prétend qu'à l'origine les provinces ont été distribuées en fief par les rois « aux
princes et aux capitaines qui les avaient aidés dans leurs
guerres », puis subdivisées par ceux-ci entre leurs officiers,
par ces derniers entre leurs soldats, etc... De cette façon tout
le territoire s'est trouvé *concédé*, et tenu du roi en fief ou arrière-fief (3). Fréminville ose ajouter que sa théorie est si bien

(1) Basnage, *op. cit.*, p. 162, col. 2; — *adde* Ferrière, *ibid.*, col. 1008.

(2) Duplessis, *ibid.*, p. 167. — Auzanet dit de même que la règle
« Nulle terre sans seigneur » était le *droit commun* de la France coutu-
mière. — *Adde* Lamoignon (*Arrêtés*, XIX, 2) : « Es pays de Coutumes,
le franc-alleu n'a point lieu, s'il n'y a titre ou reconnoissance, ou autre
acte fait avec le seigneur » ; etc... Cfr. Claude de Ferrière qui réfute Duplessis, *op. cit.*, col. 1014, n° 23.

(3) La Poix de Fréminville, *ibid.*, t. I, p. 132 et suiv.

établie par tous les historiens qu'elle ne « souffre aucune contradiction », et que les alleux n'ont pu être créés que par usurpation ou par supercherie (1), à moins que le roi en personne ne les ait concédés (2). La conséquence, c'est que « ce n'est pas seulement dans le pays coutumier que la directe universelle doit avoir lieu, et nul alleu sans titre ; mais même dans les Coutumes qu'on qualifie d'allodiales comme Vitry, Troyes, et autres, ainsi que dans les pays de droit écrit » (3). A de pareilles exagérations, il n'y avait rien à répondre (4). — Henrion de Pansey développe un autre système qui n'est pas plus exact. Selon lui, toutes les terres à l'origine étaient soumises au *cens*, sauf quelques provinces jouissant du *jus italicum*. Mais les terres dont les Franks s'emparèrent furent affranchies de ce cens, et devinrent ainsi des alleux. Bien qu'en assez grand nombre sous les deux premières races, les alleux ne constituèrent néanmoins que l'exception (5). Donc le droit commun, c'est que toutes les terres doivent être soumises au *cens*, à moins que la Coutume n'admette expressément la règle « Nul seigneur sans titre » (6). — Il y a là

(1) Cfr. à ce propos ce que La Poix raconte de la seigneurie de *Montaigu* en Bourbonnais, qui, à la suite de partages postérieurs à 1495 et de péripéties diverses, aurait donné naissance à plus de 4150 petits alleux (*ibid.*, p. 140). — Un peu plus loin, La Poix signale une supercherie destinée à « forger des titres de franc-alleu », et que quelques notaires du Lyonnais et du Languedoc lui ont révélée, mais dont ils ont négligé de lui donner la preuve. Ils lui ont seulement assuré « qu'elle était d'un commun usage dans ces provinces ».

(2) *Ibid.*, p. 153 et suiv.

(3) *Ibid.*, p. 162.

(4) « Les suppôts de la fiscalité », comme dit Hervé, invoquaient souvent d'étranges arguments en faveur du « principe » de la féodalité universelle. Outre ceux qui ne prouvent rien ou qui reposent sur des erreurs historiques, il y en a « qu'on serait tenté de croire avec Polverel créés à plaisir par quelque partisan du franc-alleu, pour donner du ridicule aux écrivains du domaine » (Cfr. Hervé, *ibid.*, p. 87). Il suffit pour être édifié de parcourir la série des objections qu'Hervé s'est cru obligé de réfuter (*ibid.*, p. 49 à 104).

(5) Cfr. Guyot, *op. cit.*, t. II, p. 52 : « Dans notre France, le franc-aleu est exorbitant du droit ancien. »

(6) Henrion de Pansey, *Dissert. féodales*, t. I, v° *Alleu*, § 13 et suiv. — Cfr. Serrigny, *ibid.*, § 10.

évidemment une confusion entre le cens romain, impôt public n'impliquant pas la prééminence d'une terre sur une autre, et le cens seigneurial, impôt privé impliquant au contraire cette prééminence (1).

Les dénégations apportées par Galland, Duplessis, La Poix de Fréminville, etc., au dernier argument des partisans de l'allodialité n'avaient aucune base historique ni juridique ; aussi Basnage, qui cependant se rangeait à l'avis des partisans de la censualité des Coutumes muettes, ne peut s'empêcher de s'écrier : « Si nous suivions la *raison*, elle nous apprendrait que Dieu donna la terre à l'homme, sous cette seule obligation de le reconnaître pour son maître et pour son seigneur (2). » Catherinot avait dit avant lui, d'une façon moins grave, mais aussi expressive : « Avant le déluge, les hommes ne connaissaient pas les fiefs et les vassaux, mais seulement les francs-alleux, c'est-à-dire les terres libres (3). » — Voilà l'argument décisif qui aurait dû faire déclarer que la liberté des héritages serait la règle, et la sujétion l'exception, et que par conséquent jusqu'à preuve du contraire l'allodialité des terres serait présumée (4).

88. OBSERVATIONS SUR LA DISTRIBUTION GÉOGRAPHIQUE DES PAYS ALLODIAUX ET CENSUELS. — Il suffit de jeter un coup

---

(1) Cfr. à ce propos : Viollet, *op. cit.*, p. 608.

(2) Basnage, *op. cit.*, p. 162, col. 2.

(3) Catherinot, *Antediluviani*, br. in-4, de 4 p., 13 novembre 1686 « (Antediluviani) nesciebant feuda et vassallos, sed probe noverant franca alodia sive liberos fundos... » — Cfr. *Nouvelle Revue hist.*, année 1883, p. 90.

(4) En *Italie*, la maxime « Nul seigneur sans titre » a toujours prévalu, dans les Coutumes particulières et les statuts locaux, sur la règle « Nulle terre sans seigneur ». Il en était de même en *Allemagne*, où cette dernière règle n'est jamais entrée dans le droit commun germanique. En *Souabe*, toutefois, la règle existait dans un certain nombre de seigneuries, où aucune terre n'était possédée librement. Les Normands, qui fondèrent le royaume de *Naples*, l'y introduisirent également. Enfin en *Catalogne*, elle était établie de longue date, et y avait réduit considérablement le nombre des alleux, sans cependant les supprimer entièrement. Cfr. Garsonnet, *op. cit.*, p. 320, 314, 316, et 321.

d'œil sur les pages qui précèdent et sur la carte annexée à cette étude, pour se convaincre que ce principe évident n'avait pas triomphé partout ; et que notamment tout le nord et tout l'ouest de la France, sans compter la Provence et une partie de la Guyenne, avaient subi à tel point l'influence féodale que l'allodialité y était passée à l'état d'exception. Néanmoins, comme le fait observer Ferrière, les pays *allodiaux* (de Coutumes ou de droit écrit) formaient encore « plus de la moitié de la France (1) » ; et ce fait pouvait encore être invoqué comme argument par les partisans de l'allodialité.

Mais en laissant maintenant ce point de vue de côté, n'y aurait-il pas quelques conclusions à tirer de la distribution géographique des pays censuels et allodiaux? M. Laferrière l'a pensé, et il a inséré dans le tome V de son *Histoire du droit français* une dissertation assez longue sur ce sujet. Bien qu'on y trouve à notre avis beaucoup plus d'imagination que d'exactitude, cette dissertation tient de trop près à la question qui nous occupe pour que nous puissions nous dispenser de la reproduire, au moins à titre de document. — Après avoir constaté qu'il n'y avait pas identité entre la division des pays de droit écrit et de Coutumes, et la division des pays favorables ou hostiles au franc-alleu, M. Laferrière poursuit ainsi :

« Les pays de franc-alleu, dans l'ancienne jurisprudence française, me paraissent devoir se distribuer en quatre divisions : — 1° Les pays de droit écrit, comme le Dauphiné, certaines parties de la Bourgogne, la Provence, le Languedoc, le Rouergue, la Guyenne, qui avaient conservé, avec certaines différences, la tradition du droit romain ; — 2° Les pays de coutumes *mixtes*, savoir : la Saintonge, le Poitou, l'Orléanais, au sein desquels l'influence des lois romaines s'était mêlée aux usages locaux pour des causes particulières, de situation pour la Saintonge et le Poitou compris dans l'Aquitaine, d'enseignement juridique au moyen âge pour l'Orléanais, où fleurit de bonne heure l'enseignement du droit civil romain, enlevé à l'université de Paris par la décrétale *Super specula;* — 3° Les

(1) De Ferrière, *ibid.*, col. 1014, n° 23.

pays de droit coutumier, habités primitivement par des peuples gaulois, qui lors de la conquête romaine, avaient obtenu le titre de peuples libres ou alliés, et qui furent autorisés en conséquence à jouir de leurs usages nationaux. Pline l'Ancien nous indique les principaux sous les noms de *Nervii*, *Remi*, *Meldi*, *Lingones*, *Hedui*, *Bituriges*, *Arverni* (*Hist. Nat.*, IV, 17, 18, 19) (1) ; et c'est précisément dans les contrées qui répondent au territoire de ces anciens peuples que se sont maintenues, en pays coutumier, les Coutumes allodiales. L'alleu se retrouve en effet dans les Coutumes du Hainaut (*Nervii*) ; dans les Coutumes de Champagne, Troyes, Châlons, Chaumont, Vitry, Reims (*Remi*) ; dans les Coutumes de Meaux (*Meldi*), de Langres (*Lingones*), de Bourbonnais et d'Auxerre (*Hedui*), du Berry et du Nivernais (*Bituriges*), de l'Auvergne, (*Arverni*) ; — 4° Enfin les provinces de droit coutumier habitées par des peuples gaulois éloignés du centre de la conquête germanique, comme le Maine et l'Anjou, mais en exceptant la Bretagne (nous dirons tout à l'heure pourquoi), et en reconnaissant bien affaiblis les alleux de l'Anjou. (*Coutume*, art. 140.)

« C'est donc, d'après cet aperçu, la tradition romaine qui aura fondé le franc-alleu dans les pays de droit écrit et de Coutumes mixtes, et la tradition gallique qui aura fondé dans certains pays de droit coutumier les Coutumes réputées allodiales. A l'égard des pays de droit écrit et de Coutumes mixtes, cela ne peut être douteux, puisque le droit libre de propriété, le *dominium*, la *plena potestas in re*, est un principe fondamental dans les lois romaines des différentes époques. Quant à certaines provinces de droit coutumier, l'usage celtique de l'alleu, attesté par les lois galloises de Hyvel-dda (Hoël le Bon) et par les traditions les plus anciennes du pays de Galles, a dû naturellement se continuer chez les peuples de la Gaule autorisés

---

(1) « Pline ajoute les *Santones* que nous ne nommons pas ici parce que la Saintonge est placée par nous dans les pays de Coutumes mixtes; et les *Carnuti*, dont le pays a subi l'action du voisinage de Paris, ou se confond quelquefois avec les usages de l'Orléanais. Les Coutumes de Chartres et de Paris admettent d'ailleurs l'alleu fondé en titre. » (Laferrière.)

à conserver leurs usages territoriaux. Cette concordance des peuples libres et alliés admis à jouir de leurs usages, pendant l'époque gallo-romaine, avec les peuples et les pays coutumiers qui ont conservé au moyen âge la pratique du franc-alleu malgré l'action si puissante de la féodalité, ne peut être un effet du hasard ; elle constate la filiation et la perpétuité des anciens usages de la Gaule sur une classe de libre propriété.

« A la vérité, et nous nous empressons de le reconnaître, l'alleu existait également dans les lois et les mœurs germaniques ; c'est un point indubitable, et l'on trouve ainsi plusieurs usages originairement communs aux Germains et aux Celtes, qui formaient deux branches de la famille indo-européenne. Mais dans les provinces du nord de la France, occupées plus spécialement par les Germains, l'alleu d'origine germanique a disparu sous la domination progressive de la féodalité, qui naissait et des mœurs germaniques elles-mêmes et de l'état de conquête ; là, le fief dominant a fini par attirer ou engloutir l'alleu. Au contraire, dans les provinces, qui, par privilège national ou à cause de leur situation, avaient conservé l'alleu d'origine gallique et qui furent moins soumises aux effets de la conquête des hommes du Nord, l'alleu gallique ou gallo-romain s'est conservé. Il a pu, par voie d'analogie, se fortifier des usages de même nature que pratiquaient les Germains établis sur le sol gallo-romain ; et par cette double action, l'alleu celtique, qui avait toute la persistance d'un ancien usage de peuple et de territoire, et que rien n'avait contrarié pendant l'époque gallo-romaine, a traversé l'époque franque et l'époque féodale. Il y eut donc, en définitive, dans les Coutumes du moyen âge, entre l'alleu d'origine germanique et l'alleu d'origine gallique ou gallo-romaine, cette différence de destinée, que dans les provinces où les Germains prédominaient, non seulement par la conquête, mais par le nombre des habitants, la féodalité prit le caractère absolu et absorba les alleux dans les fiefs et les censives ; mais que dans d'autres provinces, où les Germains s'établirent en moins grand nombre et laissèrent aux usages locaux plus de force et de libre exercice, les alleux persistèrent ; et les Coutumes, au lieu d'être purement féodales, retinrent en même temps, mais à des degrés divers, le caractère d'allodialité (1). »

M. Laferrière cherche ensuite à expliquer par des raisons particulières [telles que la pratique du domaine congéable et l'extension des assises du comte Geffroy (1185), dont nous avouons ne pas bien saisir l'influence], le caractère anti-allodial de la Coutume de *Bretagne*, qui vient visiblement à l'encontre de sa théorie sur l'alleu *gallique*. — Nous ne le suivrons pas dans cette voie. Nous ne le suivrons pas non plus dans sa distinction, plus ou moins fondée, de l'alleu gallique, gallo-romain, et germanique ; ni même dans sa prétention, un peu trop exclusive, de faire honneur à l'influence du droit romain de la conservation de l'alleu en France, en accusant de sa disparition le droit germanique. Mais voici ce qu'il est impossible de ne pas faire observer, c'est que la classification proposée par M. Laferrière ne peut pas être acceptée. La Provence et une partie de la Guyenne par exemple, où la règle « Nul seigneur sans titre » s'était perdue en dépit du droit romain, ne peut pas figurer à côté du Dauphiné ou du Languedoc, où cette règle s'était conservée ; ni les Coutumes de Hainaut et de Meaux, qui sont expressément censuelles, à côté des Coutumes de Troyes, Chaumont, Auxerre, et Nivernais, qui sont expressément allodiales ; etc... Dès lors, que devient en présence de cette classification inexacte la « concordance » dont parle M. Laferrière, et sur laquelle repose son système ? Elle n'est plus qu'une illusion ; et il faut renoncer à expliquer par quelques causes générales et lointaines des faits obscurs, dont les causes sont beaucoup plus complexes et beaucoup plus spéciales (2).

(1) Laferrière, *op. cit.*, t. V, p. 282-286.
(2) Cfr. à titre d'exemples, ce qui a été dit (*suprà*, nos 23, 24, 34) de la Bretagne, de la Provence, et de la Guyenne.

SECTION II

Condition des alleux d'après les Coutumes.

Nous en avons fini avec la question de la présomption d'allodialité, dont l'intérêt, malgré les apparences, dépassa de beaucoup les limites de la procédure. Elle fut en réalité, nous le répétons, la question capitale en matière d'alleux, parce qu'elle était pour un grand nombre d'entre eux, on le comprend maintenant, une question de vie ou de mort. C'est grâce à elle qu'on peut mesurer d'une façon un peu précise les ravages causés dans le régime foncier par l'influence du régime féodal et des doctrines anti-libérales de certains légistes. — Supposons maintenant qu'il n'existe point de doute sur le caractère allodial de telles ou telles terres. Il reste à se demander comment ces terres étaient traitées, quelle était, en d'autres termes, d'après les Coutumes rédigées, la *condition* des alleux ? Sur ce point, il est possible d'être bref. La condition des alleux était la même à peu près partout ; et de plus elle n'avait pas changé : elle était encore à la fin du xvi° siècle et au delà, ce qu'elle était déjà au xiv° siècle.

89. DES ALLEUX EN GÉNÉRAL ; DÉFINITIONS DONNÉES PAR LES COUTUMES ; ANOMALIE EN ANJOU. — Les quelques Coutumes qui donnent une définition des alleux les représentent toujours comme des terres soumises en principe à un seigneur justicier, mais indépendantes de tout seigneur féodal ou censier, pouvant être grevées de servitudes civiles ou publiques, mais non de servitudes seigneuriales. — « Pour héritage de franc-alleu, dit la Coutume de *Reims* (art. 139), ne sont deuz aucuns droits ou devoirs seigneuriaux ou féodaux (1). » — « Franc aloy est de telle nature, ajoute celle de *Meaux* (art. 190), qu'il ne doit service, censive, relief, hommage, ne quelque redevance que ce

_____

(1) Dans Bourdot de Richebourg, *op. cit.*, t. II, p. 800.

soit (1). » — Les Coutumes de *Melun* (2) et de *Normandie* (3) s'expriment d'une façon analogue. — Celle d'*Orléans* (art. 255) est plus explicite encore : « Franc-alleu est héritage tellement franc, qu'il ne doit fonds de terre (4), et n'est tenu d'aucun seigneur foncier, et ne doit saisines, dessaisines, ne autre servitude quelle que ce soit. Mais quant à la justice, il est subject à la jurisdiction du seigneur justicier... (5) ». Le mot de *servitude*, dit Pothier en commentant cet article, « est pris ici pour les devoirs dus à un seigneur, tels que la prestation de foi et hommage, et autrefois le service militaire qui était dû par les vassaux. Au reste, un franc-alleu peut être chargé envers un autre héritage d'une servitude prédiale (6) ». — C'est sous le bénéfice de cette observation qu'il faut accepter la définition donnée par la Coutume d'*Auvergne* : « Toute personne, soit noble ou roturière, peut tenir audit pays haut et bas, héritages francs, quittes et allodiaux de tous cens, charges, fiefs et autre servitute quelconque (7). » — La Coutume de *Clermont en Argonne* contient deux articles qui se rapprochent beaucoup de l'art. 255 de la Coutume d'Orléans (8). — En *Lorraine*, on

(1) *Ibid.*, t. III, p. 396. — Cfr. art. 202.

(2) Melun, *Cout. de* 1506, art. 97 : « Par ladite coutume franc-aleu ne doit vest ne devest, ne censive, ne foy, ne hommage... »; — *Cout. de* 1560, art. 105 : « Franc-aleu ne doit vest ne devest, censive, ne foy, ne hommage... » (*Ibid.*, t. III, p. 419 et 441.)

(3) Normandie, art. 102 : « Les terres de franc-alleu sont celles qui ne recognoissent supérieur en féodalité, et ne sont sujettes à faire ou payer aucuns droits seigneuriaux. » (*Ibid.*, t. IV, p. 64).

(4) « C'est-à-dire, dit Pothier, aucune redevance seigneuriale qui soit due *in recognitionem directi dominii*, mais un franc-alleu peut être chargé d'une simple rente créée par bail, partage, ou licitation sans cesser d'être franc-alleu. » (*Op. cit.*, t. I, p. 328.)

(5) Dans Bourdot de Richebourg, *ibid.*, t. III, p. 793. — Cfr. l'art. 214 de l'*Anc. Cout.*, *ibid.*, p. 749.

(6) Pothier, *loc. cit.* — Cfr. La Thaumassière, *op. cit.*, p. 6; — Ferrière, *op. cit.*, col. 1009, n° 2.

(7) Auvergne, *Cout. de* 1510, ch. XVII, art. 19; dans Bourdot de Richebourg, *op. cit.*, t. IV, p. 1175.

(8) Clermont, ch. IV, art. 15 : « Franc-alleu roturier est héritage tellement franc qu'il ne doit point de reconnaissance de fonds de terre; ni d'iceluy n'est aucun seigneur foncier; et ne doit aucune dessaisine ou saisine, devest ou vest, ni autre servitude quelle elle soit, trop bien

prévoit spécialement l'hypothèse des servitudes publiques (1) :
« Celuy qui tient et possède seigneurie en franc alœud, est
exempt à cause d'icelle de foi, hommage, services et autres
devoirs : même les sujets y demeurant, francs et immunies des
aydes généraux : sont néanmoins les seigneurs et les sujets de
francs alœuds, enclavés en Lorraine, tenus subir cour au bailliage voisin, y estant convenus pour droits seigneuriaux ou de
communauté, et de fournir aux prestations et charges communes, pour passage de gens de guerre et autres commodités
publiques. » Nous avons déjà fait observer que la soumission
à la justice et aux charges publiques n'avait rien de contraire
à la nature de l'alleu.

Enfin dans les Coutumes du *Maine* et d'*Anjou*, on trouve
deux définitions de l'alleu, absolument identiques, sauf un
mot, dont l'absence dans la Coutume d'Anjou a soulevé une
difficulté qu'il importe de signaler. Voici d'abord le texte
commun aux deux Coutumes : « Le subjet qui tient sa terre
en franc-alleu, est exempt à cause d'icelle de foy et hommage,
de devoir de rachapt, de prinse par deffaut d'homme, et de
toutes autres servitudes quelconques, fors quand il est appelé
en la cour de son seigneur, on demande de qui il s'advoue
subjet, il doit respondre de bouche qu'il advoue à tenir telle
sa terre en franc-alleu et s'en aller. Et s'il deffaut en ce de
terme ô intimation, il payera l'amende pour deffaut : car tel
affranchissement qui luy est donné ne luy permet pas de con-
temner la jurisdiction de son seigneur, qu'il ne doive une fois
venir déclarer ce que dit est (2). » Puis la Coutume du *Maine*
ajoute : « Et si la terre est vendue ou eschangée, le seigneur
n'y prendra ventes ou autres émoluments de fiefs. » La Coutume d'*Anjou* porte au contraire : « Et si la terre se vend ou
eschange, le seigneur y prendra ses ventes et autres émolu-

quant à la justice ordinaire du lieu où il est assis, et se doit partir
comme les autres terres de roture » ; — *Art.* 14 : « Franc-alleu noble
et celuy où il y a droit de justice, ne recognoissant aucun supérieur
sinon en ressort de justice, se partage comme les autres fiefs. » *Ibid.*,
t. II, p. 874.

(1) Tit. V, art. 15 ; *Ibid.*, t. II, p. 1104.

(2) Maine, art. 153 ; Anjou, art. 140 ; *ibid.*, t. IV, p. 479 et 543.

ments de fiefs ! » En présence de cette divergence inattendue,
Ragueau prétend qu'il faut rétablir dans la Coutume d'Anjou
la négation dont l'absence établit dans l'article une sorte d'in-
cohérence. Pocquet de Livonière objecte que *l'original* de la
Coutume, déposé au greffe du Présidial d'Angers, ne portait
pas cette négation (1). — Bodreau en sens inverse voudrait
corriger la Coutume du Maine. « Quand les titres, dit Bodreau, ne font point mention précise de franc-alleu, mais
portent « sans foy, sans loy et sans amende », les ventes sont
dues, cette clause ne comprenant que les droits et devoirs
personnels, et non les pécuniaires; et tel est l'*usage notoire*
des provinces d'Anjou et du Maine, où les *anciens titres* s'expliquent de la sorte (2). » Mais on ne saurait sur cette simple
affirmation *corriger* une Coutume conforme au droit commun.
Il est plus prudent de s'en tenir aux textes mêmes qui nous
ont été transmis, et d'admettre pour l'Anjou seulement une
dérogation au droit commun, dérogation consistant en ce que
les alleux s'y trouvaient soumis, par une anomalie qui altérait
singulièrement leur nature, au droit féodal de vente. C'est pour
cela que Pocquet de Livonière disait qu'en Anjou il n'y avait
pas de véritables francs-alleux, ou plutôt qu'on n'y reconnaissait qu'un franc-alleu « imparfait (3) ».

40. Suite ; CONSÉQUENCES DE LA SOUMISSION DES ALLEUX A LA
JUSTICE. — Il est superflu d'ajouter que les commentateurs des
Coutumes et les autres jurisconsultes des derniers siècles sont
unanimes à donner de l'alleu la définition traditionnelle que
nous avons trouvée dans les textes du XIIIᵉ siècle, et que nous
venons de retrouver dans les Coutumes rédigées. Quelques-uns
faisant allusion à la fameuse théorie du double domaine qui

(1) Pocquet de Livonière, *ibid.*, p. 561.
(2) Cfr. les *notes* de B. de Richebourg sur l'art. 140 de la *Cout. d'Anjou*,
loc. cit., p. 543. — On trouve dans Du Cange, *op. cit.*, au mot *Venda*,
un extrait d'une charte du comte d'Angers, qui impose en effet le payement des droits de vente en cas d'aliénation d'un alleu : « Quicunque
autem infra prœdictum *alodum* aliquid vendiderit, vendas vel coutu-
mas persolvet secundùm consuetudinem loci. »
(3) Pocquet de Livonière, *ibid.*, p. 560.

dominait alors le droit féodal, s'expriment un peu autrement.
L'alleu, pour eux, est la terre sur laquelle on possède à la fois
« le domaine direct et le domaine utile, la directité et l'utilité » (1). C'est une définition qui porte sa date.

En outre, les auteurs ne manquent jamais d'ajouter, comme
le font du reste les Coutumes d'Orléans et de Clermont-en-Argonne, que l'alleu n'est indépendant qu'au point de vue *féodal*,
et non au point de vue *justicier* (2). « Tenir en franc-alleu, dit
Loisel, est tenir de Dieu tant seulement, *fors quant à la justice* (3). » — « Le franc-alleu, dit Bourjon, n'est jamais exempt
de la souveraineté, et par rapport à la justice, il est toujours
sujet à celle du lieu, soit qu'elle soit royale, soit qu'elle soit
seigneuriale (4). » L'alleu en principe est donc toujours soumis à la juridiction du seigneur haut justicier dans le détroit
duquel il est enclavé. S'il n'est pas enclavé, ou si son propriétaire possède lui-même la haute justice, il relèvera directement du roi. Donc, en dernière analyse, médiatement ou immédiatement, l'alleu, *quant à la justice*, dépendait toujours du
roi (5). Cette soumission à la justice entraînait, on l'a vu (6),
la soumission de l'alleu aux droits de déshérence, de bâtardise
et de confiscation.

Mais n'y avait-il pas d'autres conséquences à en tirer? En
particulier, un seigneur haut justicier, procédant à la confec-

(1) Cfr. Pithou, *Cout. de Troyes*, Troyes, 1628, in-4, p. 153 : « Alode
proprium in quo tam utile quam directum quis habet dominium ; » —
Rebuffe, *Déclar. des fiefs*, n° 31 : « Res potest duobis modis franca et
libera vocari : primo, quando à nemine tenetur, immo possidens habet directum et utile dominium, et dicitur allodium... »; — Caseneuve,
ibid., p. 86 : « En alleu, la directité et l'utilité se trouvent unies » ;
— etc...

(2) Cfr. *supra* n°ˢ 9, 13, 22.

(3) Loisel, *op. cit.*, liv. II, tit. 1, règle 19. — Cfr. Orléans, art. 255 ;
Clermont, ch. IV, art. 13 et 14.

(4) Bourjon, *ibid.*, p. 149, n° VI. — Bourjon ajoute : « La justice ne
peut pas être allodiale. » C'est un principe qui nous est connu.

(5) Cfr. Dumoulin, *ibid.*, n° 1 ; — Duplessis, *ibid.*, p. 160; — Pocquet
de Livonière, *ibid.*, p. 560 ; — Basnage, *ibid.*, p. 159, col. 2 ; — Ferrière,
Traité des fiefs, *op. cit.*, p. 535 ; — De Buridan, *Cout. de Vermandois*,
op. cit., col. 311-312 ; — et *Cout. de Reims*, *op. cit.*, p. 69 ; — etc...

(6) Cfr. *supra* n° 22, p. 101

tion de son papier *terrier*, en vertu de lettres royales, n'était-il pas en droit d'exiger des alleutiers soumis à sa juridiction l'exhibition de leurs titres, ou tout au moins une déclaration par écrit de ce qu'ils tenaient en alleu? La question était discutée. — La Poix de Fréminville, cela va sans dire, soutenait énergiquement l'affirmative. Pour lui, l'alleutier doit non seulement déclarer ses héritages, mais encore exhiber ses titres, le seigneur ayant intérêt à connaître quel est le véritable propriétaire de l'alleu, et aussi les limites des héritages allodiaux, pour prévenir les empiétements. Si l'alleutier refuse, il doit être assigné, et le juge pourra le forcer à fournir sa déclaration en opérant la saisie de l'héritage (1). Cette doctrine rigoureuse était également enseignée par Bacquet, Billecart et Duplessis (2). — Le président Bouhier la rejetait au contraire complètement, disant qu'en *Bourgogne*, elle n'avait jamais été appliquée (3). — Bodreau la rejetait également pour le *Maine* (4), par une raison tirée du texte de la Coutume, qui n'oblige les alleutiers qu'à déclarer simplement « *de bouche* » qu'ils tiennent en alleu (art. 153). Il en était de même en *Anjou* (art. 140). — Mais en général les auteurs résolvaient la question par une distinction. Dumoulin refusait au roi le droit d'exiger l'exhibition des titres, mais lui permettait de réclamer de l'alleutier une « description par écrit », indiquant *quid et quantum possideat in allodio* (5). Sevenet, Valin, et Despeisses appliquaient ce système au roi et aux seigneurs hauts justiciers (6). D'après Lapeyrère, la jurisprudence du Parlement de *Bordeaux* s'était fixée dans le même sens (7). — Bas-

(1) La Poix de Fréminville, *ibid.*, t. I, p. 125 et s. La Poix pousse la précaution jusqu'à donner un modèle de *déclaration* de franc-alleu.

(2) Bacquet, *ibid.*, n° 26; — Billecart, *op. cit.*, p. 139; — Duplessis, *ibid.*, p. 161. — Ferrière (*Traité des fiefs, op. cit.*, p. 540) l'admet pour les Coutumes *censuelles*.

(3) Bouhier, *op. cit.*, n° 33.

(4) Bodreau, *Coust. du Maine*, Paris, 1645, in-fol., p. 208.

(5) Dumoulin, *ibid.*, n° 14.

(6) Sevenet, *ibid.*, p. 100; — Valin, *ibid.*, t. I, p. 349; — Despeisses, *Œuvres*, Toulouse, 1778, in-4°, t. III, p. 6.

(7) Abraham Lapeyrère, *Décis. sommaires du Palais*, Bordeaux, 1725, in-f°, lettre A, n° 56.

nage faisait une autre distinction. Il suivait pour les seigneurs l'opinion de Dumoulin, et pour le roi l'opinion de La Poix (1). Mais il n'y avait évidemment en l'espèce aucune raison de traiter le roi plus favorablement que les seigneurs. — Il faut donc s'en tenir au système de Despeisses. On peut le justifier en disant que le seigneur a le droit de connaître toutes les terres soumises à sa justice. On doit faire observer aussi, avec Dumoulin et La Poix de Fréminville que l'alleutier a intérêt (au moins dans les Coutumes *censuelles*) à fournir une déclaration écrite, qui, un jour ou l'autre, pourra lui servir de titre déclaratoire pour prouver la franchise de sa terre.

Ce n'est pas tout; la soumission des alleux à la justice soulevait encore une foule d'autres questions controversées. Pour nous borner, nous n'en examinerons plus qu'une, souvent traitée par les feudistes. — Que devenait un alleu acquis par un seigneur haut justicier dans sa justice, soit à titre onéreux, soit à titre gratuit, par donation, succession, déshérence, bâtardise ou confiscation? On sait que les censives ainsi acquises étaient « réunies » de plein droit au fief du seigneur, et perdaient entre ses mains leur caractère roturier, à moins que le seigneur ne manifestât expressément sa volonté de les posséder en roture. Devait-on en dire autant de l'alleu, le déclarer réuni de plein droit au fief, et par conséquent déchu de sa *liberté*, sauf volonté contraire du seigneur acquéreur? La question était grave et fort diversement résolue. — Chopin admettait l'affirmative, sous prétexte que l'héritage devait reprendre « son ancienne qualité », ce qui laissait à supposer que tout alleu avait été originairement un fief, affranchi depuis par le haut justicier (2). — A quoi La Thaumassière répondait que, dans les Coutumes allodiales où tout était présumé libre *ab antiquo*, cette supposition était inadmissible. Par suite la réunion n'y pouvait avoir lieu de plein droit. Il fallait, pour qu'elle se produisît, que le seigneur justicier exprimât une volonté conforme, en faisant hommage à son suzerain de l'alleu nouvellement acquis, et en le comprenant dans son aveu et dénombrement (3). —

(1) Basnage, *ibid.*, p. 164, col. 2.
(2) Chopin, *Cout. de Paris, op. cit.*, liv. 1, tit. 2, n° 26.
(3) La Thaumassière, *ibid.*, ch. 31 ; [cfr. Le Grand, *ibid.*, p. 157.] —

Ferrière acceptait cette judicieuse observation pour les Coutumes allodiales, mais il admettait le système de Chopin pour les Coutumes censuelles (1). Il résultait de là une différence assez choquante : si l'alleu était roturier, il devenait fief noble par sa réunion dans les Coutumes censuelles, et par suite se partageait inégalement entre les enfants du justicier ; il restait roturier dans les Coutumes allodiales, et bénéficiait alors du partage égal. — Plus logiques, Le Grand et Hervé faisaient observer que le motif donné par La Thaumassière était général, et devait s'appliquer aussi bien aux Coutumes censuelles qu'aux autres (2). C'était aussi l'opinion de Guyot, qui ne trouvait dans la qualité de seigneur *justicier* aucune « cause » à la réunion, en vertu du principe : « Fief et justice n'ont rien de commun (3) ». Dans ce dernier système, l'alleu roturier se partage toujours *également* entre les enfants du justicier défunt (4).

La plupart des auteurs que nous venons de citer, notamment La Thaumassière, Ferrière, et Hervé appliquaient les mêmes règles au cas où c'était le seigneur *féodal*, et non plus le seigneur justicier, qui acquérait un alleu situé dans son fief. — Guyot au contraire séparait avec soin cette hypothèse de la précédente. Lui, qui n'admet en aucun cas la réunion de l'alleu au fief quand il s'agit du seigneur justicier, il fait, quand il s'agit du seigneur féodal, une série de distinctions, dont voici le résumé. Dans les Coutumes allodiales, la réunion

La Thaumassière ajoute que la réunion aura encore lieu lorsque l'héritage allodial « sera de peu de conséquence », parce qu'alors il est à présumer que le seigneur justicier l'a acquis précisément pour opérer cette réunion. Mais Guyot et Hervé font observer avec raison qu'il est absolument anti-juridique de faire dépendre le sort d'un alleu de son étendue. Cfr. Guyot, *ibid.*, t. I, p. 211 ; — Hervé, *ibid.*, p. 235.

(1) Cfr. de Ferrière, *op. cit.*, p. 840. — Le président de Lamoignon, dans ses *Arrêtés*, XIX, 8, distingue de même entre les pays de droit écrit, qu'il traite comme allodiaux, et les pays de Coutumes, qu'il déclare censuels.

(2) Le Grand, *ibid.* ; — Hervé, *ibid.*, p. 283-284.

(3) Guyot, *op. cit.*, p. 213.

(4) Sauf, bien entendu, dans les provinces où le droit d'aînesse s'appliquait même aux biens roturiers. Cfr *infra* n° 42 *in fine*.

ne se produit jamais *ipso facto*. Dans les Coutumes censuelles, elle ne se produit pas non plus si l'alleu n'est pas enclavé. S'il est enclavé, mais si le seigneur acquéreur produit un titre émané d'un seigneur autre que lui, il n'y aura pas encore de réunion. Au contraire si le titre produit émane de l'acquéreur ou de ses prédécesseurs, ou bien s'il n'y a pas de titre produit, la réunion s'opèrera, parce qu'alors il est certain ou probable que l'alleu procède du fief; il y doit donc retourner (1). Ces distinctions de Guyot peuvent paraître compliquées; mais, étant donnés *en fait* les principes du droit féodal, on n'en peut méconnaître la justesse.

Telles étaient les principales conséquences qu'entraînait pour les alleux leur soumission aux droits de justice (2). Il faut ajouter que certaines Coutumes les soumettaient encore au xvi° siècle à l'obligation du *vest* et du *devest*. Cette remarque m'amène à dire quelques mots de la manière dont s'opérait alors la transmission de la propriété en matière d'alleux.

41. Fin; de la transmission entre vifs de la propriété des alleux. — Les Coutumes ne suivent pas sur ce point un système uniforme. La plupart, il est vrai, ne se préoccupent pas de la matière, et quelques-unes seulement contiennent à cet égard des articles exprès. Nous allons passer ces articles en revue, mais sommairement; car la question demanderait pour être approfondie des développements qui excèderaient les limites naturelles de la présente étude.

On sait qu'à l'époque franque, la transmission de la propriété des immeubles se faisait à l'aide de cérémonies symboliques assez compliquées. Pendant la période féodale, ces cérémonies avaient d'abord persisté; puis peu à peu elles étaient tombées en désuétude, surtout pour les alleux; et au xvi° siècle, on ne

(1) Guyot, *ibid.*, p. 210-213.

(2) Les auteurs discutaient encore la question de savoir à qui devait revenir la propriété des *alleux* vacants et sans maître : au seigneur féodal, au seigneur haut-justicier, au roi, ou aux communautés d'habitants? Tous ces systèmes étaient soutenus (Le Grand, *ibid.*, p. 247). On nous permettra de ne pas entrer dans cette question, l'une des plus épineuses de l'ancien droit; elle nous entraînerait beaucoup trop loin.

les retrouve plus que dans quelques rares Coutumes des pays
de nantissement. — De ce nombre était la Coutume de *Reims*,
dont l'article 139 est fort net : « Pour acquérir la propriété des
héritages de franc-alleu est requis vest et devest », « c'est-à-dire
dessaisine saisine », ajoute l'article 162. Les articles suivants
définissent ce qu'il faut entendre par ces mots. Le *devest* ou
dessaisine n'est pas autre chose que la permission donnée par
le vendeur à l'acheteur de se mettre en possession de l'alleu
vendu. Mais pour que cette permission produise son effet, le
vendeur (ou son mandataire) doit se présenter devant l'offi-
cier de justice du seigneur local, et déclarer en sa présence
« qu'il se devest et demet de la possession dudit héritage »
(art. 163). Le juge alors « vêtira » l'acquéreur en lui faisant
tradition « d'un petit bâton ou bûchette » (art. 165), formalité
évidemment empruntée au droit germanique. Le *vest* avait
pour effet de transférer la propriété *erga omnes* à l'acquéreur,
qui devait acquitter aux mains du juge un droit de vest de
deux deniers parisis (art. 142). Il est défendu à l'acquéreur
d'un franc-alleu de « s'immiscer » dans l'héritage avant d'avoir
été préalablement ensaisiné. En cas de contravention, il en-
court une amende de six deniers parisis, appelée vulgairement
« l'amende de Tost-Entrée » (art. 180) (1). — Dans le *Hainaut*,
le même système existait ; mais ce n'était pas devant les officiers du seigneur justicier dont relevait l'alleu que s'accom-
plissaient les formalités du nantissement ou « adhéritance » ;
c'était devant d'autres propriétaires d'alleux. Les « francqs
alloëtiers » avaient en effet compétence pour « adhériter », à
la condition d'être au nombre de cinq (2). — Dans le comté de
Guisnes, on suivait un système mixte. Trois fois par an, tous
ceux qui tenaient des « francs-alleuds » devaient, à peine de
12 deniers parisis d'amende à chaque défaut, venir assister le
bailli ou son lieutenant « pour recevoir les reconnoissances,
ventes ou transports, et en bailler lettres à ceux qui les
requièrent ». Cet ensaisinement donnait lieu à un droit de

_____

(1) *Cout. de Reims*, art. 139, etc.; dans B. de Richebourg, *op. cit.*, t. II,
p. 500-501.

(2) Cfr Merlin, *loc. cit.*, v° Francq-Alloëtier, p. 361-362.

quatre deniers parisis, et était exigé même en cas de transmission par décès (1). — Ce système d'investiture avait certains avantages. D'abord, il assurait la publicité des transmissions de propriété, au moins à Reims où les officiers de
justice devaient tenir des registres (2). Ensuite il faisait courir le délai du retrait lignager, dont le point de départ était
ainsi très facile à constater (3).

Malgré cela, le régime du nantissement était loin d'être suivi
partout à l'époque de la rédaction des Coutumes; celles même
qui l'admettaient encore pour les censives ne l'admettaient
plus en général pour les alleux. Ainsi la Coutume de *Péronne*
disait : « En franc-alleu, n'y a dessaisine ne saisine (4). » Les
Coutumes d'*Orléans*, de *Melun*, et de *Clermont-en-Argonne*
s'exprimaient à peu près de même (5). La Coutume de *Laon*
était plus explicite encore : « En franc-alleu n'est requis vest
ne devest pour [en acquérir la saisine, mais suffit l'appréhen-
sion de possession réelle, ou autre acte équipollent à icelle (6). »

(1) *Cout. génér. de la comté de Guisnes* (1567), art. 16, dans B. de Richebourg, *ibid.*, t. I, p. 237, col. 2. — Cfr. Bouteiller, *Somme rural, op. cit.*,
p. 490.

(2) *Cout. de Reims*, art. 177; cfr. *Cout. de Laon*, art. 120; etc... (*Ibid.*,
p. 502 et 464.) — En Hainaut, les alloëtiers ne tenaient pas de registres. (Merlin, *ibid.*)

(3) *Cout. de Reims*, art. 189, *ibid.*, p. 503.

(4) *Cout. de Péronne*, art. 267, *ibid.*, p. 641.

(5) *Cout. d'Orléans*, art. 255 : « Franc-alleu ne doit saisines dessaisines » ; — *Melun*, art. 105 : « Franc-alleu ne doit vest ne devest... » ; — *Clermont*, ch. IV, art. 15 : « Franc-alleu roturier... ne doit
aucune dessaisine ou saisine, devest ou vest. »

(6) Laon, art. 133, *ibid.*, p. 465. — Cette disposition de la Coutume
de Laon est certainement récente. Claude de la Fons, l'un de ses commentateurs, cite en effet un dénombrement de la sénéchaussée de
Vermandois, où on lit ce passage fort curieux : « Item, à cause dudit
fief, le Seneschal doit avoir toute connaissance du franc-alleu, tant en
maisons, terres, rentes, comme autrement, en toute la prévôté de
Saint-Quentin; et d'iceux héritages, toutes et quantes fois le cas y
eschet, doit ledit seneschal... appeler avec lui deux hommes tenant
d'iceux francs-alleux, et doit avoir pour son droit du vendeur, quand
il se devest, 12 deniers, et de l'acheteur, quand on lui baille la *tenance*,
12 deniers pour tous ses droits ; et peut avoir ledit seneschal, *s'il lui
plaît*, les héritages vendus en franc-alleu, comme dit est, pour le prix

On peut dire que c'était là le droit commun des Coutumes ; car le même système était encore suivi certainement dans les Coutumes de Sedan, Vitry, Troyes, Chaumont-en-Bassigny, Châlons-sur-Marne, etc. Toutes ces Coutumes indiquent en effet comme point de départ du délai de retrait lignager « ès choses allodiales », la « possession de fait (1) », la « vraye possession de fait (2) », la « possession réelle et actuelle (3) », le « jour où la possession est prise » (4). Ce point de départ n'était pas toujours facile à constater. Aussi en Bourbonnais, on exigeait pour faire courir le délai, que la « possession réelle » eût été prise par l'acquéreur en présence d'un notaire et de deux témoins (5). A Paris, en l'an 1580, on alla plus loin, et on ajouta à l'ancienne Coutume un article nouveau déclarant que le délai du retrait « du propre héritage tenu en franc-alleu ne court que du jour où l'acquisition a été publiée et ensaisinée en jugement au plus prochain siège royal » (6). C'était en somme rétablir, au point de vue spécial du retrait lignager, la pratique de l'ensaisinement, dépouillée toutefois de ses anciennes formes symboliques.

Tels étaient en matière de transmission entre vifs les différents systèmes suivis par les Coutumes. En matière de transmission par décès, il y avait également des divergences ; mais l'étude de ces divergences nous oblige à revenir sur la distinction des alleux nobles et des alleux roturiers.

---

de la vendue, *avant* la tenance, selon la coustume de Vermandois : et nul n'en peut et doit avoir de ce connaissance que ledit seneschal et ses commis. » (Claude de la Fons, *Cout. génér. du baillage de Vermandois,* p. 84, dans le *Cout. de Vermandois, op. cit.,* t. I.) On remarquera ce singulier droit de *retrait* donné au sénéchal à titre de privilège.

(1) Sedan, art. 217, *ibid.,* p. 831 ; — et Vitry, art. 126, *ibid.,* t. III p. 324.

(2) Troyes, art. 144, *ibid.,* p. 280.

(3) Chaumont-en-Bassigny, art. 112, *ibid.,* p. 361.

(4) Châlons, art. 226, *ibid.,* t. II, p. 488 ; — et Laon, art. 225, *ibid.,* p. 470.

(5) Bourbonnais, art. 422, *ibid.,* t. III, p. 1265.

(6) Paris, art. 132. — Cfr. sur cet article : Valin, *ibid.,* t. II, p. 122 ; et Ferrière, *op. cit.,* t. II, p. 697-700. Ferrière prétend que dans les Coutumes muettes on doit appliquer la règle parisienne.

42. ALLEUX NOBLES ET ALLEUX ROTURIERS ; DÉFINITIONS DES COUTUMES ; DIFFÉRENCES DIVERSES. — On retrouve, bien entendu, dans les Coutumes rédigées au XVIᵉ siècle, cette distinction des alleux *nobles* et des alleux *roturiers*, dont nous avons précédemment indiqué les origines (*suprà nᵒˢ 18 et suiv.*). Toutes les Coutumes cependant ne la mentionnent pas, et il paraît qu'elle était restée inconnue dans certaines provinces, notamment en *Auvergne* (1) ; mais c'était là l'exception. En général, au Midi comme au Nord, la distinction était reçue. Elle l'était d'abord d'une façon expresse par les Coutumes de Paris, Orléans (depuis 1583), Vitry, Troyes, et Clermont-en-Argonne (2). Elle l'était encore, au témoignage des commentateurs, dans les Coutumes de Reims (3), Vermandois (4), Meaux (5), Melun (6), Chartres (7), Anjou (8), Saintonge (9), Bordeaux (10), Berry (11), et Bourgogne (12). Elle était également suivie dans le Languedoc, où elle paraît avoir commencé (13). Elle formait donc certainement le droit commun, et des pays de Coutumes et des pays de droit écrit.

(1) Chabrol, *Cout. d'Auvergne*, t. II, p. 889 : « La distinction du franc-alleu noble et du franc-alleu roturier ne convient point à la Coutume d'Auvergne ; on n'y connaît point de franc-alleu qui ait une justice, une censive, ou un fief dépendant de lui : ainsi on ne doit admettre dans cette province que le franc-alleu roturier : les Coutumes qui en distinguent de deux sortes exigent, pour constituer le franc-alleu noble, qu'il y ait une mouvance ; or il n'en existe aucune de cette qualité en Auvergne ; donc il n'y en a pas de noble. » — Cfr. Merlin, *Questions de droit, op. cit.*, vᵒ Torrage, t. VI, p. 239.

(2) Paris, art. 68 ; — Orléans, art. 285 ; — Troyes, art. 52, 53 ; — Vitry, art. 19, 20 ; — Clermont-en-Argonne, ch. IV, art. 14 et 15.

(3) Buridan, *Cout. de Reims, ibid.*, p. 69.

(4) Buridan, *Cout. de Vermandois, ibid.*, col. 311.

(5) Bobé, *Notes sur la Cout. de Paris*, Paris, 1683, in-4, p. 46.

(6) Sevenet, *ibid.*, p. 99.

(7) Couart, *ibid.*, p. 189.

(8) Chopin, *Cout. d'Anjou, op. cit.*, p. 120, nᵒ 2 ; — et Pocquet de Livonière, *Traité des fiefs, op. cit.*, p. 562.

(9) Cosme Bechet, *ibid.*, p. 42.

(10) Bernard Automne, *ibid.*, p. 387.

(11) La Thaumassière, *ibid.*, p. 7.

(12) Bouhier, *ibid.*, p. 260, nᵒ 2.

(13) Cfr. *supra* nᵒˢ 17 et suiv.

En outre, la qualité de noble ou de roturier était presque partout attachée aux mêmes faits. Il y a toutefois à cet égard certaines divergences à signaler. Ainsi pour *Paris*, le franc-alleu noble est celui « auquel y a justice, censive, ou fief mouvant de lui (1) ». Pour *Troyes* et *Vitry*, l'alleu est noble « quand il y a seigneurie et haute justice » ; et l'alleu roturier « est terre sans justice (2) ». Dans ces deux dernières Coutumes, l'alleu non-justicier était toujours roturier, eût-il des fiefs ou censives mouvants de lui ; il y avait donc moins d'alleux nobles qu'à Paris (3). Il faut remarquer en outre que, dans la définition de l'alleu noble, les deux coutumes mentionnent la *haute justice* ; on peut se demander alors comment elles traitaient l'alleu dont le possesseur n'avait qu'une justice moyenne ou basse ? Il est probable qu'en fait la question ne se posait pas, c'est-à-dire qu'il n'y avait pas en Champagne d'alleux moyens ou bas-justiciers. Nous savons par Bouhier qu'il en était ainsi en *Bourgogne* (4). Mais le système des Coutumes de Troyes et de Vitry était regardé comme exceptionnel, et les auteurs s'accordaient à admettre pour les Coutumes muettes le système plus large et plus précis de la Coutume de Paris (5). Ce système fut notamment adopté à *Orléans* en 1583, lorsqu'on réforma la Coutume (6).

La condition de l'alleu noble et celle de l'alleu roturier avaient forcément entre elles beaucoup de ressemblances ; mais elles différaient aussi sur certains points qu'il importe de

---

(1) Paris, *Anc. Cout.*, art. 46 ; *Nouv. Cout.*, art. 68. — Cfr. Dumoulin, *ibid.*, n° 3.

(2) Troyes, art. 52 et 53 ; — Vitry, art. 19 et 20.

(3) On trouvera dans Le Grand, *ibid.*, p. 185, l'indication de quelques alleux nobles qui existaient autour de Troyes.

(4) Bouhier, *loc. cit.*, n° 3.

(5) Cfr. Denizart, *op. cit.*, v° Franc-alleu, t. VIII, p. 769 et 770 ; — Hervé, *ibid.*, p. 134.

(6) L'art. 214 de la Cout. de 1509 se terminait ainsi : « Franc-alleu... se doit partir comme héritage censuel et roturier. » En 1583, on ajouta « pour avoir lieu à l'advenir » ces mots : « Sinon qu'il y ait *fief, justice, ou censive mouvans de luy* ; auquel cas il se partira comme le fief (art. 255). » C'est bien la même formule qu'à Paris. — Cfr. B. de Richebourg, *op. cit.*, t. III, p. 749, 793, 822.

relever. — Ainsi, tous les alleux étaient bien soumis au droit d'*amortissement*, et cela de la même manière que les tenures placées dans la mouvance immédiate du roi ; mais à ce point de vue les alleux nobles étaient traités comme les fiefs et les alleux roturiers comme les censives (1). Diverses déclarations royales de 1639, 1689, 1700, etc... fixèrent en principe la taxe d'amortissement au tiers du prix ou de la valeur des biens acquis, quand ils étaient nobles ; au cinquième, quand ils étaient roturiers (2). — Pour le droit de *francs-fiefs*, la différence était encore plus radicale ; car l'alleu noble seul pouvait donner lieu à une pareille taxe, les roturiers ayant toujours eu le droit de posséder sans financer des terres roturières (3). Ce principe toutefois n'avait pas toujours été respecté en fait (4) ; et quelques auteurs « trop fiscaux », entre autres Bacquet, allèrent jusqu'à le contester en théorie (5). Mais au témoignage de La Thaumassière, cette opinion « trop fiscale, trop sévère, et injuste » ne fut pas adoptée par les commissaires députés par le roi sur le fait des francs-fiefs. Dans les recherches qu'ils firent à diverses reprises (6), ces commissaires ne taxèrent jamais les alleux roturiers (7). Pour les alleux nobles, le droit

(1) Despeisses, *ibid.*, p. 15 : « Il a été ordonné que le droit d'amortissement du franc-alleu noble sera liquidé sur le même pied que celui des fiefs mouvant immédiatement du roi, savoir à raison du tiers de leur valeur ; et que le franc-alleu roturier sera traité de la même manière que les biens en roture qui sont dans la mouvance du roi, dont les droits sont fixés au cinquième par la susdite déclaration du 9 mars 1700. »

(2) Cfr. Boucheul, *op. cit.*, t. I, p. 167, n° 39 ; — Hervé, *ibid.*, p. 475 et suiv.

(3) La Thaumassière, *Franc-alleu, op. cit.*, p. 9. — Cfr. Bacquet, *op. cit.*, p. 362, n° 8 ; — Taisand, *op. cit.*, p. 158 ; — Bouhier, *ibid.*, p. 253-254, n° 25-27.

(4) Cfr supra n° 18.

(5) Bacquet, *ibid.*, n° 10.

(6) Notamment en 1641, 1657, 1667, 1674, 1676. — Cfr. Taisand, *op. cit.*, p. 144.

(7) La Thaumassière, *ibid.*, p. 19, cite à l'appui un arrêt du 28 sept. 1684 par lequel les commissaires des Francs-fiefs déchargent de la taxe le franc-alleu de Gérissay (en Berry) « comme tenu en roture ». Voir le texte de cet arrêt, *ibid.*, p. 44.

de francs-fiefs avait été fixé par plusieurs ordonnances de
1652, 1658, 1672, 1700, etc... à une année de revenus tous les
vingt ans (1). — Enfin, toujours dans le même ordre d'idées,
on discutait la question de savoir si les possesseurs d'alleux
nobles, à la différence des possesseurs d'alleux roturiers, n'é-
taient pas obligés de se rendre aux convocations du ban et de
l'arrière-ban, auxquelles étaient appelés les possesseurs de fiefs.
Les uns, Pocquet de Livonière, La Poix de Fréminville, Duplessis,
Ferrière, et Boucheul (2), admettaient sans hésiter l'affirmative, ce qui établissait une nouvelle différence entre les
alleux nobles et les alleux roturiers. « Ban et arrière-ban,
disait Pocquet de Livonière, sont des droits de *souveraineté*
dont le franc-alleu n'exempte pas. » — « C'est un devoir qui
ne convient qu'au fief », disaient au contraire Bobé et Le Grand,
qui n'admettaient pas sur ce point de différence entre les alleux (3). Le président Bouhier, après avoir signalé la controverse,
déclare pour tout concilier, « que les seigneurs des alleux nobles
ne peuvent pas refuser de servir le roi, mais qu'ils sont dis-
pensés de se présenter avec les *autres* vassaux » (4). Denizart
fait une distinction analogue ; les possesseurs d'alleux nobles
peuvent être obligés, d'après lui, de se rendre aux convocations, mais seulement en qualité de gentilshommes, et non
comme possesseurs d'alleux (5). Ces deux derniers auteurs sont
au fond de l'avis de Bobé qui paraît en effet le plus exact (6).

---

(1) Cfr. Boucheul, *ibid.*, n° 64 ; — Despeisses, *ibid.*, p. 12.
(2) Pocquet de Livonière, *ibid.*, p. 566 ; — La Poix de Fréminville,
ibid., p. 5 ; — de Ferrière, *Cout. de Paris*, loc. cit., col. 1011, n° 11 ; —
Boucheul, *ibid.*, n° 66 ; — Duplessis, *ibid.*, p. 160.
(3) Bobé, *Cout. de Meaux*, op. cit., p. 393 ; — Le Grand, *ibid.*, p. 185.
(4) Bouhier, *ibid.*, p. 254, n°s 28 à 30.
(5) Denizart, op. cit., p. 767.
(6) Quand l'alleu était noble par annexion de la *justice*, les auteurs
discutaient encore la question de savoir si l'alleutier n'était pas obligé
(nouvelle différence) de porter la foi et hommage de cette justice. L'affirmative était généralement soutenue, en vertu du principe que la
justice est toujours tenue en fief, et ne peut être allodiale. Cfr. en ce
sens : La Thaumassière, *ibid.*, p. 7 ; — La Poix de Fréminville, loc. cit. ;
Hervé, *ibid.*, p. 172 ; — et en sens contraire : Taisand, qui cite en son
sens un arrêt de la Chambre des comptes de Dijon, rendu en 1673, au

Une autre différence plus certaine et plus importante a déjà été signalée incidemment (*suprà* n° 19) ; c'était celle qui tenait au régime successoral des alleux. *En général*, les alleux nobles se partageaient comme les fiefs et les alleux roturiers comme les censives ; c'est-à-dire qu'on appliquait aux alleux nobles les privilèges de masculinité et de primogéniture, tandis que les alleux roturiers se partageaient également entre tous les héritiers du même degré, sans distinction de sexe (1). Les Coutumes de Paris, d'Orléans et de Clermont-en-Argonne sont formelles sur ce point (2). — Mais ce système n'était pas accepté partout, notamment dans le Nord et dans l'Est. Ainsi les Coutumes de Hainaut (3), de Verdun (4), de Vitry (5), de Troyes (6),

profit du seigneur du franc-alleu de Charnoy, *op. cit.*, p. 158-159.

(1) Cfr. Ferrière, *op. cit.*, t. I, col. 1011, n° 15.

(2) *Paris*, art. 68 : « Franc-alleu auquel y a justice, censive ou fief mouvant de luy, se partit comme fief noble ; mais où il n'y a fiefs mouvant, justice ou censives, se partist roturièrement ; » — *Orléans*, art. 255 : « Franc-alleu... se doit partir comme héritage censuel ; sinon qu'il y ait fief, justice ou censive mouvant de luy ; auquel cas il se partira comme fief ; » — *Clermont*, ch. IV, art. 14 : « Franc-alleu noble... se partage comme les autres fiefs ; » — art. 15 : « Franc-alleu roturier... se doit partir comme les autres terres de roture. »

(3) *Hainaut*, Cout. de 1534, ch. LXXXI, art. 4 : « Item que en toutes successions d'alleutz les filles y auront semblable portion que le fils ; sauf à l'aisné fils, si fils y a, et sinon, à la fille aisnée, la haute justice, profits et émoluments en dépendans ; » — Cout. de 1619, ch. CV, art. 3 : « En toutes successions d'alloets, soit en ligne directe ou collatérale, les filles y auront semblable portion que le fils en un mesme degré, sauf au fils aisné, s'il y en a, sinon à la fille aisnée la haute justice, profits et émolumens en dépendans, avec la forteresse et maison seigneurlale » (B. de Richebourg, *op. cit.*, t. II, p. 25 et 128). L'exception relative à la justice s'explique d'elle-même, puisque la justice est toujours tenue en fief ; elle doit donc suivre la règle du partage noble.

(4) *Verdun*, tit. II, art. 3 : « Et quant aux terres roturières, meubles, et terres de franc-alleuf, l'une desdites filles prend autant qu'un fils. » (*Ibid.*, p. 427).

(5) *Vitry*, art. 57 : « ... Et quant aux terres roturières, meubles, et terres tenues en franc-alleu, l'une desdites filles prend autant qu'un fils. » Toutefois, en ligne collatérale, cette règle ne s'applique plus qu'à « l'alleu roturier » (art. 59) ; pour l'alleu noble, à égalité de degré, « le masle exclud la femelle. » (*Ibid.*, t. III, p. 316.)

(6) *Troyes*, art. 14, *in fine* : « ... Et au regard des héritages tenus en

et de Châlons-sur-Marne repoussaient expressément le privilège de masculinité et le droit d'aînesse pour les « terres tenues en franc-alleu ». La Coutume de Châlons est la plus nette : « Es-terres de franc-alleu, dit-elle, les enfants succèdent également, tant fils que filles, sans aucun avantage d'aînesse, et tout ainsi qu'ès-terres roturières (1). » La Coutume d'Orléans suivit la même règle jusqu'en 1583, époque à laquelle elle admit les alleux nobles, qui durent se partager comme les fiefs (2). C'est un indice que le partage égal était pour tous les alleux le système primitif, et le partage noble une innovation. Cette innovation, due à l'influence du régime féodal, fut l'un des premiers résultats de la distinction des alleux nobles et roturiers. — Il faut mettre à part, bien entendu, les Coutumes qui appliquaient le droit d'aînesse même aux biens roturiers. C'était le cas à Bordeaux (3), et aussi, mais pour les personnes nobles seulement, dans plusieurs Coutumes de l'Ouest (4).

48. Suite; restrictions apportées au droit de propriété sur les alleux roturiers. — Ce n'est pas tout. La distinction qui nous occupe a eu encore un dernier effet, plus intime, si l'on peut dire. Elle a porté atteinte aux droits même que les propriétaires d'alleux roturiers pouvaient avoir sur leurs terres. Elle a modifié ainsi le caractère de la propriété allodiale, qui à l'origine était évidemment la même pour tous, et qui au xvi° siècle ne demeure *complète* qu'à l'égard des alleux nobles. Le propriétaire d'un alleu noble était en effet regardé en même temps comme « seigneur » de son alleu ; c'est-à-dire qu'il jouissait de tous les privilèges honorifiques que l'ancien droit attachait à la propriété seigneuriale. Ces privilèges étaient au contraire retirés au propriétaire de l'alleu roturier, traité à ce

franc-alleu, ou en censive..., ils se partent et divisent par portions égales, et sans advantage, entre lesdits frères et sœurs. » (*Ibid.*, t. III, p. 240.)

(1) *Châlons*, art. 165, *ibid.*, t. II, p. 485.

(2) Orléans, *Nouv. Cout.*, art. 255.

(3) Bernard Automne, *ibid.*, p. 387.

(4) Notamment : Maine, Anjou, Touraine, etc... Cfr. D'Espinay, *op. cit.*, p. 238-239.

point de vue comme un censitaire. — Ainsi notamment, le propriétaire de l'alleu noble jouissait du droit de chasse sur cet
alleu, fût-il lui-même roturier, tandis que le propriétaire d'un
alleu roturier ne pouvait y chasser que s'il était lui-même
gentilhomme (1). — Ainsi encore, le propriétaire d'un alleu
noble pouvait, sans contestation, inféoder ou accenser telle
portion de son alleu qu'il jugeait à propos, et créer ainsi à son
profit une directe seigneuriale (2). Au contraire la question de
savoir si le propriétaire d'un alleu roturier avait la même faculté, était devenue très douteuse dans le dernier état du
droit.

A l'origine il est évident que tout propriétaire d'alleu pouvait inféoder ou accenser ; et l'article 191 de la Coutume de
Meaux exprime certainement sur ce point le droit primitif,
quand il dit sans distinguer : « Si le detempteur dudit héritage en franc-aloy veut ériger en fief ce qu'il tient en franc-
aloy, par ladite Coutume faire le peut. » Cette faculté reconnue
aux alleutiers ne pouvait susciter de difficulté à une époque
où l'on n'avait point encore imaginé la distinction en alleux
nobles et roturiers ; mais du jour où cette distinction fut introduite, la question se compliqua. Il était en effet de principe
qu'un possesseur de terres roturières ne pouvait accenser :
« Cens sur cens ne vaut », disaient les Coutumes. Allait-on apporter aux droits des propriétaires d'alleux roturiers la même
restriction ? La majorité des auteurs se prononça pour l'affirmative.

« Le propriétaire d'un alleu roturier, dit Henrion de Pansey,
ne peut ni l'inféoder, ni l'accenser. Il y en a une infinité de
raisons. La principale, c'est que l'on ne peut donner à fief ou à
cens que des héritages nobles. C'est que pour pouvoir communiquer, ou se réserver la puissance féodale, il faut l'avoir ; il
faut en être investi. Enfin, c'est que les fiefs sont des dignités
réelles, et que le roi, ou ceux qui en ont reçu le pouvoir de lui
peuvent seuls constituer des dignités (3). » — A cet argument,

(1) Cfr. Bourjon, *ibid.*, p. 287.
(2) Bouhier, *ibid.*, p. 288, n° 35.
(3) Henrion de Pansey, *op. cit.*, v° Franc-alleu, p. 608. — Cfr. Lamoignon, *Arrêtés*, XIX, n° 5.

Hervé répondait par des observations extrêmement judicieuses, et qui auraient dû triompher. « Si l'on consulte la droite raison, dit-il, et les notions fondamentales de la propriété, on trouve que puisque l'alleu est une propriété libre et absolue, il emporte, de sa nature, la faculté d'en disposer à son gré, d'en percevoir tous les fruits, d'en tirer tous les avantages et toutes les commodités que l'honnêteté publique et les bonnes mœurs n'interdisent pas ; car tel est essentiellement le droit attaché à la propriété (1). Le propriétaire d'un alleu peut donc l'inféoder ou l'accenser ; car l'inféodation et l'accensement sont des manières licites de disposer de sa chose. Puisqu'un vassal peut bien sous-inféoder ou bailler à cens une partie du fief qu'il tient d'un autre, un propriétaire d'alleu doit à plus forte raison avoir la faculté de disposer par l'une ou l'autre de ces voies, d'un domaine qu'il ne tient de personne, et pour raison duquel il n'est assujetti à aucun devoir envers personne (2). » Plus loin, Hervé réfute directement les arguments de ses adversaires : « S'il étoit vrai que l'on ne pût donner en fief ou à cens que des héritages nobles et que pour pouvoir communiquer ou se réserver la puissance il fallût l'avoir, il s'ensuivroit qu'il n'a jamais pu se faire de concession en fief, ni à cens. Car comment le premier qui auroit voulu faire une semblable concession auroit-il pu réussir ? 1° Il n'avoit pas d'héritages nobles, puisque la nature connoît encore moins la noblesse des terres que celle des hommes, et puisque la noblesse des héritages n'étant que l'effet de la féodalité, ne pouvoit pas exister avant la féodalité même. Il ne pouvoit donc rien [concéder, ni en fief, ni à cens ; 2° il ne pouvoit ni communiquer ni se réserver la puissance féodale ; car il ne l'avoit pas, et il n'en n'avoit jamais été investi... Il est donc très clair, d'après l'objection, que toute concession en fief et à cens a toujours été impossible ! Il est donc très clair aussi qu'il n'existe pas encore de concession semblable ! Qu'on juge du mérite d'une objection qui

---

(1) Bobé disait de même, en commentant l'art. 191 de la Coutume de Meaux (*ibid.*, p. 394) : « La disposition de cet article est fondée sur la liberté naturelle qu'un chacun a de disposer de son bien, comme bon lui semble, supposé que la Coutume ou les lois n'y résistent point. »

(2) Hervé, *ibid.*, p. 186.

conduit à une pareille conséquence ! » Hervé conteste ensuite que les fiefs soient des dignités réelles, et conclut en s'appuyant sur l'article 191 de la Coutume de Meaux (1).

Denizart, qui répond à cette argumentation serrée avec plus de longueur que de précision, finit par se ranger à l'opinion d'Henrion de Pansey, mais sans adopter tous ses arguments. Il concède que les fiefs ne sont pas des dignités réelles ; mais il prétend que l'esprit du droit commun coutumier est contraire à la thèse d'Hervé. Ce droit commun en effet soumet au partage noble les alleux nobles *seulement ;* or s'il dépendait des propriétaires d'alleux roturiers d'en faire des alleux nobles en en inféodant une partie, ils auraient un moyen simple de les soumettre au partage noble contrairement au vœu des Coutumes (2). En second lieu, il est de l'intérêt public que les possessions féodales, déjà trop multipliées dans le royaume, ne s'augmentent pas. En troisième lieu, l'ordonnance de 1669, en donnant au seigneur justicier le droit de chasse sur les terres comprises dans sa justice, lui donne par là même le droit de chasse *exclusif* sur les alleux roturiers possédés par des roturiers ; et il est incontestablement de son intérêt d'empêcher les propriétaires de ces alleux de s'attribuer aussi ce droit de chasse, et de le conférer à d'autres par des inféodations. Enfin « on a tort de dire que toute la puissance nécessaire pour inféoder et accenser, réside dans le droit de propriété; il faut de plus pour inféoder ou accenser une autorisation de la loi ». A l'origine, les concessions de fiefs ou de censives faites par le roi, « souverain dispensateur des honneurs et des grâces », étaient légales ; celles faites par des alleutiers au temps de l'anarchie féodale ne l'étaient pas. Il y a prescription sans doute contre ces abus ; mais « cela n'empêche point que l'abus ne soit un abus ; et il n'en est pas moins vrai que depuis que le bon ordre est rétabli dans l'État, il n'appartient qu'au prince d'augmenter le nombre des terres privilégiées dans le royaume (3) ».

(1) Hervé, *op. cit.*, t. VI, p. 192-196.

(2) Cfr. Bobé, *ibid.*, p. 394.

(3) Pour plus de détails sur cette controverse, cfr. Denizart, *op. cit.*, v° Fief, t. VIII, p. 594-603. — Denizart conclut (p. 604) qu'un propriétaire d'alleu roturier ne peut le rendre noble qu'en sollicitant du roi

Denizart aurait pu invoquer à l'appui de cette dernière assertion un édit de l'an 1676, par lequel Louis XIV avait « confirmé » pour le passé et « autorisé » pour l'avenir en Provence les inféodations d'alleux roturiers, qui étaient fréquentes dans cette province (1).

Le désir d'empêcher l'accroissement du nombre des fiefs, voilà en somme l'argument principal de Denizart, qui insiste à plusieurs reprises sur cette idée. Il y avait là plutôt un argument de tendance qu'un argument de droit; mais, joint à ce principe que la propriété des terres roturières ne comportait pas le droit de les transformer en terres nobles, cet argument était de nature à faire impression. Quoi qu'il en soit, malgré les protestations d'Hervé, la plupart des auteurs dénient aux propriétaires d'alleux roturiers la capacité d'inféoder qu'ils avaient à l'origine, et que la distinction des deux sortes d'alleux leur a fait *perdre*. Il y a donc là une dernière et grave différence entre les alleux nobles et les alleux roturiers (2).

Mais qu'arrivait-il quand le propriétaire d'un alleu roturier consentait, au mépris de cette théorie, une inféodation ou un accensement? Le bail seigneurial conclu était-il *nul?* Dans la rigueur des principes, il eût fallu l'admettre ; mais on faisait intervenir ici une fiction légale. Le bail seigneurial était regardé comme purement *civil*, et les redevances stipulées étaient traitées comme des rentes foncières (3). La Cour de cassation a eu de nos jours à faire plusieurs fois l'application de ce principe (4).

cette faveur, ou bien en obtenant l'érection de son alleu en fief de telle ou telle seigneurie que désignera le roi; mais dans ce dernier cas l'alleu perd sa franchise. Un édit d'avril 1702 fit ainsi, moyennant finances, une érection générale d'alleux en fiefs.

(1) Cfr. le préambule de l'édit de 1692, dans Isambert, *op, cit.*, t. XX, p. 165 ; — et *infra* n° 47 *in fine*.

(2) Cfr. Garsonnet, *op. cit.*, p. 339 ; — et Dalloz, *loc. cit.*, n° 149 et 150.

(3) Cfr. Dalloz, *ibid.*, n° 151.

(4) Cfr. deux arrêts du 21 brumaire an XIV, et du 31 déc. 1833, dans Dalloz, *ibid.*, p. 366, note 2; et p. 371, note 1.

CHAPITRE IV

LES ALLEUX SOUS LA MONARCHIE ABSOLUE

---

44. LES ALLEUX ET LE ROI ; COMMENCEMENTS DE LA LUTTE. — Reprenons maintenant la suite de notre récit. Nous avons constaté plus haut, n° 23, qu'après la tentative suprême faite en 1577 aux États généraux de Blois pour établir la directe seigneuriale universelle, et soumettre ainsi les alleux dans toutes les provinces, sauf le Dauphiné, à la règle « Nulle terre sans seigneur », les seigneurs féodaux avaient désarmé, là au moins où le texte des Coutumes tranchait explicitement la question. Mais au-dessus des seigneurs se trouvait le roi, dont la puissance désormais prépondérante aveuglait ses légistes jusqu'à leur faire perdre la notion du juste, quand l'intérêt du domaine de la couronne était en jeu. La question de savoir quel devait être par rapport au roi le sort des alleux ne tarda pas à se poser d'une façon précise, et à jeter de nouveau le trouble dans la théorie de l'allodialité.

A s'en tenir au texte et à l'esprit des Coutumes, il était incontestable, comme le dit La Thaumassière, « qu'il n'y avait pas à distinguer entre le roi et les seigneurs subalternes (1) ». Le cas échéant, les Coutumes avaient soin de faire à l'égard du roi les exceptions convenables ; La Thaumassière en cite plusieurs exemples. Mais en matière d'allodialité, elles ne faisaient aucune exception ; et par conséquent, les principes qu'elles consacraient devaient « avoir lieu tant au respect du

---

(1) La Thaumassière, *op. cit.*, p. 13.

roi que des seigneurs (1) ». Il résulte de là que partout où le
franc-alleu sans titre était admis, « il pouvait être objecté au
roi ». Celui-ci possédait sans doute la *souveraineté* sur tout son
royaume ; il avait en outre, soit médiatement, soit immédiatement, la *justice* sur tous les alleux (2) ; mais cela n'impliquait
pas qu'il eût sur eux la *directe*. Il ne pouvait donc invoquer
les règles « Nulle terre sans seigneur », et « Nul franc-alleu
sans titre », que là où les Coutumes les admettaient.

Sur ces points, les jurisconsultes antérieurs au XVIIe siècle
étaient formels. Guillelmus Benedictus notamment s'exprimait
ainsi : « Le roi de France est fondé de droit commun à prétendre dans tout son royaume et dans chaque partie d'icelui,
la juridiction suprême ou dernier ressort, parce qu'il n'y a personne qui ne lui soit soumis ; mais le roi de France n'est pas
fondé de droit commun, et les seigneurs inférieurs sont encore
moins fondés que lui, à prétendre la propriété et le domaine
des choses, lesquelles peuvent appartenir aux particuliers pleinement, librement, et allodialement, à moins qu'elles ne soient
prouvées sujettes et grevées de services ; et la preuve incombe
à celui qui les dit telles (3). » Dumoulin disait de même :
« Les seigneurs des fiefs, châteaux et autres, ne sont pas
fondés à prétendre la directe féodale, censuelle, ou emphytéo-
tique, ni aucuns droits ou redevances sur les biens situés dans
leur territoire, ils sont seulement fondés à prétendre la justice.
Bien plus, le roi lui-même n'est pas fondé à se dire propriétaire
ni seigneur universel des choses des particuliers, sauf quant à
la justice et à la protection (4). » A ces auteurs, il faut ajouter

(1) *Ibid.*, p. 81.

(2) Sauf les quelques alleux *souverains* qui pouvaient exister encore.

(3) Guill. Bened., cité par La Thaum., *ibid.*, p. 12 : « Rex Franciæ in
suo regno et qualibet parte ejusdem suam habet de jure communi fundatam intentionem, solum quoad supremam jurisdictionem, seu ulti-
mum ressortum, quia nemo est qui ei non subsit ; sed rex Franciæ
suam non habet jure communi fundatam intentionem, et minus habent eam fundatam inferiores domini quoad rerum proprietatem et dominium quæ singulis pertinere possunt plene, libere et alodialiter,
nisi probarentur subjectæ et servitiales ; quæ probatio incumbit hoc
dicenti. »

(4) Dumoulin, *loc. cit.*, nos 5 et 6.

les commentateurs des Coutumes, qui jamais dans leurs explications sur le franc-alleu ne font de distinction entre le roi et
les seigneurs. Le roi doit prouver sa directe dans les Coutumes
allodiales ; il n'a pas besoin de le faire dans les Coutumes censuelles : tel était au début du xviie siècle l'avis presque unanime des jurisconsultes (1).

La jurisprudence d'ailleurs appliquait les mêmes principes.
La Thaumassière cite un arrêt du Parlement de Paris, du
27 mars 1508, rendu contre le procureur du roi, en faveur du
propriétaire d'un alleu situé dans le ressort de la Coutume de
Troyes ; — une sentence du Trésor, du 11 juillet 1583, conçue
dans le même sens ; — un jugement du baillage présidial de
Bourges du 5 décembre 1597, ordonnant main-levée de la saisie pratiquée sur l'alleu de Gérissay par les soins du receveur
du domaine de Berry (2) ; — et trois arrêts de 1604, 1608, et
1624, qui exigèrent la preuve des droits seigneuriaux réclamés
par le procureur du roi contre divers alleux dans la Coutume
de Vitry (3). — On peut y joindre un arrêt qui fut rendu le
21 mars 1617 par le Parlement de Bordeaux, et qui eut de
graves conséquences. Cet arrêt déclarait que les habitants de
la ville de Bordeaux et du pays Bordelais n'étaient pas tenus
d'exhiber leurs titres de propriété aux commissaires royaux,
et de prouver contre eux que leurs alleux n'étaient point des
censives ; c'était au contraire au procureur général « à faire
apparoir de la féodalité et directité du roi par bons et valables
titres (4) ». Cet arrêt était assurément l'expression du droit
pour le pays Bordelais.

Mais le roi ayant évoqué l'affaire, le Grand Conseil, qui
jugea sur l'évocation, décida, le 30 septembre 1619, que dans
la sénéchaussée de Guyenne, les lods et ventes étaient toujours dus au roi en cas d'aliénation d'immeubles, à défaut de
titres établissant leur allodialité. Le 16 juillet 1620, les habitants de Bordeaux protestèrent vivement contre cette décision ; ils se prétendirent exempts de l'obligation d'exhiber

(1) Cfr. La Thaumassière, ibid., p. 13.
(2) Voir le texte de ce jugement dans La Thaumassière, ibid., p. 39-42.
(3) Cfr. La Thaumassière, ibid., p. 13.
(4) Merlin, ibid., p. 351 ; — cfr. Caseneuve, ibid., liv. II, ch. xiv, n° 8.

leurs titres, et exempts de tous devoirs à payer tant que le roi
ne prouvait pas par titres que ces devoirs étaient dus. Ces
plaintes n'aboutirent pas. Le 4 mai 1624, le roi, par arrêt de
son Conseil, accorda bien une modération des lods et ventes
aux gentilshommes de Guyenne, pour leurs acquisitions passées; mais il déclarait en même temps qu'il voulait par là « les
traiter favorablement », et que cette modération ne tirerait
pas à conséquence pour l'avenir. Quelques jours après, le
14 mai 1624, un second arrêt proscrivait l'alleu sans titre dans
tout le Bordelais, comme dans le reste de la Guyenne. De
nouvelles réclamations eurent lieu et ne réussirent qu'à faire
confirmer l'arrêt de 1624 par un nouvel arrêt du 23 décembre 1625 (1). — Un arrêt du même genre fut rendu en 1626,
contre le syndic du Languedoc au profit du commis des droits
du roi (2). Le même commis, il est vrai, fut débouté en 1628,
par un second arrêt en date du 18 avril (3). Entre les alleux
et le roi, la lutte, on le voit, était engagée.

45. LE CODE MICHAU (1629); THÉORIE DE LA DIRECTE
ROYALE UNIVERSELLE; LES PARLEMENTS ET LES AUTEURS. —
Cette lutte devait se développer rapidement. En effet, dès
le mois de janvier 1629, la longue ordonnance connue sous le
nom de *Code Michau,* venait donner un fondement « légal »
et en apparence plus solide aux prétentions royales, en établissant d'une façon explicite et générale la doctrine qui
jusque-là ne s'était affirmée que d'une façon imparfaite. —
Dans l'art. 383 du Code Michau, le roi s'exprime ainsi : « Tous
héritages relevans de nous en pays coutumier ou de droit
écrit, sont tenus et sujets aux droits de lods, ventes, quints,
et autres droits ordinaires, selon la condition des héritages
et Coutumes des lieux : *et sont tous héritages ne relevans d'autres
seigneurs, censez relever de nous,* si non, pour tout ce que des-

---

(1) Cfr. Merlin, *ibid.,* p. 351-352; — La Poix de Fréminville, *ibid.,*
p. 164.

(2) Galland, *ibid.,* p. 36; — Caseneuve, *ibid.,* n° 2; — Collet, *ibid,*
p. 43; — Furgole, *op. cit.,* p. 197.

(3) Voir le texte dans Caseneuve, *ibid.,* n° 4.

sus, que les possesseurs des héritages fassent apparoir *de bons*
titres qui les en déchargent (1). »

Il importe de s'arrêter un instant pour examiner les conséquences d'un pareil article. Le roi établissait en somme à son
profit cette directe seigneuriale universelle qu'il avait repoussée aux États de Blois en 1577; et l'art. 383 est devenu célèbre comme étant le premier document législatif où ait été
énoncée d'une manière nette en France la théorie de la *directe*
royale universelle (2). Quelques anciens auteurs, entre autres
Denizart, ne s'y sont pas trompés : « Il semble, dit celui-ci,
qu'après le triomphe que la raison avait remporté (en 1577),
l'on ne devait pas s'attendre à voir naître une prétention du
même genre que celle des seigneurs, et beaucoup plus révol-
tante encore. Nous voulons parler du système qui attribue au
roi la directe de tous les biens de son royaume... C'est cependant, on aura peine à le croire, un pareil système que le génie
fiscal a tenté d'ériger en loi (3). » — Désormais, quand une
terre sera prétendue allodiale, voici ce qui se passera. Dans
les pays *censuels*, rien n'est changé : ce sera à l'alleutier à
prouver la franchise de sa terre, soit à l'égard d'un seigneur
particulier, soit à l'égard du roi. Dans les pays *allodiaux*, il
faudra distinguer : contre un seigneur subalterne, l'allodialité sera toujours présumée; mais contre le roi, il faudra
maintenant la prouver par de *bons titres;* car l'héritage qui
n'a pas de seigneur est *censé* relever du roi. L'effet de l'art. 383
du Code Michau est donc d'étendre à tous les pays allodiaux,
c'est-à-dire à plus de la moitié de la France, la règle « Nul
franc-alleu sans titre » quand il s'agit du roi; par suite,
comme on l'a remarqué (4), cette ordonnance devait influer

_____

(1) Dans Isambert, *op. cit.*, t. XVI, p. 317. — Galland, *ibid.*, p. 37,
donne un texte légèrement différent, mais identique pour le fond.

(2) La directe royale universelle était fortement établie en *Angleterre*
depuis Guillaume le Conquérant (1085), dans le royaume de *Naples* depuis sa formation par les Normands au XII° siècle, et dans les royaumes
de *Majorque* et de *Valence* depuis leur conquête par Jaime I°, roi d'A-
ragon, en 1228 et 1232. Elle n'existait pas en *Allemagne*. Cfr. Garsonnet, *op. cit.*, p. 308, 320, 321, 314.

(3) Denizart, *op. cit.*, t. VIII, p. 592.

(4) D'Espinay, *op. cit.*, p. 364.

sur le système des Coutumes. Elle introduisait notamment une complication nouvelle ; mais ce n'était pas la conséquence la plus grave. La conséquence la plus grave était certainement l'extension contre tout droit de la présomption de censualité à des pays qui l'avaient constamment repoussée ; ce qui supprimait du même coup tous les alleux *d'origine*, et aussi tous les alleux de *prescription*, car contre le roi aucune prescription n'était possible (1).

Beaucoup d'alleux sans titre étaient donc menacés d'être transformés en censives par application de l'ordonnance de 1620 ; aussi l'émoi fut-il grand dans les pays allodiaux, lorsqu'elle fut publiée, et l'art. 383 fut-il un de ceux que les Parlements critiquèrent le plus vivement lors de l'enregistrement de l'ordonnance. — Le Parlement de *Dijon*, dans des remontrances célèbres, déclara au roi qu'en Bourgogne « par usance immémoriale, ni lui, ni les seigneurs particuliers n'étaient fondés au droit général et universel de prendre lods sur les héritages assis en leurs justices, s'il n'y avait terrier ou titre particulier (2) ». — Le Parlement de *Grenoble* refusa d'enregistrer l'article 383 pour le même motif, à savoir « que le franc-alleu avait lieu en Dauphiné par possession immémoriale et liberté de la province » ; il décida en conséquence que l'on continuerait d'agir « selon l'ancien usage, conformément à l'ordonnance du 15 janvier 1555 (3) ». — Le Parlement de *Toulouse* se montra encore plus net : « Et n'aura lieu, sous le bon plaisir du roi, l'article 383 dans la province de Languedoc, où le franc-alleu est observé de tout temps par le droit écrit, et par les privilèges de la province (4) ». — Le Parlement de *Bordeaux*, dont on a rapporté le conflit avec le Conseil du roi, disait à peu près de même : « Et pour le regard de l'article 383, le droit commun et usage ancien observé en Guyenne sera gardé et suivi (5) ». — Enfin, le Parlement de *Paris*, dont le ressort

(1) Cfr. La Poix de Fréminville, *ibid.*, p. 141 et suiv.
(2) Cfr. Taisand, *op. cit.*, p. 136, 140, 148, 154.
(3) Cfr. Denizart, *ibid.* ;—Merlin, *op. cit.*, t. V, p. 355 ;—Viollet, *op., cit.*, p. 601.
(4) Denizart, *ibid.* ; — Caseneuve, *ibid.*, ch. 13.
(5) Denizart, *ibid.*

comprenait des provinces censuelles et allodiales, refusa également d'appliquer l'ordonnance dans ces derniers pays (1). « On voit, ajoute Denizart, que la résistance a été aussi générale qu'elle était légitime (2). » — Il n'y a guère que les Parlements de Bretagne et de Normandie « qui penchèrent à la submission et paiement des droits (3) ». Il est facile, d'après ce qui a été dit précédemment (nos 24 et 33), de comprendre l'attitude de ces derniers Parlements. Leur ressort ne comprenait que des provinces hostiles au franc-alleu. Ils n'étaient donc point intéressés dans la question soulevée par l'article 383 du Code Michau, lequel ne faisait qu'exprimer législativement une règle qu'ils appliquaient depuis longtemps.

En présence de la résistance des Parlements, la royauté trouva des défenseurs, et elle les trouva là où elle ne manquait jamais d'en rencontrer pour justifier toutes ses entreprises, mêmes les moins avouables, c'est-à-dire parmi ces légistes qui firent triompher en France la formule despotique des empereurs romains : « Tout ce qui plaît au prince a force de loi (4). » — A peine l'ordonnance de 1629 avait-elle paru qu'un des officiers du domaine publiait un mémoire « *Contre le franc-alleu sans tiltre pretendu par quelques provinces au prejudice du roy* ». Ce mémoire imprimé à Paris en 1629 ne portait pas de nom d'auteur; mais on sut bientôt qu'il émanait d'un maître des requêtes nommé Auguste Galland, qui était alors procureur général du domaine de Navarre, et qui avait inspiré l'arrêt rendu en 1626 contre le Languedoc (5). Galland, avec une incontestable érudition, mise au service d'une mauvaise cause, essayait de prouver conformément au principe du Code Michau que « le roi étant sei-

(1) Denizart, *ibid.*

(2) Denizart, *ibid.*

(3) Galland, *ibid.*, p. 351.

(4) Ulpien, au *Dig.*, I, 4, loi 1 : « Quod principi placuit legis habet vigorem. » — Cfr. De Tocqueville, *Pensées*, dans ses *Œuvres complètes*, Paris, Lévy, in-8, t. VIII, p. 489 : « Dès que vous voyez paraître un despote, comptez que vous allez bientôt rencontrer un légiste qui vous prouvera doctement que la violence est légitime, et que les coupables sont les vaincus. »

(5) Pocquet de Livonière, *ibid.*, p. 559.

gneur universel de toutes les terres qui sont dans son royaume, [ces terres] devaient être présumées procéder de ses prédécesseurs et soumise à ses droits, sinon en tant que la dispense serait justifiée au contraire (1) ». Il employait, pour arriver à son but, toutes sortes d'arguments, dont quelques-uns nous étonnent aujourd'hui par leur faiblesse ou leur peu d'à-propos (2). Ne pouvant nier l'existence de Coutumes allodiales il commençait par ébranler leur autorité, en s'appuyant sur les protestations de la noblesse à l'époque des rédactions (3). Il s'attaquait ensuite au Languedoc, en invoquant les lois de Simon de Montfort (4); et finissait en désespoir de cause par soutenir qu'à l'égard du roi les Coutumes allodiales ne pouvaient pas s'appliquer, « parce que, disait-il, les Coutumes qui dépendent du seul consentement des peuples ne lient que les particuliers et n'obligent point le roi ». « C'est une maxime fort détestable ! » s'écrie Hervé, et en effet on pouvait aller loin avec un pareil principe (5). Aussi ne faut-il pas s'étonner si plus tard, Pallu et Furgole qualifiaient assez durement « le beau traité (6) » de Galland, en disant « qu'il n'étoit autre chose que le *factum* des traitants qui avoient un intérêt pécuniaire à combattre le franc-alleu (7) ».

L'ordonnance de 1629 étant restée lettre morte, par suite de la résistance unanime des Parlements à un certain nombre d'articles, l'émotion des alleutiers se calma un peu (8); mais en 1637, Galland revint à la charge. Il réédita son mémoire, revu et augmenté, sous ce nouveau titre : « *Du franc-alleu et origines des droicts seigneuriaux*... Paris, 1637, in-4 ». — Cette

(1) Galland, *op. cit.*, p. 99.

(2) Cfr. notamment ceux auxquels répondent Caseneuve, *ibid.*, ch. 2; — et Hervé, *ibid.*, p. 109 et suiv.

(3) L'objection était dirigée surtout contre les Coutumes de Troyes, Chaumont, Nivernais, et Auxerre. Cfr. Galland, *ibid.*, p. 113 et suiv.

(4) Cfr. la réponse faite par Caseneuve, *ibid.*, ch. 4 à 7.

(5) Cfr. la réplique d'Hervé, *ibid.*, p. 123-125; — et aussi celle de La Thaumassière (*ibid.*, ch. 28), qui a le tort de manquer un peu de fermeté.

(6) Expression de Ferrière, *loc. cit.*, col. 1018.

(7) Furgole, *op. cit.*, p. 230. — Cfr. Pallu, *ibid.*, p. 199.

(8) Cfr. Pocquet de Livonière, *loc. cit.*

fois les jurisconsultes des pays allodiaux prirent la plume pour répondre. En 1640, le savant et modeste Pierre de Caseneuve publia à Toulouse sur l'ordre exprès de « Messeigneurs des trois États de Languedoc », un livre intitulé : *Instruction pour le franc-alleu de la province de Languedoc*. Ce livre, qui réfutait celui de Galland, obtint également les honneurs d'une seconde édition, qui parut en 1645 en un volume in-folio, sous ce titre : « *Le franc-alleu de la province de Languedoc établi et défendu* (1) ». La même année, maître Antoine Dominioy défendit aussi l'allodialité des pays de droit écrit dans un ouvrage en latin intitulé : « *Prærogativa allodiorum in provinciis quæ jure scripto reguntur*, Paris, 1645, in-4 ».

46. SUITE DE LA LUTTE DES ALLEUX CONTRE LE ROI ; PÉRIPÉ-TIES DIVERSES ; L'ARRÊT DU 22 MAI 1667. — La lutte théorique des auteurs devait durer longtemps, et avoir une certaine influence sur la lutte pratique poursuivie par le roi contre les pays allodiaux. Cette dernière se manifeste de temps à autre par les « recherches » des traitants chargés de percevoir les droits féodaux dus au roi ; par les protestations des possesseurs d'alleux auxquels on veut imposer ces redevances ; par des procès que les particuliers ou les villes engagent avec les trai-tants ; par des arrêts souvent contraires des Parlements et du Conseil du roi qui est parfois contraint de céder ; enfin par des ordonnances royales qui accentuent encore en théorie le sys-tème de la directe royale universelle, sauf à le tempérer dans la pratique. Il est intéressant de passer en revue quelques-unes des péripéties les plus importantes de la dernière lutte soutenue par les alleux, pour leur existence ou leur liberté.

Au mois de décembre 1641, Louis XIII, s'appuyant toujours sur la doctrine du Code Michau, « ordonna que tous les pos-sesseurs des terres nobles ou roturières en franc-alleu, seraient tenus de prendre des lettres de lui, et de lui payer à cet effet

---

(1) C'est cette seconde édition que nous avons citée au cours de cette étude. — On trouvera également une réfutation de Galland, vive et lestement menée, dans Hervé, *ibid.*, p. 109 à 130, à propos de la « fausse » maxime : *Nulle terre sans seigneur.*

une finance (1) ». C'était une mesure fiscale pure et simple ; mais la base du nouvel impôt était assez mal choisie. La *Bourgogne* protesta et fut exceptée de la « recherche » qui suivit ; elle réussit également à échapper à toutes celles qui furent ordonnées plus tard pour un motif ou pour un autre (2). En *Auvergne*, il y eut également des résistances. Peut-être se produisirent-elles un peu partout ; car plus tard Louis XIV reconnut que l'édit de 1641 avait fini par demeurer sans exécution (3). — Le 27 août 1657, un nouvel édit fut rendu pour soumettre au cens les héritages qui n'en payaient pas. Cet édit ne fut pas envoyé en Bourgogne (4) ; mais le traitant Claude Baudoin voulut l'appliquer dans le ressort de la Coutume de *Troyes*, et imposer au nom du roi les redevances censuelles aux possesseurs d'alleux sans titre. Les habitants de Troyes réclamèrent ; et sur les conclusions conformes de son procureur général, le Parlement de Paris rendit, le 6 septembre 1658, un arrêt condamnant les prétentions de Baudoin (5). — Le *Dauphiné* résista et triompha également. Au mois d'octobre 1658, le roi publia en effet un édit, qui reconnaissait d'une façon formelle son allodialité immémoriale : « Dans notre province de Dauphiné, dit-il, le franc-alleu est établi suivant l'usage de tout temps observé en icelle et tel admis, non seulement par les anciens dauphins, mais par les déclarations des rois nos prédécesseurs (6). » Le roi ajoute que les propriétaires des héritages allodiaux ne doivent pas être inquiétés dans leurs anciens usages, dans lesquels il déclare les confirmer (7). Cette nouvelle confirmation du franc-alleu de Dauphiné donnait un démenti à une prophétie de Galland, qui vingt ans auparavant, constatant que le Parlement de Dauphiné suivait un usage

(1) Cfr. l'édit d'août 1692, dans Isambert, *op. cit.*, t. XX, p. 165.

(2) Notamment en 1657, 1667, 1674, 1676, etc. Cfr. Taisand, *op. cit.*, p. 136, 140, 142.

(3) *Préamb.* de l'édit de 1692, *supra cit.*

(4) Cfr. Taisand, *ibid.*, p. 154.

(5) Cfr. Merlin, *op. cit.*, p. 324. — Un arrêt du même jour reconnaissait aussi l'allodialité de la Coutume de Chaumont-en-Bassigny.

(6) Cfr. *supra*, n°* 23 et 29.

(7) Cfr. Viollet, *op. cit.*, p. 601-602 ; — Merlin, *ibid.*, p. 355.

contraire à la règle « Nulle terre sans seigneur », écrivait dé-
daigneusement : « Doresnavant il ployra sous la condition
commune (1). » — En 1660, ce fut au tour de la *Bresse* et du
Bugey de réclamer. Le roi venait d'ordonner la confection
par tout le royaume du papier terrier de son domaine ; et
dans la Bresse et le Bugey, le commissaire délégué voulait for
cer tous les nobles à passer déclaration de tous leurs héritages,
même allodiaux, en s'appuyant sur la règle « Nulle terre sans
seigneur ». Les nobles ayant refusé, un procès s'ensuivit, et
Samuel Guichenon rédigea pour les nobles une consultation
qu'a reproduite Bouhier, et qui tendait à démontrer, par des
arguments de valeur diverse, l'allodialité de la Bresse et du
Bugey, même à l'égard du roi (2).

Quelques années après, une nouvelle recherche provoqua
cette fois les protestations du *Languedoc*. En 1667, malgré
l'autorité de Caseneuve, « qui ne fut pas suffisante dit Merlin,
pour mettre cette province à l'abri de leur avidité », les traitants
tentèrent de nouveau d'introduire en Languedoc la maxime
« Nulle terre sans seigneur (3) ». Les habitants résistèrent, et
le Conseil d'État fut appelé à se prononcer. Il rendit le 22 mai
1667 un arrêt célèbre, qui inaugura un système nouveau. Cet
arrêt commence par soutenir que la majorité des auteurs se
prononce en ce sens que la présomption de censualité est de droit
commun en France, et que nul n'y peut tenir de franc-alleu
sans le prouver. Il rappelle ensuite que l'article 383 de l'ordonnance de 1629 soumet toutes les terres aux lods et
ventes, sauf titre contraire ; puis il ajoute que le roi « veut
bien se départir d'une partie de ses *droits* en faveur des habitants de ladite province (de Languedoc), qu'il prétend traiter
favorablement » ; et il admet pour eux le franc-alleu *roturier*
sans titre. Lors de la confection des papiers terriers, les possesseurs d'alleux roturiers devront faire une déclaration d'allodialité ; et cette simple déclaration obligera les officiers du
domaine à prouver contre eux, s'il y a lieu, la censualité de

(1) Galland, *ibid.*, p. 352.
(2) Bouhier, *ibid.*, p. 255 et suiv. — La consultation est du 15 février
1661.
(3) Ils l'avaien déjà essayé en 1626 ; cfr. *supra*, n° 44 *in fine*.

leurs terres. Mais pour le franc-alleu *noble*, l'arrêt exige un titre exprès, « sans qu'on puisse alléguer aucune prescription et longue jouissance par quelque laps de temps que ce soit ». Faute de justifications suffisantes, la terre prétendue alleu noble sera « réputée tenue en foi et hommage de sa Majesté » (1). Cet arrêt adoptait donc un moyen terme ; il distinguait entre le franc-alleu roturier qu'il présumait et le franc-alleu noble qui devait être prouvé (2). Par suite, les alleux roturiers ne couraient plus le risque d'être transformés indûment en censives mouvant du roi ; mais les alleux nobles couraient toujours le risque d'être transformés en fiefs, ou même d'être réduits à la condition d'alleux roturiers, ce qui ne pouvait se faire qu'en perdant les droits de justice ou de mouvance qui leur étaient annexés. Ce système bâtard était donc encore un système injuste. Malgré cela, la distinction nouvelle devait faire fortune ; et nous la verrons par la suite plus d'une fois appliquée.

Néanmoins, dans la pensée du roi, c'était une concession, une atteinte portée au principe de la directe universelle; et le roi, qui s'appelait alors Louis XIV, ne se montra pas soucieux de la généraliser et de l'étendre à des provinces pour lesquelles il pouvait invoquer quelque motif de refus. C'est ce qui arriva bientôt pour Montauban et pour le Bordelais. — En effet, le 27 avril 1668, l'intendant de Guyenne, Pelot, décida que dans la ville de *Montauban* et son territoire, alors rattachés à la Guyenne, le roi était seigneur direct universel. Les habitants répondirent que leur ville, ayant autrefois fait partie du Languedoc, devait jouir des mêmes privilèges. Il s'ensuivit un procès, qui fut tranché par le Conseil du roi le 17 juin 1669. L'arrêt donna raison à l'intendant Pelot, en déclarant que pour jouir des privilèges du Languedoc, il fallait en faire actuellement partie (3). — L'année suivante (1670), le roi ordonna la confection d'un nouveau papier terrier de la généralité de *Bordeaux*, et publia un règlement sur la manière d'y procéder.

(1) Cfr. Merlin, *ibid.*, p. 349-350.
(2) Cfr. Viollet, *ibid.*, p. 602.
(3) Cfr. Merlin, *ibid.*, p. 353-354 ; — et *supra*, n° 34, *in fine*.

Dans ce règlement, il enjoignit à tous les possesseurs d'alleux nobles et d'alleux roturiers de fournir à ses commissaires des titres justificatifs de la franchise de leurs terres (art. 7). A défaut de justification par titres, l'intendant devait taxer d'office les prétendus francs-alleux à proportion et sur le pied des héritages voisins (art. 10) (1). Ces dispositions du règlement soulevèrent dans le Bordelais la même opposition qu'en 1620 et 1624. Mais le maire et les jurats de Bordeaux protestèrent vainement de l'allodialité du Bordelais. Ils demandèrent vainement aussi qu'on leur appliquât tout au moins le système mixte inauguré en 1667 pour le Languedoc. Après douze ans de contestations, un arrêt du Conseil du roi fut « rendu en grande connaissance de cause » le 1er août 1682, et ordonna l'exécution pure et simple du règlement de 1670, en prétendant que ni le droit écrit, ni le défaut de possession de la part du roi (défaut qu'il était obligé d'avouer, comme on le voit), ne pouvait faire obstacle à sa directe universelle (2). On approchait en effet du moment où elle allait être affirmée plus catégoriquement que jamais par l'ordonnance de 1692.

Toutefois quelques villes réussirent encore avant cette date à faire reconnaître leur allodialité au regard du roi. — Ainsi en 1679, l'intendant de Moulins ayant voulu comprendre les alleux des habitants d'*Ahun* dans le papier terrier de sa généralité, et leur imposer des lods et ventes comme aux censives, ceux-ci réclamèrent, et obtinrent le 1er juillet 1684 un arrêt du Conseil du roi qui reconnut la franchise de leurs terres (3). De même, en 1689, le Parlement de Paris parvint à déjouer une nouvelle tentative des traitants contre les alleux de la Coutume de Troyes (4).

47. L'ÉDIT D'AOUT 1692 ; PRÉAMBULE ET DISPOSITIF. — Mais l'orage approchait. Facile à prévoir sous le gouvernement d'un prince qui regardait comme lui appartenant tout ce qui

---

(1) Cfr. La Poix de Fréminville, *ibid.*, p. 105.
(2) Cfr. Merlin, *ibid.*, p. 352-353.
(3) *Ibid.*, p. 346.
(4) Arrêt du 8 janvier, cité par Merlin, *ibid.*, p. 324.

se trouvait dans son royaume (1), il éclata au mois d'août 1692.
A cette date, le roi publia à Versailles un édit qui reproduisait
celui de décembre 1641, et qui n'avait d'autre objet que
« d'arracher de l'argent aux propriétaires d'alleux » (2). Aussi
ne mériterait-il guère plus d'attention qu'une foule d'autres
mesures fiscales du même genre, si l'on ne trouvait dans le
préambule, exposée avec une énergie presque naïve, la doctrine de la directe royale universelle, qui ne s'était pas encore
étalée avec autant d'assurance et autant d'ampleur. Le roi y
donne ses arguments; et il importe de les discuter.

Voici d'abord le texte : « L'application continuelle que nous
avons à rechercher toutes les parties de notre domaine qui ont
ci-devant été aliénées ou usurpées, nous ayant fait connoître
que nous n'avons point *de droit ni mieux établi ni plus insépa-*
rablement attaché à notre couronne que celui de la mouvance et
directe universelle que nous avons sur toutes les terres de notre
royaume, — nous avons en même temps remarqué qu'il y en
a un grand nombre tant nobles que roturières, lesquelles sont
possédées en franc-alleu, *sans avoir pour ce aucun titre de nous;*
— ce qui communément n'est provenu que des affranchissements qui ont été accordés par les seigneurs suzerains, ou de
la négligence qu'ils ont eue à se faire rendre les hommages, ou
passer les reconnoissances qui leur étaient dues par leurs vassaux et censitaires, au moyen de quoi ils ont prétendu avoir
prescrit leur liberté; — laquelle cependant ils n'ont pu ni dans
l'un ni dans l'autre cas acquérir à notre préjudice, le seigneur
suzerain n'ayant pu préjudicier à nos droits en affranchissant
son vassal, lequel au contraire a dû retomber dans notre main
comme seigneur supérieur, et la prescription que le vassal prétend pouvoir acquérir contre son seigneur, quand il le pré-

(1) *Mém. hist. et instructions de Louis XIV pour le Dauphin,* dans
ses *Œuvres,* éd. de Grimoard, Paris, 1806, t. II, p. 93 : « C'est une
grande erreur parmi les princes de s'approprier certaines choses et
certaines personnes, comme si elles étaient à eux d'une autre façon que
le reste de ce qu'ils ont sous leur empire. Tout ce qui se trouve dans
l'étendue de leurs États, de quelque nature qu'il soit, leur appartient
au même titre, et doit nous être également cher. »

(2) Viollet, *ibid.,* p. 602-603 ; — cfr. Merlin, *op. cit.,* p. 383.

tendroit avec justice, ne pouvant avoir lieu contre nous (1). »

On voit quelle est l'économie savante de ce préambule : — 1° le roi commence par affirmer sa directe qu'il déclare inséparablement unie à sa couronne ; — 2° il constate ensuite qu'il y a des alleux qui n'ont pas de titre de lui ; ce fait l'étonne et il cherche à l'expliquer ; — 3° comme il n'admet pas les alleux d'*origine*, qui sont les véritables alleux sans titre, il déclare que tous les alleux sans titre sont : ou des alleux de concession, provenant de fiefs affranchis, ou des alleux de prescription devenus tels par la négligence des seigneurs féodaux à faire valoir leurs droits ; — 4° cela posé, il conclut en disant que l'affranchissement de fief n'a pu être fait à son préjudice ; et que la prescription, si toutefois elle est opposable aux seigneurs féodaux, ne peut en aucun cas être invoquée contre lui.

Toutes ces assertions se croisent et s'enchaînent admirablement ; mais elles n'aboutissent qu'à former un tissu d'erreurs ; car, sauf la seconde, aucune n'est exacte. Nous avons vu déjà que les auteurs antérieurs au XVII° siècle n'admettaient pas que le roi eut la directe, mais seulement la souveraineté, sur tout son royaume. Furgole, au XVIII° siècle, dans son traité *De la seigneurie féodale universelle*, expose la même doctrine en se servant d'expressions qui réfutent d'une façon précise la première affirmation de l'édit de 1692. « On ne connaissait pas encore, dit-il, lors de la fondation de la monarchie françoise, les fiefs dont l'institution est postérieure de plusieurs siècles. Nous pouvons donc assurer avec nos jurisconsultes françois (2) que le franc-alleu n'est pas détruit dans le royaume, ni la seigneurie féodale universelle fondée sur quelque droit attaché à la royauté, et à la puissance souveraine que le roi a droit d'y exercer (3). » Plus loin, Furgole revient sur la même idée, et ajoute : « Sans doute le roi est souverain quant à la juridiction et à la puissance qui sont des droits unis à la monarchie et qui en dépendent inséparablement ; mais la seigneurie féodale

1) Dans Taisand, *op. cit.*, p. 130 ; — ou Isambert, *op. cit.*, t. XX, p. 164-168.

(2) Notamment Dumoulin, sur Paris, art. 46 ; — et Caseneuve, *op. cit.*, liv. II, ch. IX.

(3) Furgole, *op. cit.*, p. 16-17.

n'est pas un droit de souveraineté; elle dérive d'une autre source, c'est-à-dire de la convention et de la tradition des terres à titre de fiefs, pour lesquelles il faut nécessairement que celui qui fait la concession ait la propriété (1). » C'est tout à fait la doctrine qu'exprimaient déjà les auteurs du XVIe siècle, et que La Thaumassière avait au XVIIe résumée sous cette forme : « Le roi a le gouvernement souverain, mais n'a pas la propriété des héritages (2). » On peut donc dire, avec M. d'Espinay, que l'institution de la directe royale universelle était plus *domaniale* que *féodale*, et qu'elle équivalait à « une sorte de confiscation de toutes les terres du royaume par le pouvoir absolu (3) ». — Les prémisses étant fausses, les conclusions ne pouvaient être justes. Il était inexact de dire que les alleux n'avaient pu être créés que par concession ou par prescription. Il y avait certainement des alleux d'origine; comme on l'a maintes fois dit, l'alleu préexistait au fief. — En outre soutenir que les seigneurs féodaux ne pouvaient affranchir de fiefs au préjudice du roi, et que la prescription acquise contre un seigneur féodal ne pouvait être opposée au roi, c'était trancher par de simples affirmations deux questions controversées (4).

Il y avait donc fort à dire sur le préambule de l'édit de 1692. Quant au dispositif qu'il avait pour but de justifier, il n'était pas moins critiquable. Par ce dispositif, Louis XIV, « voulant traiter *favorablement* tous les possesseurs de terres en franc-alleu tant noble que roturier et *assurer* leur état et condition », leur ordonne de prendre des lettres de lui, et de lui payer à cette occasion, comme en 1641, une finance fixée à la juste va-

---

(1) *Ibid.*, p. 59. — Cfr. encore, p. 250-251.

(2) La Thaumassière, *op. cit.*, p. 12. — Pallu disait de même : « Ad regem potestas omnium pertinet, ad singulos proprietas. » (*Ibid.*, p. 199.) — Cfr. Guichenon, dans Bouhier, *ibid.*, p. 256, n° 44 : « Quoique le roi en sa qualité de souverain, soit seigneur et maître de tous les biens situés en son royaume, ce n'est que pour la juridiction et pour la protection, et non pour la mouvance ou la féodalité. »

(3) D'Espinay, *op. cit.*, p. 367.

(4) Sur la première, cfr. *supra*, n° 21. — Quant à la seconde, elle était peu controversable; car dans les Coutumes qui admettent la prescription du cens, il n'est pas fait d'exception au profit du roi. Il était encore traité ici comme les seigneurs subalternes.

leur d'une année de revenus ; en compensation, il « les *confir-mera* dans leurs franchises et libertés (1) ». Le roi ordonne en outre à tous les possesseurs d'alleux *roturiers*, qui auraient inféodé ou accensé une partie de leurs terres, et auraient ainsi anobli leurs alleux, de lui payer un dixième de la valeur des héritages inféodés. Ce système avait déjà été appliqué en Provence en 1676, ainsi que le roi le rappelle lui-même (2). Il donne comme prétexte de cette mesure que les possesseurs d'alleux roturiers n'avaient pas le droit de se réserver des directes seigneuriales, « au moyen de quoi ils ont fait des fiefs de leurs rotures, ce qui ne se peut faire *qu'en vertu de lettres obtenues de nous*, à qui seul appartient le droit d'anoblir les hommes et les biens (3) ». C'était encore une affirmation qui n'était pas absolument conforme aux principes (4). En compensation, le roi *confirmera* encore lesdites inféodations, et permettra d'en faire de nouvelles sur les mêmes alleux, sans qu'il soit besoin d'autres lettres de lui. Tel était le dispositif de l'édit. On voit qu'en pratique les conséquences de la théorie de la directe royale universelle se réduisaient à ceci : un nouvel impôt à payer.

En principe, tout possesseur d'alleu devait être taxé ; mais l'ordonnance admettait des exceptions, d'abord au profit du *Languedoc*, qui continuerait à être soumis à l'arrêt du 22 mai 1667, ensuite au profit des autres pays dont l'allodialité serait démontrée, et auxquels on appliquerait le même régime. « Voulons néanmoins, dit Louis XIV, que l'arrêt de notre Conseil du 22 mai 1667 soit exécuté à l'égard des possesseurs de terres en franc-alleu roturier de notre province de Languedoc, lesquels nous n'entendons comprendre en la présente recherche, non plus que ceux qui possèdent de semblables terres en franc-alleu *roturier* dans les pays soit de droit écrit ou coutumier, dans lesquels le franc-alleu se trouvera *établi* et *autorisé* par les

---

(1) L'édit est intitulé : « Edit *confirmant* à perpétuité tous les possesseurs de terres et héritages tenus en franc-alleu, franc-bourgage, et franche bourgeoisie, dans leur franchise et liberté. » (Taisand, *ibid.*, p. 130.)

(2) Cfr. *supra* n° 43.

(3) *Préambule* de l'édit, *loc. cit.*, p. 130.

(4) Sur cette question, cfr. *supra* n° 43.

Coutumes, et par une jurisprudence constante et fondée sur les arrêts de nos Cours dans le ressort desquelles les dites terres se trouveront situées (1). » — On remarquera que le roi n'exempte de la recherche que les alleux *roturiers* des provinces allodiales. Il ne tolère que ceux-là, et n'admet pas d'alleux nobles sans titre, conformément au système de l'arrêt de 1667. Malgré cela, il y avait là une porte ouverte aux réclamations des pays allodiaux, et ces réclamations ne se firent pas attendre.

48. Protestations des pays allodiaux contre l'édit de 1692. — On vit en effet se reproduire à la suite de l'édit de 1692 les faits qui avaient marqué l'apparition de l'ordonnance de 1629. D'une part les agents du fisc et les légistes de la royauté cherchèrent, les uns à appliquer, les autres à justifier l'édit. D'autre part, les Parlements et les jurisconsultes des pays allodiaux protestèrent par leurs arrêts ou par leurs écrits. Mais il est une chose triste à constater, c'est que leurs protestations n'ont plus la même netteté et la même franchise qu'autrefois. C'est à peine s'ils osent contester le principe du nouvel impôt, c'est-à-dire la théorie de la directe universelle. Ils cherchent seulement à démontrer que leur province doit être comprise dans l'exception formulée par l'édit (2), et ils font appel à la bienveillance du roi pour être exceptés de la recherche et exemptés de la finance. Ils auraient mieux fait, pour l'honneur des principes, d'attaquer de front une théorie qui rappelle par trop l'ancien domaine éminent des empereurs romains et les doctrines communistes de nos jours (3).

(1) Dans Taisand, *ibid.*, p. 131.

(2) « C'était, dit Merlin, la seule chose qu'on pût se permettre d'examiner. » (*Ibid.*, p. 342.)

(3) « La directe royale universelle, dit M. d'Espinay (*op. cit.*, p. 368), est un des principes les plus subversifs de l'ordre social ; ce système ne reconnaît qu'un seul propriétaire : l'État. De là au communisme, il n'y a qu'un pas. » — Cfr. Paul Janet, *Orig. du socialisme contemporain*, Paris, Germer-Baillière, 1883, in-12, p. 66 : « *Omnia sunt regis*, tel était le principe de la monarchie absolue, tel est le principe du communisme, la nation ayant succédé au roi. » — Cfr. encore Bougaud, *Le Christianisme et les temps présents*, 2e éd., Paris, Poussielgue, 1882, in-12, t. IV, p. 393.

Ce fut la *Bourgogne* qui donna le signal de la résistance indirecte que nous venons de caractériser. L'édit de 1692 et un arrêt du Conseil d'État (16 août 1692) portant règlement pour le recouvrement des taxes ordonnées (1), avaient été publiés à Dijon le 27 février 1693 par Florent d'Argouges, intendant de Bourgogne et de Bresse. Dès le lendemain, maître Jean Fumée, commis au recouvrement des taxes, faisait signifier au sieur Jean Girard, qui possédait à Dijon, rue des Juifs, une maison allodiale, d'avoir à verser entre ses mains une somme de 500 livres. Jean Girard refusa, et adressa à l'intendant, « pour lui et pour ceux qui voudraient y adhérer », une requête dans laquelle il s'efforçait de démontrer par divers arguments que la Bourgogne devait être exceptée de l'édit de 1692 (2). Le procureur syndic des habitants de Dijon se déclara aussitôt intervenant dans l'affaire Girard, rappela qu'on n'avait jamais violé jusqu'alors les franchises de la Bourgogne même dans les recherches les plus générales, et demanda à l'intendant d'arrêter les traitants qui troublaient maintenant la province par leurs taxes (3). — L'affaire s'ébruita rapidement ; et divers membres des cours souveraines de Dijon joignirent leurs protestations à celles de Jean Girard et du procureur syndic. Un conseiller au Parlement, nommé Le Belin, rédigea un mémoire en forme, où il établit l'allodialité de la Bourgogne par une série de propositions méthodiquement enchaînées. Il conclut en espérant « que les lois fondamentales de la Bourgogne seront respectées par Sa Majesté, et qu'elle n'établira pas un droit nouveau qui ruinerait entièrement le commerce des particuliers (4) ». L'avocat général Durand écrivit de même une sorte de placet au roi, « pour servir à l'instruction de MM. les élus des États de Bourgogne dans l'affaire du franc-alleu ». Lui aussi cherche à démontrer que la Bourgogne doit être comprise dans l'exception formulée par l'édit. Il termine par

---

(1) Cfr. le texte de cet arrêt dans Taisand, *ibid.*, p. 131-134.

(2) Cette requête, rédigée par Rigoley, greffier des États de Bourgogne, a été publiée par Taisand, *op. cit.*, p. 134-137.

(3) Mémoire rédigé par Guillaume et Petit, avocats ; dans Taisand, *ibid.*, p. 137-141.

(4) Dans Taisand, *op. cit.*, p. 141-145.

cette noble parole : « J'ai fait cet écrit pour la défense de mon pays, et pour rendre la justice du roi victorieuse de sa puissance, comme mon devoir m'y engage (1). » — Baudot, ancien maire de Dijon et alors maître des comptes, dans une requête à l'intendant d'Argouges (2), et les États du duché dans des remontrances au roi (3), vont un peu plus loin. Aux arguments habituels en faveur de l'allodialité de la Bourgogne, ils ajoutent une critique, bien timide, il est vrai, de la directe universelle. « Les sujets de la province de Bourgogne, dit Baudot,... savent que le roi est le maître de leur vie et de leurs biens (4); mais ils espèrent que Sa Majesté trouvera bon qu'ils lui représentent avec tout le respect qu'ils lui doivent, lorsqu'elle veut établir en Bourgogne une censive universelle sur les fonds qui ont été possédés jusqu'à présent en franc-alleu, qu'il faudrait un terrier pour cela... » — « Que si l'on voulait rendre universelle dans tout le royaume [la règle : Nulle terre sans seigneur,] disent à leur tour les États, ce seroit avec la limitation que donne la Coutume d'Orléans, article 255, quand elle dit que le franc-alleu, quant à la justice, est soumis à la juridiction du seigneur justicier ; c'est en ce sens que la règle doit avoir lieu dans tout le royaume. » — Les États de Bourgogne avaient raison ; mais le roi n'était pas d'humeur à leur accorder satisfaction sur ce point. Il fut cependant obligé de reconnaître que la Coutume de Bourgogne était une Coutume allodiale ; et conformément à la promesse contenue dans l'édit, il déclara par un arrêt du Conseil en date du 4 juillet 1693, qu'en Bourgogne et dans les pays de Bresse, Bugey, Gex, et Valromey, le franc-alleu roturier était *naturel;* mais il se hâte d'ajouter que l'alleu noble devait toujours être prouvé (5).

Jean Fumée, repoussé en Bourgogne, devait l'être encore en

(1) *Ibid.,* p. 145-147.

(2) *Ibid.,* p. 148-150.

(3) *Ibid.,* p. 150-155. — Ces remontrances des États ont été rédigées par M⁰ Jehannin, avocat.

(4) En 1629, on ne parlait pas comme cela; mais l'absolutisme royal avait fait des progrès depuis soixante ans.

(5) Cfr. le texte de l'arrêt dans Taisand, *ibid.,* p. 155. — Cfr. Merlin, *op. cit.,* p. 344.

Bourbonnais. Il avait voulu appliquer dans cette province l'édit de 1692, en prétextant que la Coutume de Bourbonnais n'admettait pas le franc-alleu naturel. Les habitants du Bourbonnais ayant résisté comme ceux de la Bourgogne, un arrêt du Conseil du 8 août 1693 débouta Jean Fumée de sa prétention, et maintint les habitants en possession de leur allodialité « conformément à leur Coutume (1) ». Il ne s'agissait, bien entendu, que des alleux *roturiers*. — Les alleutiers du *Berry* furent moins heureux. Poursuivis par les traitants, ils avaient envoyé au roi un placet, dans lequel ils invoquaient tour à tour : l'usage constant où ils étaient depuis plusieurs siècles de posséder des alleux; la conformité de leur Coutume au droit romain, la réclamation faite par le tiers-état en 1539 lors de sa rédaction, enfin l'opinion d'un grand nombre d'auteurs, et les décisions d'un certain nombre d'arrêts, qui déclaraient la dite Coutume allodiale (2). Ils ajoutaient avec une certaine mélancolie : « La recherche du franc-alleu ne se peut faire en Berry sans une ruine entière de toute la province, en laquelle il y a peu d'habitants qui ne possède quelque héritage allodial, et qui ne l'ait acheté à un plus haut prix que les autres héritages (3). » Mais le roi ne daigna pas répondre ; et par la suite on appliqua au Berry l'édit de 1692 (4). — Dans la *Guyenne*, les protestations soulevées par cet édit aboutirent à un résultat différent. Le 4 août 1693, un arrêt du Conseil reconnut aux habitants de la ville de *Bordeaux* le privilège de tenir des francs-alleux, nobles ou roturiers, sans avoir à payer aucun droit, soit de confirmation, soit de franc-fief, et il les déchargea de toutes les taxes qu'on avait pu leur imposer en exécution de l'édit de 1692 (5). Mais le privilège des habitants de Bordeaux se bornait là ; ils n'étaient pas exemptés pour cela de l'obligation de prouver par titres la franchise de leurs terres (6). Sur

(1) Cfr. Merlin, *op. cit.*, p. 342-343.

(2) Ce placet est reproduit dans La Thaumassière, *ibid.*, p. 38-39.

(3) *Ibid.*, p. 39. — Ce dernier point était fort exact. La Coutume de *Nivernais* (XXXVII, art. 11) dit en effet que, toutes choses égales d'ailleurs, la valeur d'un alleu est supérieure d'un dixième à la valeur d'un fief.

(4) Cfr. Merlin, *ibid.*, p. 338.

(5) Cfr. Abraham Lapeyrère, *ibid.*, lettre A, n° 56.

(6) Cfr. Merlin, *ibid.*, p. 353.

ce point, les dispositions du règlement de 1670 et de l'arrêt de 1682 étaient maintenus (*supra*, n° 46). Quant au reste de la Guyenne, on lui appliqua purement et simplement l'édit de 1692. Le roi de France continuait à traiter cette province comme l'avaient traitée les rois d'Angleterre (1). — Dans la Coutume de *Troyes*, la lutte fut un peu plus longue. Malgré l'arrêt du Parlement qui les avait déboutés en 1689, les traitants avaient repris leurs tentatives après l'édit de 1692, et avaient mené vigoureusement la campagne. Le 29 nov. 1693, ils avaient obtenu un arrêt du Conseil du roi déclarant que la Coutume de Troyes ne pouvait être exceptée des dispositions de l'édit. Le 30 janvier 1694, un second arrêt confirmait le premier, c'est-à-dire méconnaissait l'allodialité, cependant notoire, de la Coutume. Mais ce triomphe fut court. Le 6 février 1694, un nouvel arrêt du Conseil déclarait la Coutume allodiale, et lui appliquait le tempérament admis par l'édit, c'est-à-dire la présomption d'allodialité pour les héritages roturiers (2). — La veille, un autre arrêt du Conseil avait imposé le même système à la Coutume de *Chaumont-en-Bassigny*, après un long procès entre les ressortissants de cette Coutume et les traitants (3).

La distinction imaginée en 1667 pour le Languedoc, et généralisée par l'édit de 1692 pour les pays allodiaux, avait, on le voit, fait son chemin. Dès 1694, elle était appliquée d'une façon certaine dans le Languedoc, la Bourgogne, la Bresse, le Bugey, les pays de Gex et de Valromey, le Bourbonnais, et les deux Coutumes de Troyes et de Chaumont-en-Bassigny.

49. DERNIERS FAITS DE LA LUTTE ; TRANSITION A LA RÉVOLUTION. — Elle était cependant bien singulière, cette distinction ; et de toutes les bizarreries juridiques que le désir de supprimer les alleux avait enfantées, elle n'était certes pas la moindre. Aussi les auteurs domanistes sentent-ils assez vite le besoin de la justifier en théorie. La lutte doctrinale prend

(1) Cfr. *supra* n° 34.
(2) Cfr. Merlin, *ibid.*, p. 324.
(3) *Ibid.*, p. 324.

alors une nouvelle forme. On s'attaque moins, au XVIIIᵉ siècle, aux alleux en général qu'aux alleux nobles en particulier. La Poix de Fréminville, il est vrai, marchant sur les traces de Galland, continue à exalter le Code Michau comme « conforme aux vrais principes », tandis qu'il critique les tempéraments de l'édit de 1692 comme « contraires aux lois fondamentales du royaume (1) » ! Mais les autres légistes font une évolution. Ils abandonnent le franc-alleu roturier, comme le roi leur en donne l'exemple, et s'acharnent à démontrer que le franc-alleu noble ne peut pas exister sans titre. On trouvera dans l'ouvrage consciencieux d'Hervé, la réponse à une série d'objections sans portée qu'ils ont produites dans ce but (2).

Quant aux partisans de l'allodialité, sentant « la bataille générale perdue », ils cherchèrent avant tout à défendre contre les agents du Domaine les privilèges de leurs provinces particulières (3). En 1700, La Thaumassière réédita son traité *Du Franc-alleu de Berry*, ouvrage savant et judicieux, qui avait déjà paru en 1667, et qui n'eut au point de vue pratique aucun succès. En 1745, Furgole commença de même un ouvrage spécial sur « *La seigneurie féodale universelle et le franc-alleu naturel* », ouvrage qui fut imprimé après sa mort, et où il essaya vainement de défendre l'allodialité de la *Guyenne* (4). En 1734, un jugement du bureau des finances de Bordeaux avait cru pouvoir admettre en Guyenne le franc-alleu roturier sans titre, comme en Languedoc ; mais un arrêt du Conseil du 4 juin 1757 cassa ce jugement, et déclara de nouveau qu'en Guyenne il n'y avait pas de franc-alleu naturel (5).

Des procès de ce genre surgissaient de temps à autre ; car le roi « ne cessait d'envahir au nom de sa directe universelle les pays de franc-alleu (6) ». — « C'est ce qui explique, dit Championnière, comment il existait un si grand nombre de

---

(1) La Poix de Fréminville, *ibid.*, p. 146.
(2) Hervé, *ibid.*, p. 167 à 227.
(3) Championnière, *op. cit.*, nº 192.
(4) Furgole, *Traité de la seigneurie féod. univ. et du franc-alleu nat.*, Paris, Hérissant fils, 1767, in-12. — Cfr. not. p. 161-194.
(5) Cfr. Merlin, *ibid.*, p. 353.
(6) Viollet, *ibid.*

terres féodales de peu d'importance relevant immédiatement du roi, tandis qu'il était manifeste que jamais la concession *sans moyen* n'avait pu s'en effectuer (1). » Quelquefois cependant, les alleutiers résistaient victorieusement à cet envahissement progressif de la directe royale. Ainsi, en 1775, les administrateurs du Domaine, malgré un arrêt contraire de 1749, s'attaquèrent de nouveau à la Coutume de *Bourbonnais*. Ils prétendirent qu'elle n'était point allodiale ; qu'en tout cas elle ne pouvait être opposée au roi, qui avait la seigneurie universelle dans tout le royaume ; et qu'au surplus le roi n'était pas obligé par les Coutumes. C'étaient les arguments que Galland avait formulés en 1629, et que les agents du fisc s'étaient gardés d'oublier. Une sentence du bureau des finances de Moulins (7 avril 1775) ayant écarté cette théorie subversive, les administrateurs du Domaine firent appel au Parlement. Mais les habitants du Bourbonnais se défendirent vivement. Appuyés sur une longue dissertation du jurisconsulte Babille (2), ils firent observer très justement qu'il n'y avait pas à distinguer entre le roi et les seigneurs particuliers, que des arrêts avaient plusieurs fois jugé en ce sens, et qu'en effet agir autrement, ce serait détruire toute allodialité. Par arrêt du 7 mars 1786, « rendu d'une voix unanime », la grand'chambre du Parlement leur donna raison, et confirma une dernière fois l'allodialité du Bourbonnais(3). Mais ces triomphes étaient rares (4) ; et les agents domaniaux contestaient de plus en plus l'existence des terres allodiales. En 1787, à la veille de la Révolution, l'allodialité de la *Navarre* était encore l'objet d'un procès en suspens depuis plusieurs années devant le Conseil du roi (5). En 1789 même, Henrion de Pansey publiait dans ses

---

(1) Championnière, *ibid.*

(2) Cfr. *supra* n° 26.

(3) Cfr. Hervé, *ibid.*, p. 129-130 ; — et Merlin, *ibid.*, p. 341.

(4) On peut citer encore ceux des habitants de *Saint-Quentin* en 1775, et des villages de *Passavant* et d'*Autry* en 1784 et 1785. Cfr. Merlin, *ibid.*, p. 347 ; — Viollet, *ibid.*, p. 632, note 3 ; — et *supra* n° 27.

(5) Hervé, *ibid.*, p. 256. — L'allodialité de la Navarre fut défendue par Polverel, dans son *Mémoire à consulter sur le franc-alleu du royaume de Navarre*, Paris, 1784, in-4.

Dissertations féodales un article hostile au franc-alleu que venaient de défendre Polverel et Hervé. Et pendant ce temps, le *Dictionnaire des domaines*, imprimé avec l'agrément de l'administration, en était arrivé à définir ainsi le franc-alleu : « Espèce de *tenure* dont l'origine est inconnue, et qui *vraisemblablement* n'existe pas en France (1). » On peut voir par là quel sort la royauté réservait aux alleux ; et déjà l'on pouvait prévoir le jour de leur disparition, lorsque la Révolution éclata.

Qu'allait-elle faire des alleux ? La question ne laissait pas que d'être inquiétante ; car aux approches de 1789, il circulait en France d'étranges théories sur l'origine de la propriété. L'un des hommes qui devait avoir sur les doctrines révolutionnaires une influence à la fois des plus grandes et des plus néfastes, avait imaginé de chercher cette origine dans une sorte de convention générale qu'il appelait le *contrat social* ; et il avait écrit cette phrase grosse de conséquences : « L'État, à l'égard de ses membres, est maître de tous leurs biens par le contrat social, qui dans l'État sert de base à tous les droits (2). » C'était la théorie qui faisait le fond de l'édit de 1692, et que J.-J. Rousseau s'appropriait. Seulement au roi, il substituait l'État, un peu plus tard on dira la Nation (3). Mais Roi ou Nation, pour l'individu, c'est tout un ; et en vérité, si sa propriété doit être absorbée, peu lui importe qu'elle soit absorbée dans le domaine de la couronne ou dans le domaine de la Nation ! La seule chose qui lui importe, c'est qu'elle ne soit pas absorbée.

Les alleux étaient donc menacés autant par les théories « sociales » des promoteurs de la Révolution que par les théories fiscales de la royauté. Heureusement pour eux, leur ennemie séculaire, la féodalité, était encore plus menacée. Ce fut cette circonstance qui les sauva.

(1) Cité par Championnière, *ibid.*, n° 192.
(2) J.-J. Rousseau, *Contrat social*, liv. I, ch. IX.
(3) Cfr. *supra* p. 219, note 3.

CHAPITRE V

LES ALLEUX SOUS LA RÉVOLUTION

---

50. ABOLITION DE LA FÉODALITÉ ET PROCLAMATION DE L'ALLO-
DIALITÉ UNIVERSELLE. — Un des premiers actes de la Révolution fut d'abolir les fiefs et les censives. « L'Assemblée natio-
nale, disait le fameux décret du 11 août 1789, détruit entièrement le régime féodal (1). » Nous n'avons pas à retracer ici
dans quelles circonstances et par quelles lois successives cette
destruction a été consommée (2); mais il est indispensable
d'indiquer en terminant quelle influence les lois abolitives de
la féodalité ont pu avoir sur la condition des alleux, la présomption d'allodialité, et la directe universelle.

Le décret du 15 mars 1790, qui développait celui du 11 août
1789, commençait par supprimer sans indemnité la plupart des
droits qui appartenaient aux seigneurs de fiefs ou de censives (3),
et maintenait seulement, à titre de rentes foncières rachetables, un certain nombre de leurs droits utiles (4). Il résultait
de là que la tenure féodale ou censuelle n'existait plus, et que

(1) Décret des 4-11 août 1789, art. 1 ; dans Dalloz, *Rép.*, *op. cit.*, v°
Propriété féod., p. 332.

(2) Nous l'avons fait ailleurs, dans notre étude sur *Les démembrements
de la propriété foncière en France*, *op. cit.*, p. 87 à 130.

(3) Décret du 15 mars 1790, tit. I et II ; dans Dalloz, *ibid.*, p. 333-334.

(4) Décret du 15 mars 1790, tit. I, art. 1 : « Toutes distinctions honorifiques, supériorité et puissance résultant du régime féodal sont
abolies ; quant à ceux des *droits utiles* qui subsisteront jusqu'au *rachat*,
ils sont entièrement assimilés aux simples *rentes foncières*. »

par suite la propriété foncière était devenue *allodiale* (1). C'est
une conséquence du décret du 15 mars que Merlin, qui en fut
le rapporteur, a parfaitement fait ressortir : « En détruisant le
le régime féodal, dit-il, nous n'avons pas entendu dépouiller
de leurs possessions les propriétaires légitimes des fiefs; mais
nous avons changé la nature de ces biens. Affranchis désormais
mais des lois de la féodalité, ils sont demeurés soumis à celles
de la propriété foncière; en un mot, ils ont cessé d'être fiefs,
et sont devenus de véritables alleux (2). » — Merlin aurait pu
ajouter qu'ils étaient devenus des alleux *roturiers*; car le
décret du 15 mars (tit. I, art. 11) supprimait les *alleux nobles*,
avec les privilèges de masculinité et de primogéniture; et par
suite c'est la condition des alleux *roturiers*, qui se trouvait
être en principe la condition commune à toutes les anciennes
tenures (3).

Toutefois, s'il est vrai de constater que dans la pensée du
législateur de 1790, il ne devait plus exister en France que des
alleux, c'est-à-dire une propriété libre de toute supériorité et
de toute sujétion, il faut constater aussi que les « nouveaux
alleux » n'étaient pas encore aussi libres que leurs aînés; car ils
demeuraient grevés de charges réelles, qui, pour être civiles et
non plus seigneuriales, n'en étaient pas moins lourdes, tant
qu'elles ne seraient pas rachetées. Ces droits maintenus sauf
rachat étaient d'abord les droits purement fonciers, et ensuite
divers droits ci-devant féodaux ou censuels, qui étaient regardés
dés « comme le prix et la condition d'une concession primitive
du fonds (4) », et qui sont énumérés dans le titre III du décret
du 15 mars 1790. Les droits de cette seconde catégorie furent
considérablement réduits par les décrets du 18 juin et du

(1) Cfr. pour plus de détails Emile Chénon, *op. cit.*, p. 102.

(2) Merlin, *Répert.*, *op. cit.*, v° Féodalité, § 6. Cfr. Dalloz, *ibid.*, p. 363,
n° 142.

(3) Cfr. Décret des 20-27 sept. 1790, art. 2 : « Dans les pays et les
lieux où les biens allodiaux sont régis, soit en succession, soit en
disposition, soit en toute autre matière, par des lois ou statuts particuliers,
culiers, ces lois ou statuts régissent pareillement les biens ci-devant
féodaux ou censuels... » (Dalloz, *ibid.*, p. 338.)

(4) Décret du 15 mars 1790, t. III, art. 1.

25 août 1792 (1), et finalement supprimés par celui du 17 juillet 1793 (2), qui ne laissait subsister sauf rachat que les rentes purement foncières. Par ce moyen radical, les anciens fiefs et censives se trouvaient réellement transformés en « véritables alleux ».

Il va sans dire que le Code civil n'a fait que consacrer sur ce point la législation intermédiaire. Cependant M. Viollet, dans une page qu'il convient de méditer, s'est récemment élevé contre cette doctrine : « Merlin, dit-il, proclama en 1789 le triomphe de l'alleu : il crut ou feignit de croire à une réaction victorieuse de l'allodialité contre la féodalité. Est-il donc au pouvoir des hommes de réagir ainsi et de triompher d'une force historique six ou huit fois séculaire? L'alleu était vaincu. Le mort ne ressuscita pas; et nous nous trompons gravement, en répétant depuis 1789 que toutes les terres sont devenues allodiales. Tout au contraire, l'évolution fiscale menée de concert par la royauté et la féodalité a été sanctionnée, consommée et régularisée; toutes les terres paient aujourd'hui le relief et les lods et ventes, car elles sont soumises aux droits de mutation. Le principe de la directe imprescriptible a contribué à fonder nos droits de mutation et nos droits de succession. Il n'y a plus de fiefs sans doute; d'alleux moins encore. Mais au point de vue fiscal, nos biens sont devenus des censives, et nous sommes tous aujourd'hui sous la directe du Roi; car ici Roi ou République est tout un en effet, eût dit le bon Loisel, et a nom État (3). »

Il nous est impossible de souscrire entièrement à ce jugement. En effet quand Merlin a proclamé que toutes les terres étaient devenues de « véritables alleux », il pensait et il ne pouvait penser qu'aux alleux de son temps; or les alleux de son temps étaient, comme la propriété foncière aujourd'hui, soumis à divers impôts *publics;* mais cette soumission n'affectait en rien leur allodialité. C'est un principe que nous avons posé dès le début de cette étude (4). Les alleux subissaient notam-

---

(1) Pour plus de détails, cfr Emile Chénon, *ibid.*, nos 41 et 42.

(2) Cfr. *ibid.*, n° 43.

(3) Viollet, *op. cit.*, p. 607.

(4) Cfr. *supra* n° 4.

ment l'impôt royal du centième denier qui leur avait été
appliqué en 1704 (1). C'était un impôt de mutation ; mais à la
différence du relief, du quint, et des lods et ventes, il se
payait au *souverain* et non pas au *seigneur* (2). Il avait été
établi par le roi, non comme signe et attribut de sa prétendue
directe universelle, mais simplement « pour lui procurer les
secours qui lui étaient nécessaires (3) », c'est-à-dire pour un
service *public*. Les alleux, exempts de toute directe seigneuriale, étaient soumis à la souveraineté royale, et par conséquent
ne pouvaient être exemptés du centième denier ; mais la soumission à cet impôt n'en faisait pas des censives. De même
aujourd'hui les propriétés foncières, sur lesquelles s'exerce la
souveraineté de l'État, ne sont pas des *censives*, parce qu'elles
subissent des droits de mutation payés au souverain, et non à
un seigneur dominant. Les droits perçus par l'Enregistrement
ressemblent à ce point de vue au centième denier et non pas
aux profits féodaux (4). En outre, comme les alleux d'autrefois,
dont c'était là le caractère essentiel, les terres modernes ne
dépendent d'aucune terre supérieure, pas même du domaine
de l'État. Il n'est donc pas exact de dire que « nous sommes
aujourd'hui sous la *directe* du roi ». Nous sommes seulement
sous sa *souveraineté*. Que cette souveraineté s'affirme lourdement, plus lourdement peut-être que jamais, cela est indéniable.
Que les gouvernements du xixᵉ siècle aient beaucoup trop emprunté à cet ancien régime que la Révolution prétendait avoir
détruit de fond en comble, cela est encore évident ; mais là
n'est pas la question. Au point de vue restreint qui nous intéresse, ce n'est pas se tromper que d'affirmer, avec Merlin, que
nos biens sont devenus de « véritables *alleux* ». On doit seu-

(1) Cfr. la *déclaration* du roi du 19 juillet 1704, dans Isambert, *op. cit.*,
t. XX, p. 450.

(2) Cfr. sur ce point Caseneuve, *ibid.*, p. 62-63, qui distingue très bien
dans le roi le double caractère *royal* et *féodal*.

(3) Expression du préamb. de l'édit de déc. 1703, qui établit le 100ᵉ
denier. (Isambert, *ibid.*, p. 438.)

(4) Cfr. sur ce point un remarquable rapport fait en 1857 à la Cour de
cass. par M. le conseiller Laborie, dans Dalloz, *Périod.*, 1857, 1ᵉ p.,
p. 236. — Les paysans bretons appellent encore aujourd'hui les droits
de mutation « le centième denier ».

lement préciser en disant « de véritables alleux *roturiers* » ;
car, comme les alleux roturiers, les propriétés d'aujourd'hui
se partagent *également ;* et de plus il est interdit aux propriétaires de les donner en fief ou censive (1).

51. QUESTIONS DE PREUVE SOULEVÉES PAR L'APPLICATION DES
LOIS ABOLITIVES DE LA FÉODALITÉ. — Les lois abolitives de la
féodalité consacraient donc en principe l'allodialité universelle.
Seulement, après avoir proclamé le principe d'une façon abs-
traite, il restait à le faire passer dans la pratique, c'est-à-dire
à l'appliquer d'une façon concrète à chaque ancienne tenure
seigneuriale prise en particulier. Or parmi les droits qui gre-
vaient ces tenures, les uns étaient abolis, les autres maintenus
(sauf rachat) à titre de rente foncière. Il n'était pas toujours
facile de distinguer dans quelle catégorie tel ou tel droit devait
être rangé. Des contestations pouvaient surgir, d'abord sur
l'existence, puis sur le caractère des droits réclamés, comme
jadis sur la nature d'un héritage prétendu allodial. A qui allait
incomber la preuve à faire ? Le problème que les Coutumes
avaient si diversement résolu renaissait ici. Serait-ce aux ci-
devant seigneurs à prouver que les droits qu'ils réclamaient
étaient rachetables ; serait-ce aux « nouveaux alleutiers » à
prouver qu'ils étaient abolis? Sur ce point, la Constituante, la
Législative, la Convention, et plus tard la Cour de cassation
suivirent des systèmes différents, où l'on voit reparaître l'influence plus ou moins grande des anciennes règles, et qu'il est
nécessaire à cause de cela de passer en revue.

Le principe adopté par l'Assemblée constituante est énoncé
d'une façon peu claire dans le décret du 15 mars 1790, qui
s'exprime ainsi (tit. III, art. 3) : « Les contestations sur l'existence ou la quotité des droits énoncés dans l'article précédent,
seront décidées d'après les preuves autorisées par les statuts,
Coutumes et règles *observés jusqu'à présent,* sans néanmoins
que, hors des Coutumes qui en disposent autrement, l'*enclave*
puisse servir de prétexte pour assujettir un héritage à des
prestations qui ne sont point énoncées dans les titres directe-

(1) Cfr. Emile Chénon, *op. it.,* p. 167.

ment applicables à cet héritage, quoiqu'elles le soient dans les titres relatifs aux héritages dont il est environné et circonscrit. » — A la suite de ce décret, plusieurs municipalités se crurent en droit de forcer les seigneurs à exhiber leurs titres. Un arrêt du Conseil du roi annula leurs délibérations, en déclarant qu'il résultait *évidemment* du décret du 15 mars « que, loin d'avoir rien à prouver pour conserver leurs possessions de cens, terrage, champart, etc..., jusqu'au rachat, c'est au contraire à celui qui refuse le service du droit à établir qu'il n'est pas la représentation de la concession primitive (1). » Mais cet arrêt ne suffit pas pour arrêter les municipalités ; et la Constituante elle-même fut obligée d'intervenir (2), et de s'exprimer plus clairement dans une « *Instruction* » *ad hoc* approuvée par elle le 15 juin 1791. — D'après cette *Instruction*, « le ci-devant seigneur devait rapporter les preuves requises par les Coutumes, statuts et règles observés jusqu'à présent dans les différentes parties du royaume, pour établir l'*existence* du droit qu'il réclamait. » La présomption paraissait donc en faveur de la franchise de la terre ; mais ce n'était pas absolument vrai ; car ici l'ancienne distinction des pays allodiaux et non allodiaux conservait son utilité. En effet le décret de 1790 permettait aux seigneurs d'invoquer à titre de *preuve* la règle de l'*enclave*, dans les pays qui l'admettaient autrefois ; mais d'après l'*Instruction*, la règle « n'avait plus d'effet que dans les Coutumes qui l'adoptent *en termes exprès* ». Par ces mots, la Constituante répudiait d'un seul coup les atteintes portées à la franchise des pays allodiaux avant 1789, l'extension de la maxime « Nulle terre sans seigneur » aux Coutumes muettes ou semi-muettes, et enfin la théorie de la directe royale universelle ; mais elle laissait subsister la règle de l'enclave dans les Coutumes expressément censuelles. Telles étaient, on s'en souvient, les Coutumes de Bretagne, Senlis, Blois, Péronne, Méaux, Melun, Poitou, Angoumois, Saintonge, Hainaut, et Cambrésis. — Quand le seigneur avait prouvé l'*existence* du droit réclamé, il restait à en déterminer le *caractère*. Ici l'Assemblée distinguait. Ou bien il s'agissait

---

(1) Arrêt du 11 juillet 1790, dans Dalloz, *ibid.*, p. 337-338.
(2) Décret des 13-18 juillet 1790, *ibid.*, p. 338.

d'un de ces droits que le titre II du décret de 1790 supprimait sans indemnité comme ne se rattachant pas à la concession primitive du fonds ; c'était alors au seigneur à prouver qu'il s'y rattachait en réalité, en rapportant soit le titre primitif d'inféodation, soit au moins deux reconnaissances conformes, données par les intéressés, énonciatives d'une plus ancienne, non contredites par des reconnaissances antérieures, et soutenues d'une possession non interrompue de quarante ans (1). Ou bien il s'agissait d'un de ces droits que le titre III déclarait simplement rachetables, en « présumant sauf preuve contraire » qu'ils se rattachaient à la concession primitive du fonds ; c'était alors au débiteur à fournir cette preuve contraire (2).

L'Assemblée constituante avait évidemment essayé, par ce système un peu compliqué, de concilier « le principe éternel du respect dû à la possession », avec son désir d'affranchir la propriété « pour le bonheur des citoyens des campagnes et la prospérité de l'agriculture (3)» ; mais sa tentative avorta. Le 18 juin 1792, l'Assemblée législative rejeta ce système ; et par deux décrets rendus à quelques jours d'intervalle (18 juin et 25 août), elle supprima sans indemnité tous les droits féodaux ou censuels, à moins que le seigneur qui les réclamait ne prouvât qu'ils se rattachaient à la concession primitive du fonds, en rapportant l'*acte primordial* d'inféodation ou d'accensement. Il n'était plus question d'invoquer la règle de l'enclave, plus question de pays allodiaux ou censuels ; et l'Assemblée législative pouvait, avec juste raison, écrire au début de son décret du 25 août: « *Art* 1. Tous les effets qui peuvent avoir été produits par la maxime *Nulle terre sans seigneur,* par celle de l'enclave, par les statuts, coutumes, et règles, soit générales, soit particulières, qui tiennent à la féodalité, demeurent comme non avenus ; — *Art* 2. Toute propriété foncière est réputée franche et libre de tous droits, tant féodaux que censuels, si ceux qui les réclament ne prouvent

(1) Décret du 15 mars 1790, t. II, art. 29.
(2) Cfr. l'*Instruction du 15 juin* 1791, *passim,* dans Dalloz, *ibid.* pp. 343-344.
(3) Expressions de l'*Instruction* précitée.

le contraire (1)... » Ces articles consacraient le triomphe pur
et simple de la règle « Nul seigneur sans titre ». La *présomption* d'allodialité était désormais universelle.

La Convention, allant plus loin, abolit sans indemnité, par
une loi du 17 juillet 1793, tous les droits féodaux ou censuels
même en présence du titre primitif d'inféodation ou d'accensement (2). Cette « loi de colère », comme l'a appelée Merlin (3),
ne laissait subsister que les rentes foncières (4). Mais à qui
incombait la charge de prouver, en cas de doute, le caractère
de la rente? Sur ce point, la Convention se bornait à déclarer
que les rentes même simplement foncières seraient supprimées si elles avaient été créées « avec mélange de cens ou
autre signe de seigneurie ou féodalité (5) ». Déjà la Législative
avait décidé qu'elles ne pourraient être réclamées que « par un
particulier non seigneur ni possesseur de fief (6) ». — Les
deux assemblées ne traitaient donc pas la question des
preuves dans son ensemble. On doit conclure de là qu'elles
la laissaient sous l'empire des principes du droit commun (7).
Or les principes conduisaient à ceci : Quand une rente purement foncière de sa nature était réclamée, le demandeur
avait à prouver l'*existence* de cette rente, en vertu de la
règle « Nul seigneur sans titre ». Mais la rente devait ensuite être présumée *foncière;* et c'était alors au défendeur à
démontrer que par exception cette rente était *féodale* (8), ou
qu'elle avait été créée « avec mélange de cens ou autre signe
de féodalité », ou enfin que le demandeur était un ci-devant
possesseur de fief; auxquels cas la rente était abolie. — Ces
deux dernières fins de non-recevoir étaient assurément fort
peu légitimes; mais elles étaient légales, et le Conseil d'État

----

(1) Dans Dalloz, *Rép., loc. cit.,* p. 348.
(2) Décret du 17 juillet 1793, dans Dalloz, *ibid.,* p. 349.
(3) Merlin, *Questions de droit, op. cit.,* v° Rente foncière, § 9.
(4) Décret du 17 juillet 93, art. 2.
(5) Décrets du 7 ventôse an II (25 février 1794), et du 29 floréal an II
(18 mai 1794); *ibid.,* p. 350.
(6) Décret du 25 août 1792, art. [17.
(7) Cfr. en ce sens : Dalloz, *ibid.;* n° 435.
(8) En ce sens, arrêt de la Cour de cassation, du 17 nivôse an XIII,
dans Dalloz, *ibid.,* p. 379, note 1 ; cfr. n° 438.

du premier Empire maintint inébranlablement sur ce point la doctrine de la Convention (1).

Mais en supposant que ces fins de non-recevoir ne pussent être invoquées, quelle présomption admettait en cas de doute la jurisprudence ? Supposait-elle la rente foncière ou féodale ? Cette question qui se présenta souvent devant les tribunaux dans la première moitié de ce siècle, était importante ; car dans le premier cas, la rente était maintenue, sauf preuve contraire ; dans le second cas, elle était supprimée. Les tribunaux adoptèrent des solutions variées ; et la Cour de cassation fut appelée plusieurs fois à se prononcer. Après quelques hésitations (2), elle finit par s'attacher aux principes de l'ancien droit. En conséquence, en cas de doute sur la nature d'une rente, la Cour recherche aujourd'hui, comme autrefois les Parlements (3), si cette rente a été constituée sous l'empire d'une Coutume allodiale ou censuelle ; dans le premier cas, elle la présume foncière, dans le second cas, seigneuriale (4). Cette doctrine, qui donne encore maintenant une certaine utilité à la question de savoir quelles Coutumes admettaient autrefois la présomption d'allodialité, a été nettement affirmée par la Cour suprême dans un certain nombre d'arrêts, émanés soit de la chambre des requêtes soit de la chambre civile (5). — Ce système historique est sans doute assez rationnel. Mais ne peut-on pas objecter qu'il est en contradiction avec l'article 1er du décret du 25 août 1792, qui déclare non avenus *tous* les effets de la règle « Nulle terre sans seigneur » ? Le système adopté par la Cour suprême produit en outre un résultat assez inattendu.

---

(1) Cfr. Emile Chénon, *ibid.*, p. 128-130.

(2) Les arrêts des 23 vendémiaire et 11 germinal an XIII (*infra cit.*) ne sont pas en harmonie avec celui du 17 nivôse, *supra cit.*

(3) Cfr. *supra* n° 35, *in fine*.

(4) Cfr. Merlin, *Questions de droit, op. cit.*, t. VI, v° Terrage, p. 234 et 235 ; — et Dalloz, *ibid.*, n°° 168 et 169.

(5) Voici la date de quelques-uns de ces arrêts : 23 vendémiaire an XIII (Auvergne) ; — 11 germinal an XIII (ban de Nambsheim) ; — 10 février 1806 (Porentruy) ; — 19 janvier 1807 (Liège) ; — 14 juillet 1814 ; — 5 juillet 1837 (Rouergue) ; — 16 avril 1838 (Lyonnais) ; — 5 mars 1839 (Soule) ; — dans Dalloz, *loc. cit.*, p. 385, note 1 ; 377, note 1 ; n° 168 ; n° 438 ; p. 378, note 1 ; p. 369, note 4 ; p. 371, note 2.

En effet les rentes *féodales* étant *supprimées*, la règle « Nulle terre sans seigneur », si défavorable aux alleutiers, se trouve au contraire très favorable aux propriétaires. Elle contribue donc aujourd'hui à faire dégrever les propriétés qu'elle avait contribué autrefois à assujettir. C'est un effet assurément remarquable de la règle.

52. EPILOGUE ; L'ARRÊT DE LA COUR DE CASSATION DU 23 JUIN 1857. — En dehors de cette application spéciale, l'ancienne maxime des pays censuels, l'ancienne règle féodale et royale ne peut plus avoir aucun effet. Telle était du moins la doctrine des jurisconsultes, et l'espérance de tous ; mais on comptait sans l'esprit fiscal. Sous son influence, la théorie de la directe royale universelle fit, vers le milieu de ce siècle, un retour offensif.

Depuis quelque temps déjà, l'administration de l'Enregistrement cherchait à se faire attribuer, pour le recouvrement des droits de mutation par décès, un droit de *prélèvement* sur les biens dépendant de la succession, et pour justifier ce privilège qu'aucune loi ne lui accordait, elle soutenait que l'État possédait sur toutes les terres de France une sorte de *domaine éminent*, dont le droit de mutation n'était que le signe ; et que ce droit de mutation devait être regardé comme la condition d'une concession primitive de la propriété dont l'État se serait dessaisi au profit des particuliers ! Toutes les terres de France devenaient avec ce système des terres *concédées*, des censives, comme le dit M. Viollet, et non plus de « véritables alleux », comme l'avait dit Merlin.

Malgré les dangers que pouvait faire courir à la propriété privée une pareille doctrine, la Cour de Paris n'avait pas craint de la consacrer, au moins *implicitement*, dans un arrêt du 25 mai 1835, qui reconnaissait à l'administration de l'Enregistrement le droit de *prélèvement* qu'elle réclamait. La Cour de cassation avait approuvé cette doctrine en 1839 ; et à la suite de cet arrêt, plusieurs cours d'appel, notamment celles de Caen et de Rouen, en 1846, avaient rendu des décisions semblables. En 1851, la Cour suprême fut appelée de nouveau à se

prononcer, et persista dans sa manière de voir, ainsi que la
Cour de Paris en 1853 (1). — En 1855, la question fut soulevée
de nouveau devant cette dernière cour, et « avec une effrayante
simplicité (2) », M. l'avocat général de la Baume admit que
l'État était le « propriétaire primitif » des biens des particuliers ; qu'il n'assurait à ceux-ci la liberté d'en disposer que
moyennant un prélèvement d'une fraction du capital à chaque
mutation par décès ; et qu'il se trouvait en somme vis-à-vis
d'eux dans la même situation qu'un vendeur ordinaire vis-à-
vis de son acheteur (3). Cette théorie n'était autre que la théorie de la directe universelle réclamée par Louis XIII en 1629 et
par Louis XIV en 1692, ou mieux encore la doctrine commu-
niste formulée par Jean-Jacques Rousseau dans le *Contrat
social* (4). Néanmoins la Cour de Paris crut devoir l'admettre
par deux arrêts du 13 mars 1855 (5).

Mais ces deux arrêts soulevèrent cette fois d'unanimes protestations. Ils furent déférés à la Cour de cassation ; et après
un rapport resté célèbre de M. le conseiller Laborie (6), et les
conclusions conformes de M. l'avocat général de Marnas, la
Cour suprême, répudiant sa propre jurisprudence, repoussa
énergiquement la théorie du domaine éminent de l'État (7),

(1) Cfr. Dalloz, *Périod.*, 1855, 2ᵉ p., p. 299 ; et 1857, 1ᵉ p., p. 233 ; etc. —
Cfr. Dalloz, *Répert.*, vᵒ Enregistrement, nᵒˢ 5177 et suiv.

(2) Expression de M. de Marnas, premier avocat général près la Cour
de cassation.

(3) Cfr. le résumé des conclusions de M. de la Baume, dans Dalloz,
Périod., 1855, 2ᵉ p., p. 299.

(4) Cfr. *suprà* nᵒ 49, *in fine*.

(5) Dans Dalloz, *Périod.*, 1855, 2ᵉ p., p. 299 et 300.

(6) Publié dans Dalloz, *Périod.*, 1857, 1ᵉ p., p. 233 et suiv.

(7) Arrêt du 23 juin 1857 (*Ibid.*, p. 241) : « Attendu que l'impôt de
mutation par décès n'offre avec les anciennes redevances [féodales]
aucun trait juridique de ressemblance ; que pour lui attribuer les caractères d'un droit réel devant s'exercer à titre de prélèvement plutôt
qu'à titre de créance sur les biens à déclarer, il faudrait, à défaut d'une
loi, le supposer dérivant d'un droit de propriété ou de copropriété de
l'État, et le considérer comme la condition d'une concession primitive
et le prix d'une investiture nécessaire à chaque mutation ; qu'une semblable thèse, empruntée au régime féodal avec une extension qu'elle
ne comportait pas même alors, serait non seulement un démenti à la

cassa les deux arrêts de la Cour de Paris, et fit justice une fois pour toutes des prétentions inouïes de l'Enregistrement(1). Dans son rapport, M. Laborie disait très justement que « la théorie d'un droit primordial et supérieur de l'État ou du Prince sur la propriété privée était la négation même du droit de propriété (2) ». La Cour de cassation a paré pour toujours, espérons-le, au danger suscité par l'esprit fiscal ; et à l'heure actuelle, les communistes seuls osent encore soutenir la théorie despotique des rois absolus.

Nous vivons donc aujourd'hui à une époque de triomphe pour les alleux, c'est-à-dire pour le principe de la propriété libre. Mais si l'on jette un regard en arrière, on voit quelles peines et quels efforts ce triomphe a coûtés. Les alleux ont dû lutter trois cents ans contre le système de la recommandation des terres, six cents ans contre la féodalité, deux cents ans contre l'esprit fiscal de l'ancien et du nouveau régimes : cela fait en tout près de douze siècles de lutte. Et maintenant que le triomphe est acquis, sera-t-il définitif ? N'est-il pas à craindre notamment, dans notre société moderne, où l'excès de centralisation est devenu inquiétant pour la liberté des citoyens, n'est-il pas à craindre que cet excès n'aboutisse un jour à compromettre aussi la liberté des terres ? Il serait téméraire de le dire, et imprudent de le nier. Dieu le sait.

vérité historique, mais aussi une négation de tous les principes de notre droit public et de notre droit civil, soit sur la nature et les conditions d'existence de l'impôt, soit sur la plénitude et l'indépendance du droit de propriété, tel qu'il est défini avec une énergique précision par les articles 544 et 545 du Code Napoléon.... »

(1) La Cour de Riom, en août 1856, avait déjà refusé d'admettre son prétendu droit de prélèvement. (Dalloz, ibid.., p. 284, note 4.)

(2) Dalloz, ibid., p. 234, col. 1.

INDEX

DES PRINCIPAUX OUVRAGES CITÉS.

ARGENTRÉ (BERTRAND D'), *Commentarii in patrias Britonum leges*, 4ᵉ éd., Paris, Buon, 1628, in-f°.

AUROUX DES POMMIERS, *Commentaire sur la Coutume de Bourbonnais*, 2ᵉ partie, Paris, 1732, in-f°, *passim.*

BACQUET, *Œuvres*, éd. de Ferrière, Paris, 1688, in-f°, *passim.*

BASNAGE, *Œuvres*, 4ᵉ éd., Rouen, 1778, in-f°, t. I, p. 159 et suiv.

BEAUMANOIR, *Coutumes de Beauvoisis*, éd. Beugnot, Paris, Renouard, 1842, in-8°, *passim.*

BEAUNE, *La condition des Biens*, Paris, Larose et Forcel, 1886, in-8°, p. 162 à 172.

BOBÉ, *Commentaire sur les Cout. de Meaux*, Paris, Journel, 1683, in-4°, p. 389-394.

BOUCHBUL, *Commentaire de la Cout. de Poitou*, Poitiers, Faulcon, 1727, in-f°, t. I, p. 161 et suiv.

BOUHIER, *Observ. sur la Cout. de Bourgogne*, ch. 49, dans ses *Œuvres*, éd. Joly de Bevy, Dijon, in f°, t. II (1788), p. 250 à 259.

BOURDOT DE RICHEBOURG, *Nouveau coutumier général*, Paris, Le Gras, 1724, gr. in-f°, *passim.*

BOURJON, *Le droit commun de la France*, nouv. éd., Paris, Graugé, 1770, in-f°, tome I, *passim.*

BRILLON, *Dictionnaire des arrêts*, nouv. éd., Paris, 1727, in-f°, tome III, v° Franc-alleu.

BRUSSEL, *Nouvel examen de l'usage général des fiefs en France*, Paris, Jean de Nully, 1750, in-4°, *passim.*

BURIDAN (J.-B. DE), *Les Coutumes génér. du bailliage de Vermandois*, nouv. éd., col. 311-313, dans le *Coutumier de Vermandois*, Paris, 1728, in f°, t. I.

BURIDAN (J.-B. DE), *Cout. de la cité et ville de Rheims*, nouv. éd., *passim, ibid.*, t. II.

CASENEUVE, *Le franc-alleu de la prov. de Languedoc establi et defendu*, 2ᵉ éd., Tolose, Boudé, 1645, in-f°.

CHAMPIONNIÈRE, *De la propriété des eaux courantes*, Paris, Illngray, 1846, in-8°, *passim*.

CHANTEREAU-LEFEBVRE, *Traité des fiefs et de leur origine*, Paris, Billaine, 1662, in-f°.

CHÉNON (ÉMILE), *Les démembrements de la propr. foncière en France avant et après la Révolution*, Paris, Larose et Forcel, 1881, in-8°, *passim*.

CHOPIN, *Comment. sur la Coust. d'Anjou*, Paris, Jacques d'Allin, 1662, in-f°, liv. II, p. 119 et suiv.

COLLET, *Explic. des statuts... de Bresse, Bugey, Valromey, et Gex*, Lyon, 1698, in-f°, liv. II, p. 41 et suiv.

CUJAS, *Opera*, éd. Durand d'après Fabrot, Paris, Durand, 1876, gr. in-4°, *passim*.

DALLOZ, *Répert. de législ., doctr., et jurisprud.*, nouv. éd., Paris, in-4°, t. XXXVIII (1857), vᵒ Propriété féodale.

DENIZART, *Collect. de décisions nouv.*, Paris, vᵒ Desaint, in-4°, t. VIII (1789), vᵒ Fief, etc...

DESPEISSES, *Œuvres*, Toulouse, Duplelx, 1778, in-4°, t. III, *passim*.

DU CANGE, *Glossarium mediæ et infimæ latinitatis*, édit. Henschel, Paris, Didot, 1840, in-4°, vⁱˢ Alodis, feudum francum, feudum honorarium, honoratum, etc...,

DUMOULIN, *Prima pars commentariorum in consuet. Paris.*, Paris, Buon, 1572, in-f°, notamment § 46, nᵒˢ 1 à 15.

DUPLESSIS, *Traités sur la Cout. de Paris*, Paris, Gosselin, 1699, in-f°, p. 160 à 170 (Traité du franc-aleu).

ESPINAY (D'), *La féodalité et le droit civil français*, Saumur, Godet, 1862, in-8°, p. 100 et suiv., 363 et suiv.

Établissements de saint Louis, édit. Viollet, Paris, Loones, t. II (1881), *passim*.

FERRIÈRE (CLAUDE DE), *Traité des fiefs*, Paris, Cochart, 1680, in-4°, p. 535 à 541.

FERRIÈRE (CLAUDE DE), *Corps et compil. de tous les commentat. de la Cout. de Paris*, 2ᵉ éd., Paris, Robustel, 1714, in-f°, t. I, col. 1005-1020, t. II, col. 503 et suiv.

FLACH (JACQUES), *Les orig. de l'anc. France*, Paris, Larose et Forcel, t. I (1886), in-8°, 187-217.

FURGOLE, *Traité de la seigneurie féod. univers. et du franc-alleu naturel*, Paris, 1767, in-8°, *passim*.

[GALLAND], *Contre le franc-alleu sans titre pretendu par quelques prov. au prejud. du roy*, Paris, 1629, in-8° ; — et: *Du franc-alleu et orig. des droicts seigneuriaux*, Paris, 1637, in-4°, *passim*,

GARSONNET, *Hist. des locations perpét.*, Paris, Larose, 1879, in-8°, *passim*.

GINOULHIAC, *Cours élém. d'hist. génér. du droit français*, Paris, Rousseau, 1884, in-8°, p. 417 à 425.

THAUMASSIÈRE (THAUMAS DE LA), *Le franc-alleu de la prov. de Berry*, 2ᵉ éd., Bourges, 1700, in-f° de 54 p.

THAUMASSIÈRE (THAUMAS DE LA), *Nouveau comment. sur les Cout. gén. de Berry*, nouv. éd., Bourges, Cristo, 1701, in-f°, *passim*.

VALIN, *Nouveau comm. sur la Cout. de la Rochelle et du pays d'Aunis*, La Rochelle, 1756, in-4°, t. I, p. 260 à 279.

VIOLLET (PAUL), *Précis de l'hist. du droit français*, Paris, Larose et Forcel, 1886, in-8°, p. 597-608.

VUITRY, *Études sur le régime financier de la France avant 1789*, Guillaumin, gr. in-8°, *passim*.

WALTER, *Corpus juris germanici*, in-8°, *passim*.

TABLE DES MATIÈRES

Section II. — Les Alleux du XIV° au XVI° siècle.

CHAPITRE III

Les Alleux d'après les Coutumes.

Section I. — De la Présomption d'allodialité.

Section II. — Condition des alleux d'après les Coutumes.

CHAPITRE IV

Les Alleux sous la Monarchie absolue.

CHAPITRE V

Les Alleux sous la Révolution.

50. Abolition de la féodalité et proclamation de l'allodialité univer-selle. — 51. Questions de preuve soulevées par l'application des lois abolitives de la féodalité. — 52. Epilogue ; l'arrêt de la Cour de cassation du 23 juin 1857.

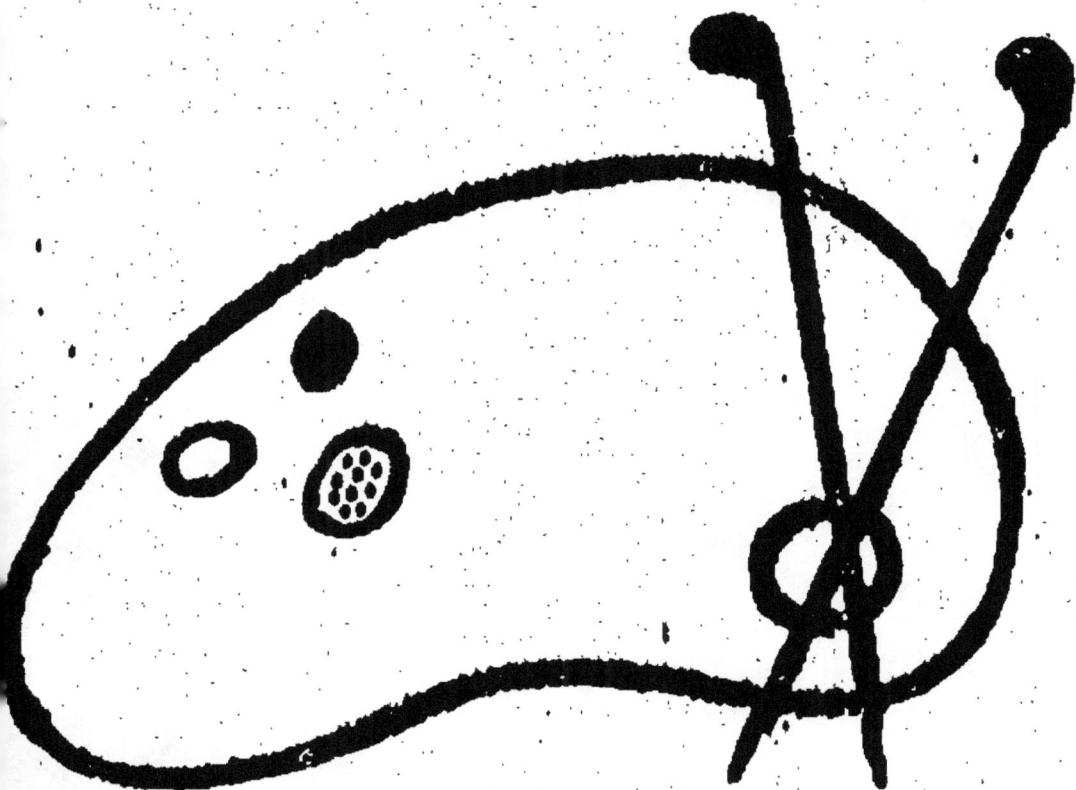

Original en couleur

NF Z 43-120-B

www.ingramcontent.com/pod-product-compliance
Lightning Source LLC
Chambersburg PA
CBHW060347200326
41519CB00011BA/2063